教育部高等学校旅游管理类专业教学指导委员会规划教材

旅游资源开发与管理

LÜYOU ZIYUAN KAIFA YU GUANLI

◎ **主编** 吴国清

重庆大学出版社

内容提要

《旅游资源开发与管理》是教育部高等学校旅游管理类专业教学指导委员会规划教材之一。旅游资源是旅游业赖以生存和发展的基础及先决条件,同时,新时代背景下旅游发展特点和政策环境也赋予旅游资源开发与管理新的要求。本书内容涉及旅游资源概述、旅游资源分类及成因、旅游资源调查与评价、旅游资源开发理论基础、旅游资源开发规划、旅游产品开发、旅游资源整合、旅游资源管理和旅游资源可持续发展等知识。本书遵循内容的科学性与精练性,知识的前沿性和实用性,案例的典型性与代表性原则,全书图文并茂、资料新颖、结构严谨、条例清晰。本书可作为高等学校旅游管理类专业教材和教学参考书使用,对旅游从业人员也具有较高的参考价值。

图书在版编目(CIP)数据

旅游资源开发与管理/吴国清主编.-重庆:重庆大学出版社,2018.4(2022.4 重印)
教育部高等学校旅游管理类专业教学指导委员会规划教材
ISBN 978-7-5689-0877-1

Ⅰ.①旅… Ⅱ.①吴… Ⅲ.①旅游资源开发—高等学校—教材②旅游资源—资源管理—高等学校—教材 Ⅳ.①F590.3

中国版本图书馆 CIP 数据核字(2017)第 269461 号

教育部高等学校旅游管理类专业教学指导委员会规划教材
旅游资源开发与管理
主编 吴国清
责任编辑:沈 静 版式设计:沈 静
责任校对:王 倩 责任印制:张 策
*
重庆大学出版社出版发行
出版人:饶帮华
社址:重庆市沙坪坝区大学城西路 21 号
邮编:401331
电话:(023) 88617190 88617185(中小学)
传真:(023) 88617186 88617166
网址:http://www.cqup.com.cn
邮箱:fxk@ cqup.com.cn (营销中心)
全国新华书店经销
重庆升光电力印务有限公司印刷
*
开本:787mm×1092mm 1/16 印张:15.5 字数:358千
2018 年 4 月第 1 版 2022 年 4 月第 3 次印刷
印数:5 001—8 000
ISBN 978-7-5689-0877-1 定价:39.50 元

编委会

总序

一、出版背景

教材出版肩负着吸纳时代精神、传承知识体系、展望发展趋势的重任。本套旅游教材出版依托当今发展的时代背景。

一是坚持立德树人，着力培养德智体美全面发展的中国特色社会主义事业合格建设者和可靠接班人。深入贯彻落实习近平新时代中国特色社会主义思想，以理想信念教育为核心，以社会主义核心价值观为引领，以全面提高学生综合能力为关键，努力提升教材思想性、科学性、时代性，让教材体现国家意志。

二是世界旅游产业发展强劲。旅游业已经发展成为全球经济中产业规模最大、发展势头最强劲的产业，其产业的关联带动作用受到全球众多国家和地区的高度重视，促使众多国家和地区将旅游业作为当地经济的支柱产业、先导产业、龙头产业，展示出充满活力的发展前景。

三是我国旅游教育日趋成熟。2012 年教育部将旅游管理类本科专业列为独立一级专业目录，下设旅游管理、酒店管理、会展经济与管理、旅游管理与服务教育 4 个二级专业。截至 2016 年年底，全国开设旅游管理类本科的院校已达 604 所，其中，旅游管理专业 526 所，酒店管理专业 229 所，会展经济与管理专业 106 所，旅游管理与服务教育 31 所。旅游管理类教育的蓬勃发展，对旅游教材提出了新要求。

四是创新创业成为时代的主旋律。创新创业成为当今社会经济发展的新动力，以思想观念更新、制度体制优化、技术方法创新、管理模式变革、资源重组整合、内外兼收并蓄等为特征的时代发展，需要旅游教材不断体现社会经济发展的轨迹，不断吸纳时代进步的智慧精华。

二、知识体系

本套旅游教材作为教育部高等学校旅游管理类专业教学指导委员会（以下简称“教指委”）的规划教材，体现并反映了本届“教指委”的责任和使命。

一是反映旅游管理知识体系渐趋独立的趋势。经过近 30 年的发展积累，旅游管理学科在依托地理学、经济学、管理学、历史学、文化学等学科发展基础上，其知识的宽度与厚度在不断增加，旅游管理知识逐渐摆脱早期依附其他学科而不断显示其知识体系成长的独立性。

二是构筑旅游管理核心知识体系。旅游活动无论其作为空间上的运行体系，还是经济上的产业体系，抑或是社会生活的组成部分，其本质都是旅游者、旅游目的地、旅游接待业三者的交互活动，旅游知识体系应该而且必须反映这种活动的性质与特征，这是建立旅游知识体系的根基。

三是构建旅游管理类专业核心课程。作为高等院校的一个专业类别，旅游管理类专业需要有自身的核心课程，以旅游学概论、旅游目的地管理、旅游消费者行为、旅游接待业作为旅游管理大类专业核心课程，旅游管理、酒店管理、会展经济与管理、旅游管理与服务教育4个专业再确立3门核心课程，由此构成旅游管理类“4+3”的核心课程体系。确定专业核心课程，既是其他管理类专业成功且可行的做法，也是旅游管理类专业走向成熟的标志。

三、教材特点

本套教材由教育部高等学校旅游管理类专业教学指导委员会组织策划和编写出版，自2015年启动至今历时3年，汇聚了全国一批知名旅游院校的专家教授。本套教材体现出以下特点：

一是准确反映国家教学质量标准的要求。《旅游管理类本科专业教学质量国家标准》既是旅游管理类本科专业的设置标准，也是旅游管理类本科专业的建设标准，还是旅游管理类本科专业的评估标准，其重点内容是确立了旅游管理类专业“4+3”核心课程体系。“4”即旅游学概论、旅游目的地管理、旅游消费者行为、旅游接待业；“3”即旅游管理专业（旅游经济学、旅游规划与开发、旅游法）、酒店管理专业（酒店管理概论、酒店运营管理、酒店客户管理）、会展经济与管理专业（会展概论、会展策划与管理、会展营销）的核心课程。

二是汇聚全国知名旅游院校的专家教授。本套教材作者由“教指委”近20名委员牵头，全国旅游教育界知名专家和教授，以及旅游业界专业人士合力编写。作者队伍专业背景深厚，教学经验丰富，研究成果丰硕，教材编写质量可靠，通过邀请优秀知名专家和教授担纲编写，以保证教材的水平和质量。

三是“互联网+”的技术支撑。本套教材依托“互联网+”，采用线上线下两个层面，在内容中广泛应用二维码技术关联扩展教学资源，如导入知识拓展、听力音频、视频、案例等内容，以弥补教材固化的缺陷。同时也启动了将各门课程搬到数字资源教学平台的工作，实现网上备课与教学、在线即测即评，以及配套老师上课所需的教学计划书、教学PPT、案例、试题、实训实践题、教学串讲视频等，以增强教材的生动性和立体性。

本套教材在组织策划和编写出版过程中，得到了教育部高等学校旅游管理类专业教学指导委员会各位委员、业内专家、业界精英以及重庆大学出版社的广泛支持与积极参与，在此一并表示衷心的感谢！希望本套教材能够满足旅游管理教育发展新形势下的新要求，能够为中国旅游教育及教材建设开拓创新贡献力量。

教育部高等学校旅游管理类专业教学指导委员会

2018年2月

前言

旅游资源本身所蕴含的美学特征及历史文化价值是旅游者出游的根本动力之一。一个国家或地区旅游业的发展规模和前景，在很大程度上取决于该国或该地区旅游资源的特色、丰度、分布以及旅游资源的开发、利用、管理和保护等状况。改革开放以来，我国的旅游资源开发与管理取得了巨大成就，历史悠久、民族众多、绚丽多彩的自然旅游资源和博大精深的人文旅游资源为中国旅游业的持续升温注入了活力。2009 年 12 月 1 日，国务院印发的《关于加快发展旅游业的意见》中明确了新时期旅游业的战略地位和任务要求："把旅游业培育成国民经济的战略性支柱产业和人民群众更加满意的现代服务业。"旅游资源是旅游业赖以生存和发展的基础和先决条件，同时，新的时代特点和政策环境也赋予了旅游资源开发与管理新的要求。

本书编写借鉴了诸多旅游行政部门、旅游企业在旅游资源开发与管理等实践过程中的有益经验，汲取了广大学者在旅游资源分类、调查、评价、规划、开发、整合、管理等研究领域中的有益探讨，这些都为本书的撰写提供了大量的现实素材与坚实的理论支撑。本书紧紧围绕旅游本科人才培养的目标和需要，遵循内容的科学性与系统性、知识的前沿性与实用性、案例的典型性与代表性、组合的多元性与区域性、表达的精练性与准确性等原则，力求在课程体系、教学内容和教学方法上有所突破，在内容取舍、难度权衡和表达方式等方面充分考虑了目标读者的接受能力和实际需要，以提高学生整体素质为根本出发点，注重知识格局的科学性与经典性。全书图文并茂，资料新颖，结构严谨，条例清晰。本书可作为高等学校旅游管理类专业教学教材和参考书使用，对旅游从业人员也具有较高的参考价值。

本书是由上海师范大学旅游学院吴国清教授负责全书的策划、统稿和定稿，由吴国清、杨国玺、李文苗、李天娟、贺海娇、石岩飞等共同编写。本书的出版有赖于参编者的精诚合作与辛勤奉献，是集体智慧的结晶。本书在编写过程中，一直得到重庆大学出版社经管分社社长马宁先生的支持和帮助，在此表示深深的敬意和诚挚的谢意！另外，在编写过程中，笔者还参考引用了许多学者的研究成果，在本书的最后列出了主要的参考文献，在此表示衷心的感谢！

在编写的过程中，由于资料收集和研究水平等方面原因，本书难免有不足或疏漏之处，敬请各位同仁和热心读者批评指正，以便进一步的修订和提高。

作　者

2018 年 1 月于上海

目录

第1章
旅游资源概述

【学习导引】

旅游资源(Tourism Resources)是构成旅游业发展的基础,也是旅游规划的先决条件。在全域旅游理念背景下,旅游资源的范畴在扩大,旅游资源不再局限于传统的景区景点,而是以旅游为导向整合社会资源,让社会资源旅游化,这就要求对旅游资源的认识更加开放和融合,资源的认识逐渐从单一到复合,从静态转为动态。本章首先从厘清旅游资源的概念入手,重点探讨了国内外学者对旅游资源概念的理解,分析了旅游资源的基本属性,并从旅游资源的研究范畴、研究属性、研究态势、研究展望4个方面来阐述旅游资源研究重点。

【教学目标】

1. 掌握国内外学者对旅游资源的概念及其内涵的理解。
2. 认识和领会旅游资源的基本属性。
3. 了解旅游资源的研究进展。

【学习重点】

旅游资源概念内涵　旅游资源基本属性　旅游资源研究进展

资源是产品(商品)的原料,是产业的基石,旅游资源也不例外。旅游资源是旅游活动的前提和核心,是旅游业可持续发展的基础和旅游产业生产力增长的潜力之所在。因此,为了旅游学科理论体系的科学构建与旅游资源的科学评价、开发、利用、管理和保护,首先必须科学界定旅游资源的概念与内涵,准确把握旅游资源的基本属性,充分掌握旅游资源研究的进展和趋势。

1.1 旅游资源概念及其内涵

1.1.1 旅游资源概念

“旅游资源”是一个合成词,既具有“资源”的共性特征,又具有鲜明的“旅游”个性特征。根据《辞海》解释,所谓“资源”,是指“可资利用的来源”。另有学者认为资源(Resources)属于经济学概念,原指取之于自然的生产与生活资料,现在常指自然界和人类社会中客观存在的生产资料或生活资料。例如,自然界中的煤炭资源、石油资源、水力资源、风力资源、森林资源、土地资源等,人类社会中的人力资源、技术资源、资本资源、文化资源、政治资源等。“有用性”和“基础性”是最基本的属性。显然,旅游资源作为资源的一种,要体现出可利用性和经济价值这个共性特征,但更为关键的是,如何把握和阐释旅游资源的个性特征。几十年来,国内外学者对旅游资源的内涵作了积极的探讨,提出了很多建设性的概念和定义,虽然目前仍然存在一定的争议,但已经接近于取得共识。

1)国外学者对旅游资源概念的理解

国外研究文献中,一般论及和“旅游资源”相似性较高的概念是“Tourist Attractions”和“Visitor Attractions”,国内学者通常译为“旅游吸引物”。英国学者霍洛韦(J. C. Holloway)认为:“旅游吸引物必须是那些给旅游者积极的效益和特征的东西,它们可以是海滨或湖滨、山岳风景、狩猎公园、有趣的历史纪念物和文化活动、体育运动,以及令人愉快的舒适会议环境。”澳大利亚学者内尔·雷坡(Neil Leiper)在他的《旅游吸引物系统》一文中,将旅游吸引物定义为一个综合系统,由3个要素组成:“旅游者或人的要素,核心或中心的要素,标识或信息的要素。当这3种要素合而为一时,便构成旅游吸引物。”英国旅游协会(ETC)认为:“旅游吸引物是一种永久固定的游览目的地,其基本目的之一是允许公众为了满足娱乐、兴趣和教育的需求而进入,而不是一个主要提供体育、戏剧或电影表演的零售市场或地点。吸引物必须在每年预先确定的特定时期向公众开放,而不是需要事先预订,并且应该能够吸引本地居民、旅游者或一日游客。另外,吸引物必须是独立的,有独立的管理,并且直接从游客那里得到收入。”

由此可见,国外学者或旅游组织倾向于从人(旅游者)的视角解读旅游者的行为对象(旅游业的客体),特别强调该客体对旅游者的吸引向性,所以运用的概念是“Tourist Attractions”和“Visitor Attractions”,是指旅游地吸引旅游者的所有因素的总和。

2)国内学者对旅游资源概念的理解

改革开放之后,我国旅游业起步发展,实践中不断要求厘清旅游资源的内涵与外延,以便科学地进行旅游资源的调查、评价、开发与管理,促进旅游资源的价值实现和可持续发展。

所以,我国学者从 20 世纪 80 年代初至今,为了科学合理地界定旅游资源的概念,做了不懈的探索。本书现从已有概念中遴选出关键词或核心要义,以便总结现有成果中学者们所取得的共识(表 1.1)。

表 1.1　国内学者对旅游资源概念理解的演变

核心要义 学者年份	吸引性	可开发性	效益性			对象化描述							
			经济	社会	环境	景观	劳务	商品	客体	现象	条件	因素	事物
唐学斌,1982	•					•	•	•					
郭来喜,1984	•						•		•				
黄辉实,1985	•	•											•
陈　钢,1987	•									•			•
张凌云,1988	•	•	•	•							•	•	
孙文昌,1989	•	•	•	•									•
孙尚清,1990	•	•	•								•	•	
李天元,1991	•											•	
保继刚,1992	•					•							•
楚义芳,1992	•					•							•
杨桂华,1994	•	•	•	•	•				•				
魏小安,1996	•		•									•	
CNTA*,1996	•	•	•	•								•	•
宋子千,2000	•	•	•								•	•	•
甘枝茂,2000	•	•							•			•	
黄中伟,2002	•	•	•	•								•	•
国标*,2003	•	•	•	•	•							•	•
宋　瑞,2005	•	•			•				•			•	
俞金国,2010	•	•	•			•							•
崔　莹,2014	•	•	•	•	•							•	•
刘明菊,2016	•	•	•	•		•						•	•

注:CNTA 指的是国家旅游局;国标指的是《旅游资源分类、调查与评价》(GB/T 18972—2003)。

2016 年之前的主要研究成果表明,旅游资源的"吸引性"是所有学者的共识,旅游资源的"可开发性""经济效益性"获得了半数以上学者的认同,旅游资源的"社会效益性"和"环境效益性"后来也逐步引起重视,在旅游资源"对象化描述"中出现频率最高的词汇是"因素"和"事物"。

2003 年,我国国家标准《旅游资源分类、调查与评价》(GB/T 18972—2003)颁布,将旅游资源定义为:"自然界和人类社会凡能对旅游者产生吸引力,可以为旅游业开发利用,并可产生经济效益、社会效益和环境效益的各种事物和因素。”这一定义和表1.1所列的国内学者对旅游资源概念理解的演变趋势是高度吻合的,同时与联合国环境规划署对旅游资源的定义也基本一致。因此,国标中的旅游资源概念基本抓住了旅游资源的内涵,具有典型性和代表性。尽管此后有些学者试图在此基础上进一步探索,但只是文字的变换和语句的加工,没有实质性的突破。所以,就目前的研究现状,对于旅游资源的概念,可以作出以下几点解读:

(1)旅游资源的吸引功能

旅游资源对旅游者具有吸引力,能激发人们的旅游动机,能使旅游者得到一定的物质享受和精神满足。吸引力是认定旅游资源的基本条件,吸引力因素是旅游资源的理论核心。同时,吸引力也是评判旅游资源质量高低的关键性指标。

(2)旅游资源的可利用性

旅游资源具有旅游价值,能够被旅游业所开发利用,并能够产生经济效益、社会效益和环境效益。但一些学者通过列举反例,如一些地区旅游资源的过度不适当开发,破坏了生态环境,同化了当地文化,甚至影响了长远的经济效益,由此对旅游资源的三大效益产生怀疑。实质上,这是旅游资源不当开发行为导致的,和旅游资源本身的效益性并无直接关系。世界工业化的进程已经使人们吸取到深刻的教训,如今绿色旅游、生态旅游的兴起足以说明问题。因此,从长远看,没有社会效益和环境效益的旅游资源是不能吸引旅游者的,也就不能称为旅游资源了。

(3)旅游资源的客观存在性

旅游资源(现代的某些人造景观除外)是客观存在的一种实在物,有的表现为具体的实物形态,如自然风景、历史文物等;有的则为不具有物质形态的文化因素,如地区民俗风情等。绝大多数旅游资源都是先旅游业而存在,并不以人们的开发利用为转移,即使是现代形成的旅游资源,如城市风貌等,也是在其形成之后,被人们所认识,并为旅游业开发利用的。随着旅游者爱好和习惯的改变,旅游资源所包含的范畴会不断扩大。

1.1.2 旅游资源内涵

旅游资源与一般的资源相比,具有较为丰富的内涵和独特的属性。为了更好地深入理解旅游资源的概念,对旅游资源的内涵作如下解释:

1)功能:对游客的吸引力和旅游价值

旅游资源应该和其他类型的资源一样,具有一定的利用价值,即对人类有某种用处。旅游资源的利用价值主要体现在对游客的吸引力上。西方人将“旅游吸引物”作为旅游资源的代名词,足以说明吸引力对于判定一种事物能否成为旅游资源的重要性。

(1)吸引力的唯一性

旅游者出游是为了满足好奇心,寻求新的感觉和刺激,获得新的知识和体验,满足身心健康等方面的需要。自然禀赋的、历史遗存的和人工创造的客观实体多种多样,文化的、艺术的和教育的非物质形态因素更是名目繁多，但严格地说这些并不一定都是旅游资源。只有那些能够提供审美和愉悦，对旅游者具有旅游吸引力的内容才算是旅游资源。不具有这种吸引力的任何资源形式都不是也不可能成为旅游资源。

(2)吸引力的相对性

旅游资源对旅游者的吸引力是对旅游者群体而言的，不同的旅游者群体往往对于不同的旅游资源有喜好的倾向性。如农村居民被城市的现代化建筑、设施构成的城市风光所吸引。而城市居民久居闹市，对农村的田园风光非常向往。所以，只要是某一类旅游者群体而不一定是对所有的旅游者群体具有吸引力的资源，就可以认为是旅游资源。另外，时代的变迁也可能使得吸引力发生变化，这一点将在后面的延展性中阐述。

(3)吸引力的效益性

对于旅游者具有吸引力的旅游资源必须能够为旅游业所开发利用，并产生三大效益。因此，在所有的可供旅游业利用的事物和因素中，旅游资源的核心吸引力特性要符合经济、社会和生态原则，要剔除那些不符合经济原则、社会伦理规范和生态原则的部分，保持旅游资源概念的健康，如色情、赌博、偷猎等可能带来负面作用的社会文化和环境影响成分，虽然能达到一定的规模经济效应，但对旅游业来说，这些事物违反了社会公德标准，侵犯了人类的根本利益，不应列入旅游资源范围之内，不具有利用的可能性，只能作为一些国家或地区招徕游客的一种商业手段。

2)形态:客观存在性和多元化

(1)旅游资源包括物质的和非物质的形态

物质的、有形的旅游吸引物(如名山、秀水、溶洞、瀑布、湖泊、古遗址、古建筑、珍稀动植物等)，看得见，摸得着，容易被人们所认可，称其为旅游资源是无可非议的。然而，那些无形的、非物质的旅游资源(如文化艺术、文学、科技、技艺、神话故事等)，有时是难以被人们理解和认可的。实际上，这些非物质要素，是在物质的基础上产生的，与一定的物质相联系，并依附于一定的物质而存在，并通过人们的想象感受到(如历史记载、文学作品等能给人以充分的想象)，通过人们的思维获得快感。当然，这些想象和思维一般需要具有较高的文化修养和宽广的知识面以及丰富的想象力。当这种无形的旅游资源一旦与有形的旅游资源紧密结合后，就更加具有吸引力。以湖北赤壁为例，由赤壁山、南屏山、金鸾山加上历史遗存的亭台楼阁所构成的赤壁古战场旅游区，单纯看有形的物质旅游资源，很难说赤壁和同类型的旅游区有什么绝对的竞争优势。但1 800年前三国时期那场著名的“赤壁之战”，在战争中曹操、周瑜、诸葛亮等三国风云人物的粉墨登场以及那场战争背后的演义故事，激起了人们怀古的情怀和探究历史真相的好奇心，于是，赤壁景区的命运改变了。由此可见，非物质旅游资源对旅游者的巨大魅力。

(2)旅游资源包括原生的、人造的和虚拟的形态

作为旅游资源的自然存在、历史文化遗存等，是旅游资源的重要内容和组成部分，它们是原生的旅游资源。随着社会的进步、经济的发展和人类的生活水平的提高，人们已不再满

足于原生的旅游资源和旅游产品，为了满足不断增长的旅游需求，人们依靠资金、智力和现代技术，通过模仿、模拟创造出许多人造景观，甚至把世界上已经存在的知名度很高的旅游资源进行移植微缩，以弥补当地旅游资源的不足，充实旅游活动的内容。因此，这些为了满足人们不断增长的旅游需求的人造内容，应属于旅游资源的形态表现。

此外，随着现代信息技术的发展，虚拟技术已经能够使人与虚拟三维环境进行视觉、嗅觉、听觉等感觉的实时交流，所谓的虚拟旅游资源也应运而生。虚拟旅游资源是人类现有或未知的旅游资源的数字化形式，是原生、人造旅游资源的多维立体、全景动态的数字化展示，而不是门户宣传网站（那是旅游资源宣传工具，而非旅游资源）。虚拟旅游资源对旅游者的吸引力源于其附着的原生或人造的旅游资源吸引力而产生的。据报道，一些以真实旅游资源为内容的虚拟主题公园已在国外开始建设，我国的数字故宫项目也在进行当中。目前，基于2010年上海世博会所开发的网上世博会已逐步开放运行，逼真立体的模拟体验激发了人们前往世博会会场参观的欲望。所以，这些通过模拟真实旅游体验的虚拟旅游资源，也应属于旅游资源的形态表现。

（3）*旅游资源包括未开发和已开发的形态*

从开发程度上看，旅游资源分为未开发的旅游资源和已开发的旅游资源或者潜在的和现实的旅游资源。旅游资源是客观存在的，只是由于人们价值观的缘故，一些旅游资源在一定历史时期内尚未吸引人们去观光和游览，或由于经济和技术水平的原因尚未被开发和利用，但不能说它们不是旅游资源。人们是否对旅游资源进行观光，不在于旅游资源本身，而在于旅游资源地的地区组合状况、旅游地的旅游设施、旅游地的宣传力度，以及客源地人们的经济能力的限制。但作为资源形态，无论人们观光与否，开发与否，只要是能激发人们的旅游动机、具有旅游价值的要素，都应该称为旅游资源，因为人们观光以及开发与否并不改变旅游资源的性质和功能。未开发利用的那些能对游客产生吸引力的客观实体或因素，由于它们既可被看作是加工后的旅游产品，同时又可作为继续开发的对象（确实存在一个再开发的问题），不断地加工提高，进行深度开发和重复使用，更应属于旅游资源。

3）范畴：延展性和动态性

随着社会经济的发展和科学技术的进步，人们的旅游需求不断多样化、个性化，而人类对未知领域的探索更加广阔，对旅游资源开发利用的技术水平更加高超。所以，这导致旅游资源的范畴在不断扩大，旅游资源的种类在不断增加，由新型旅游资源所产生的旅游新产品和新业态层出不穷。全域旅游体系下，旅游资源不再局限于传统的景区景点，而是以旅游为导向整合社会资源，让社会资源旅游化。比如，从单一的水体资源扩大到流域资源，从单纯的山地资源放大到生态系统资源，包括城市资源、乡村资源都可以当作一个整体来看，在资源的利用方式上更加综合。在全域旅游视角下，有些资源本身是在不停发展和变化的。如城市建设、乡村农业、新兴产业和其他新探索发现的资源，资源在被利用的同时也在被创造，并在不断发生着变化。

过去，人们只知道山岳森林、江河湖泉、宫殿寺庙、亭台楼阁等是旅游资源。如今，人们对工业时代的怀念或好奇，使得废弃的工厂生产车间经过开发成为工业旅游资源。由于人们对田园生活的怀念或向往，使得绿色的田园风光和淳朴的乡野生活等成为农业旅游资源。由于人们保健意识的加强，历史悠久的药膳房、中药材博物馆、医疗器械博物馆等也成为旅游资源，甚至是寒冷的北极、深邃的海底、广阔的太空，都成了旅游资源。由此可见，旅游资源的范畴是不断延展丰富和动态发展的。

1.1.3　旅游资源认识误区

目前，尽管旅游学界对旅游资源这一概念在认识上仍存在比较大的分歧，但在现有共识的基础上，一些非常明显却仍然存在广泛的认识误区，非常不利于旅游资源的科学评价、开发、利用与管理。这里，着重分析两个主要的认识误区，即“泛资源论”和“唯资源论”。

1)“泛资源论”的认识误区

“泛资源论”指的是旅游资源概念的泛化，旅游资源范畴无限制的扩大化，出于发展地方经济或其他意图，将许多非旅游资源强行认定为旅游资源并予以开发利用。这种认识误区带来的恶果是旅游资源的赋存环境和开发条件被当作旅游资源，影响旅游目的地抓住旅游资源开发的主次。大量的市场需求量小，资源价值品位低的事物被当作旅游资源开发，影响旅游目的地的资金使用效率。“泛资源论”的认识误区主要有以下几种表现：

(1)把旅游资源的赋存环境当作旅游资源

环境包括的面很广泛，它的核心概念是周围的境况，实际上是旅游资源生成、演化和现实存在所依托的自然、历史文化和社会条件。赋存环境对于开发旅游固然也是主要考虑的因素，但其本身和旅游资源是两个不同的体系。旅游环境的许多要素，如地理区位、旅游容量、物资供应、经济状况、土地利用条件、发展潜力、管理和服务等，是一个与旅游资源本身有一定的距离的外围空间，比较抽象，不是真正意义上的旅游资源。旅游资源必须是能够吸引人的事物和因素，旅游环境则不然，许多环境要素并不吸引人，有的还是被旅游所排斥的。

(2)把旅游资源的开发条件当作旅游资源

有的学者将旅游资源开发面临的交通、客源数量、滞留时间、吸引距离、开放时间等也作为认定旅游资源的条件，须知这些都是一些开发条件，有些还是一些市场因素，与资源是完全不同的体系。这些条件和因素受原生的旅游环境、人为创造的基础设施、旅游服务等旅游业发展状况的影响，是旅游资源被有效利用的前提，是外加的内容。当然，在有的时候，旅游资源开发条件与旅游资源相互渗透，也有可能构成旅游资源的一部分。譬如对于会务、商务旅游者，有时服务设施尤其是交通、通信条件等成为主要的旅游吸引因素。但这只局限于部分情况，并不能据此将旅游资源开发条件整体划入旅游资源，其理由就是旅游资源的基本内涵即吸引性。一般情况下，旅游资源的开发条件不直接构成旅游吸引因素。分析总结起来，产生这一认识误区的根本原因在于将旅游资源和旅游资源开发混为一谈。旅游开发条件与人的主观意识和主观努力有关。而旅游资源是一种特定的对象，是相对独立的事物和因素。旅游资源自身的特点并不因为其能否开发或开发条件的好坏而发生变化。

2)“唯资源论”的认识误区

“唯资源论”主要指的是将旅游资源和旅游产品直接画等号,将发展地区旅游业的成败锁定在该地的旅游资源的优劣上。这种认识误区带来的后果是:旅游资源丰富的地区,人们容易产生过度、恶性的开发行为,导致科学规划、配套设施、保护措施等跟不上,从而涸泽而渔、焚林而猎、自断门路。而旅游资源欠缺的地区,人们容易产生僵化、萎缩的开发思想,导致创新意识、进取精神、实干能力不足,从而不思进取、坐等援助、裹足不前。

旅游产品和旅游资源是两个完全不同的概念。旅游产品是旅游吸引物、旅游服务和旅游设施等的总和,所包含的内容比较宽泛,而旅游资源必须经过开发才能成为旅游产品的一部分,不是旅游产品的全部。另外,旅游资源和旅游产品是“原料”和“成品”的关系,旅游产品是以市场为导向,经过了人为的作用而开发利用旅游资源的结果,是一种产品形态。所以,旅游资源和旅游产品有着本质的区别。旅游资源丰富的地区有可能会因为开发过度或开发不出适销对路的旅游产品而导致失败。而旅游资源欠缺的地区也有可能因为解放思想、拓展思路,在现有的旅游资源基础上开发出创新型旅游产品,走特色发展之路。

破除“唯资源论”最典型的例子当属“焦作现象”或“焦作模式”。1999 年之前,焦作原本是一个以煤炭、化工、冶金、建材、轻纺等为主导的中等工业城市,旅游资源丰度不高、品级一般、吸引力不强。但由于系统地实施了政府积极主导、打造精品景区、旅游专列造势、优化生态环境、找准市场定位、科学市场营销、完善服务质量等策略,实现了由“煤城”到“中国优秀旅游城市”,由“黑色印象”到“绿色主题”的成功转型。

1.2 旅游资源基本属性

旅游资源是一种普遍存在而又特殊的资源,它既有资源的共有属性,又有不同于其他种类资源的特有属性。不同种类的旅游资源也会因为空间、时间、环境、文化等因素出现差异而产生自己的独特属性。在把握旅游资源概念和内涵的基础上,需要进一步从功能、形态、空间、时间、经济和文化等多重视角认识旅游资源的基本属性,这对于合理开发、充分利用、有效保护与科学管理旅游资源,发展旅游业具有积极的促进作用。

关于旅游资源的基本属性,结合不同学者相关研究情况(表 1.2),分别从功能、形态、空间、时间、经济和文化 6 个角度归纳出所有旅游资源类型共有的基本属性。

表 1.2 旅游资源基本属性研究

学　者	旅游资源基本属性
李天元、王连义	多样性,吸引性的定向性,不可移动性,易损性和可创新性
马勇	观赏性,地域性,综合性,季节性和永续性
王大悟、魏小安	需要性,时空性,认知性,人为性,非旅游功能性

续表

学　者	旅游资源基本属性
苏文才、孙文昌	区域性，观赏性，独立性和垄断性，文化属性，不可再生性，整体性，时限性
甘枝茂、马耀峰	广域性，区域性，不可移动性，重复使用性，文化属性
王恩涌、刘继生	空间上的广域性和区域性，时间上的变化性，经济价值的不确定性，认知性和非旅游功能性
宋子千	吸引性，经济性，群体性，指向性，空间性
张辉、厉新建	特指性，客观性，区域性，对象性，发展性，重复使用性
骆高远	区域性，观赏性，独立性和垄断性，文化性，不可再生性，整体性，时限性
鄢志武	地域性与广域性，季节性，组合性，审美性与文化性，永续利用性和易损性
徐学书	广泛性与地域性，组合性与不可复制性，可创性与易损性，时间性，文化性，经济性和社会性
张伟强	吸引性，广泛性，区域性，固定性，节律性，动态性，多样性，综合性，价值的不确定性，利用的永续性，美学性，知识性
郑耀星	广域性，观赏性，区域性，组合性，永续利用和不可再生性，吸引力变化性

1）功能属性：吸引性

对旅游者的吸引性是旅游资源的本质属性和核心价值，离开吸引性，旅游资源就不能称为旅游资源了。这个本质属性源于旅游资源作为资源的有用性和基础性，是由于旅游资源能够从不同方面满足旅游者的旅游休闲需要，具有实用价值。旅游资源实用价值的大小及其与旅游者旅游需要的契合度，共同决定了旅游资源的旅游吸引力。例如，我国有成千上万座佛教寺庙，每年吸引了大量的佛教信徒和普通民众前往求经拜佛、许愿祈福。但严格来讲，这些寺庙不可能都是旅游资源，因为有的小庙只是空间半径很小的当地居民的膜拜地，偶有路过访客，谈不上对旅游者构成吸引力，所以不是旅游资源。另外，由于历史影响、寺院建制、建筑风格等多种原因，各座寺庙对旅游者的吸引力也是不一样的。中国的四大佛教圣地和藏传佛教圣地都是旅游资源品级很高的，而其他具有旅游吸引力的佛教寺庙的旅游资源品级则相对一般。因此，吸引力成为判别某事物是否是旅游资源的根本标准，吸引力的强弱成为判断某旅游资源品级的重要标尺。

2）形态属性

（1）多样性

多样性是指旅游资源的类型十分丰富，其存在形态是多种多样的，从自然到人文，从物质到精神，从原生、人造到虚拟，从物体与事件到现象与活动，但凡世间万物只要对旅游者有吸引力皆可成为旅游资源。在《旅游资源分类、调查与评价》（GB/T 18972—2003）的分类系统中，对旅游资源共列出了 8 主类 31 亚类 155 基本类型。实际上，随着旅游者旅游需求的变化,旅游资源的类型正呈现不断增长的趋势。旅游者的足迹已经从世界最高峰到了海底,从繁华的城市到了渺无人烟的沙漠和严寒的极地,甚至有人已开始策划太空旅游。那些原来看似平常的事物,现在也颇受旅游者青睐,如“森林浴”“滑草”“绿色旅游”等。而且各种生产和商业场所(如特种艺术工厂和驰名的工厂、水库和电站、废弃的矿井、造币厂、影视基地、著名的商业街、古文化街等)、文教单位(如学校、幼儿园、著名文艺团体等)、科研基地(如科研单位、火箭发射基地等)等处,也常有旅游者光顾。地震、火山爆发(火山喷发景象和火山遗迹)等自然灾害的发生地,战争(古战场、战争纪念物等),监禁(监狱)等社会活动的地点和场所,有的已被利用来进行旅游开发。今天,世界上很多事物和现象都是旅游资源的存在形态。

(2)组合性

组合性是指不同形态的旅游资源单体(包括地文、水域、生物、天象与气候等自然旅游资源和遗迹遗址、建筑与设施、旅游商品、人文活动等人文旅游资源),它们在一定区域内相互依存、相互衬托,共同形成一个和谐的旅游资源组合体。旅游资源的组合形式是多样的,而且自然景观与人文景观的兼容互补性越强,两者就越能融为一体,彼此呼应。旅游资源单体的形态越多,比例越协调,联系越紧密,对旅游者的吸引力就越大。如山与森林、动物组合,山体与河湖或瀑布等水体组合,彩虹与天空、云朵组合,村落与田园、村民生活场景等组合,古寺庙与所在山景组合等。景观要素非常单一的情况很少见,而孤立的景观要素很难形成具有吸引力的旅游资源。旅游资源的组合性,为旅游产品的开发和旅游活动的组织提供了必要而有利的条件。例如,南方多湖而少沙,北方多沙而少湖,有多种鸟类栖息的地方更少。而在干旱的宁夏回族自治区平罗县境内的沙湖风景区,却有湖、有沙、有苇还有鸟,虽然沙丘不高,湖水不深,芦苇不密,鸟的数量也不是很多,但其良好的资源组合状况却使其在众多湖泊景观中脱颖而出,一跃成为全国的王牌风景区之一。

3)空间属性

(1)广域性

广域性是指旅游资源在空间分布上十分广泛,在地球上不同地域都有旅游资源的分布。在陆地上有各种自然人文景观。在海洋中有汹涌澎湃的海浪、一望无际的海面和奇特的海洋生物;天空中有瞬息万变的天象、气象;在地下有神秘的溶洞、地下河、湖泊;在城市有体现现代建筑、先进科技水平的都市风貌;在乡村有浓郁的民俗风情和优美的田园风光;在人烟稀少的山区、沙漠,有原始、淳朴的自然风光;在赤道地区有热带雨林;在极地有冰天雪地等。几乎地理范围内每个区域都有旅游资源的存在。

(2)地域性

地域性是指旅游资源总是分布在不同的地理空间中,由于受自然演化历史、自然环境、社会环境、历史和文化传统等多种因素的影响,形成了地域差异性和独特性。正是由于不同地域的旅游资源之间存在差异性,才形成了旅游者的空间流动。也正是由于一个地方的自然景物或人文风情具有吸引异地旅游者的功能,这些自然景物或人文风情才成为旅游资源。

就旅游资源而言，越是与旅游者通常的生活习俗、文化背景和居住环境有较大差异，对旅游者来说，就越独特，越具有吸引力。

例如，就园林的地域分布而言，我国园林可分为北方园林、江南园林和岭南园林。江南园林造园时，可利用的河、湖较多；丘陵地带靠近城市，造园之石到处可寻；气候温和，常绿阔叶树种多；但南方城市人口密集，可以用来造园的地面狭窄，故而江南园林盆景式的私家园林较多，其特色为明媚秀丽，淡雅朴素，曲折幽深，但使人感到局促。北方园林在造园时，其地形开阔平坦，但可利用的河川湖泊很少，园石、常绿树种也很少，北方园林又多为皇家园林，故而形成了富丽堂皇但秀丽妩媚略显不足的特点。岭南园林由于地处亚热带，造园条件比北方、江南都好，具有明显的亚热带风光特色。3 种类型的园林体现出风格迥异的地域特色，成为吸引旅游者的重要因素。

由于旅游资源的地域性在构成旅游资源特色方面占有重要地位，因此成为在旅游资源的利用和保护中尤其要引以重视的因素。如果利用好旅游资源的地域特色，则可以让旅游者获得不同的旅游经历与感受，增强旅游吸引力。例如，西南地区的藏、羌、彝等民族中普遍存在的手牵手跳圆圈舞的“锅庄舞”，是一种极其古老的群众性集体舞，音乐及舞姿种类繁多，具有极强的地域性，既可供旅游者观赏又可供旅游者参与，深受游人喜爱。如果旅游资源的地域特色消失了，对旅游者的吸引力必将大大减弱乃至消失。例如，泼水节是德宏傣族景颇族自治州重要的节庆活动，在漫长的历史岁月中，由最早的宗教仪式变成了当下具有浓厚世俗色彩的民族节庆活动，曾经是当地吸引旅游者的重要民俗旅游资源。但随着这一文化节庆活动的商业化、模式化、日常化等，民俗色彩越来越淡，其承载的民俗现象和社会功用正在逐渐消失，其喜庆活泼的场面正在逐渐舞台化，旅游者的兴趣正在逐渐转淡，亟待采取措施保护泼水节的地域民族特色。

(3)不可移动性

不可移动性是指旅游资源是在特定的自然条件和历史文化氛围下形成的，是不可能异地重复出现的，是靠旅游者移动来“消费”旅游资源形成的旅游产品。旅游资源的区域差异，意味着资源的可模仿性极差，并导致旅游资源具有不可替代性和不可移动性。即便是在某些情况下将某项旅游资源迁移，这一资源也会改变它某些固有的特性，因为其赖以存在的环境发生了改变。例如，淳朴的民族歌舞可以在大都市上演，但却失去了它在故乡的浓郁风情；微缩景观主题公园虽然力图再现异国他乡的原生景观，但显然已不可和原物相比，它已变成另一种新的旅游资源种类了。尽管许多有关民族风情的主题公园仿制了逼真的民族村寨或居室，但因缺乏地域背景、周边环境与民族习俗等的依托，在旅游者的视域中，却是泾渭分明，无法替代。而那些历史感强烈的旅游资源如宫殿楼阁、石刻壁画等，更无法离开特定地理环境和历史背景，否则将失去其本身的历史价值和欣赏价值。

4)时间属性

(1)节律性

节律性是指旅游资源的景致会随着季节而变化的特征，并且影响到旅游活动和旅游流的季节变化。旅游资源的节律性主要是由自然地理条件，特别是气候的季节性变化决定的，同时有一定的人为因素。首先，有些自然景色只在特定的季节和时间里出现，这方面有很多鲜活的例子（表 1.3）。其次，同样的景物在不同的季节里表现出不同的特征。例如，桂林龙胜县的"龙脊梯田如链似带，从山脚盘绕到山顶，小山如螺，大山似塔，层层叠叠，高低错落。春如层层银带，夏滚道道绿波，秋叠座座金塔，冬似群龙戏水"春夏秋冬各有特色。另外，由于人的社会活动的节律性（如改革开放后我国法定公共假日制度的 4 次调整，即 1994 年 5 月 1 日、1995 年 3 月 25 日、1999 年 9 月 18 日、2008 年 1 月 1 日）也决定了人们出外旅游的时间属性，使得旅游具有明显的"淡季"和"旺季"之分。如东部沿海地区一年内有春、秋两个高峰；西北地区，如乌鲁木齐和呼和浩特全年只有 8 月份一个高峰期；而一些节事旅游，其时间性就更为显著了，如哈尔滨的冰灯节、潍坊的风筝会、彝族的"火把节"等都会引起突发的旅游高峰。

表 1.3　我国一些景观的最佳旅游季节

景　观	最佳旅游季节
扬州的烟雨瘦西湖	春季，尤其是 3 月
江西婺源的油菜花	3 月中下旬、4 月初
洛阳的牡丹花	4 月中旬
黄山的云海、瀑布	夏季多雨时段
浙江钱塘江潮	农历八月十五至八月十八
北京香山红叶	10 月底，11 月初
吉林雾凇（树挂）	12 月底至次年 2 月底
黑龙江漠河的极光	9 月至 4 月初，12 月冬至前后最佳，20:00—23:00

（2）时代变异性

时代变异性是指在不同历史时期、不同社会经济条件下，旅游资源的范畴是不同的，旅游资源是随着时代的需求而产生、发展或消亡的。现代旅游业向多样化、个性化方向发展，旅游资源的含义也越来越丰富，原来不是旅游资源的事物和因素，现在都可能成为新的旅游资源。如帝王的宫殿和陵墓、古城的城墙、宗教寺庙、火山喷发的岩浆、地震遗迹等，其存在之初并不被作为旅游资源，但随着时间的推移和旅游者需求的变化，许多已成为颇具吸引力的旅游热点。当然，由于人类旅游活动对环境的影响以及旅游需求的变化，如过量开采地下水使泉水枯竭、河流上游兴建水库使瀑布断流等，原有的旅游资源也会因失去吸引力而不再成为旅游资源。此外，随着人类科技的进步，可以预见在未来的深海旅游、太空旅游、虚拟空间旅游等将给人们拓展更加广阔、神奇的旅游世界。

5）经济属性

（1）价值不确定性

价值的不确定性指的是旅游资源的价值难以用能够满足旅游者旅游需求的效用进行货

币衡量。通俗地说，无法衡量某类旅游资源值多少钱。而在旅游资源的开发利用过程中，无论是经营权转让、股份制改革还是旅游产品的定价都涉及旅游资源价值大小的问题。如果把旅游资源的价值估计过低，轻则造成国有或集体资产的流失，重则使旅游资源遭到不可恢复的破坏，从而遗恨千古。如果把旅游资源的价值估计过高，有可能导致景区无人问津，门庭冷落，失去了旅游资源开发的意义。要处理好这些问题，必须正确认识以下几个问题：

①稀缺性。资源具有稀缺性，旅游资源也不例外。尽管旅游资源的范畴不断拓展，其涵盖的景观对象范围越来越广，而且可以重复利用，但在一定时期内旅游资源的增量是有限的，旅游资源的存量就很紧张。而旅游需求随着人们可支配收入的增加、闲暇时间的增多以及生活观念与方式的更新日益旺盛。人们对于高品质旅游资源的需求使得一些知名景区的超负荷运营就是最好的例证，这种稀缺性使得旅游资源价值有升高的趋向。

②不可分割性。旅游经营活动出售的是对旅游资源消费的权利，而不是具体的物质产品。旅游资源的消费只能是在保持完整性的前提下，由众多的旅游者共同享受，而不能像一般的商品那样分割为可以计价的单位进行销售。所以，这种不可分割性使得很难将旅游资源货币评估建立在“成本＋利润”的模式之上。

③潜在价值的不易衡量性。从宏观角度看，一方面从观光旅游阶段的名山大川到新兴起的生态农业旅游、传统工业旅游和高科技工业旅游，乃至未来的太空旅游等，旅游资源涵盖的范围不断扩大，内容包罗万象，旅游资源的范畴不断扩大，旅游资源的潜在储量无法估计。另一方面，在不同的历史时期，受国家政策、政治局势、经济水平、文化水平等因素的影响，人们的旅游需求往往会有很大的波动。从微观角度看，某一具体的旅游资源，受自然和人为两方面因素的影响，旅游资源的美学价值、环境状况、景区承载力、区位条件、经营模式的变化往往会对旅游者产生影响。旅游需求的不确定导致旅游资源潜在价值不易衡量。

旅游资源价值存在不确定性的更重要原因是旅游资源的价值是随着人类的认识水平、审美需要、发现迟早、开发能力、宣传促销条件等众多因素的变化而变化的。在当地人眼中司空见惯的事物，在旅游者眼中就可能是一项很有价值的旅游资源，如乡村地区的“老房子”。在一般人眼中不足为奇的东西，对一些专业旅游层次的游客而言，可能正是他们苦苦寻求的目标，如由秦始皇陵兵马俑第三次考古挖掘而兴起的深度考古游。所以，不同的人可以从不同的角度评估旅游资源的价值。另外，旅游资源价值会由于资源开发利用方式及开发利用外部条件的不同而不同。例如，同样一个湖泊，如果把它用于不同的观光度假、体育疗养或开辟为自然保护区，其经济价值的大小会有明显的不同。因此，旅游资源的价值只存在于一定的时间、开发条件与方式以及游客市场之中。

(2)永续利用性和不可再生性

永续利用性指的是旅游资源具有可以重复使用的特点。与矿产、森林等资源随着人类的不断开发利用会不断减少的情况不同，旅游产品是一种无形产品，旅游者付出金钱购买的只是一种经历和感受，而不是旅游资源本身。在旅游资源中，除了一些“特殊事件”（如重大的纪念庆典、奥运会和自然界奇异景象等）不可再现重复利用，以及少部分内容在旅游活动中会被旅游者消耗，需要自然繁殖、人工饲养、栽培和再生产来补充外，绝大多数资源只要不搞“竭泽而渔”式的过度开发，都具有长期重复使用的价值。也就是说，旅游资源大多数都不属于一次性消耗性资源，一般不存在耗竭的问题。因此，从理论上讲，旅游资源可以长期甚至永远使用下去。

不可再生性指的是旅游资源一般是自然界的造化和人类历史的遗存，总是在一定的条件下产生，一旦破坏就很难恢复，即使进行人工复原也是风韵无存了。旅游资源虽然丰富，但作为一种特殊资源又是有限的，尤其是高品位的旅游资源极为有限。这些有限的资源，往往因为自然和人为的破坏而不断受到损毁乃至消失，尤其是现代城市化、工业化进程给旅游资源带来了极大的损毁。一些地方急功近利的旅游开发活动也对旅游地的自然生态环境、文化传统及文化氛围、景观环境风貌乃至旅游景观本身造成巨大的破坏。因此，在开发旅游资源的同时，旅游资源的保护工作必须进行。通过各种保护措施，一方面，减少其自然的损耗和人为的破坏；另一方面，保护好生态环境，也能为某些自然景观、人文景观的存在和发展创造良好的条件，从而延长旅游资源重复使用的期限。

6）文化属性

(1)美学观赏性

美学观赏性指的是旅游资源具有美学特征和观赏价值。尽管旅游动机因人而异，旅游内容与形式多种多样，但观赏活动几乎是所有旅游过程不可缺少的。从一定意义上说，缺乏观赏性，也就不构成旅游资源。形形色色的旅游资源，既有雄、秀、险、奇、幽、旷等类型的形象美，又有动与静的形态美；既有蓝天、白云、青山、绿水、碧海、雪原的色彩美，又有惊涛骇浪、叮咚山泉、淙淙溪涧、苍莽松涛等的声色美；既有建筑景观的造型美、气势美、时代美，又有地方特色菜肴的味觉美、嗅觉美和视觉美……它们都给游客以符合生理、心理需求的美的享受。旅游，就是一次体验美的历程。旅游资源的美学特征越突出，观赏性越强，对旅游者的吸引力也越大。当然，由于旅游者的性格、爱好、年龄、性别及审美观念的差异以及自然旅游资源和人文旅游资源的美感、丰度、价值、结构和布局的因时因地而异，旅游欣赏也是多层次，具有多样性的。

(2)知识启迪性

知识启迪性指的是旅游资源具有知识内涵，其中蕴含着科学道理、自然规律、技术原理、艺术手法、文化意蕴，使得旅游活动本身成为一种文化交流与文化学习活动。人们通过观光、游览、参与、体验，可以得到各种知识和美的享受，丰富人们的知识，提高人们的智力水平，增加人们的美感。例如，奇峰异石、古树名花、幽深山谷、寂静山林、奇特天象等自然风光，无不蕴含着一定的科学哲理，激发人们的思维，热爱自然，探索未知；各种历史博物馆可以帮助人们回顾历史，了解历史，从历史的兴衰看社会的发展规律，从历史人物的命运学做人的道理；各种民族工艺品，让我们了解其他民族文化的精髓和特点，增进相互了解，促进民族团结；石窟碑林等艺术宝库让我们看到古代艺术的手法，体会美的震撼。旅游，也是一次获取知识、启迪心智的历程。同样，要获得这种知识和文化享受，往往与旅游者的文化修养、精神境界有着密切的关系。旅游的开发者应该深入研究旅游资源的文化内涵，并采取合理的措施使其文化内涵充分地展示在旅游者面前，增加对游客的吸引力，使更多人受益。

1.3　旅游资源研究进展

1.3.1　旅游资源的研究范畴

1）研究对象

科学研究是根据科学对象所具有的矛盾性区分的。因此，对于某一现象领域所特有的某一矛盾研究，就构成某一门学科的研究对象。所以，旅游资源研究的对象就是各种旅游资源及其现象与发展规律，即研究旅游资源的成因、分类、调查、评价、开发利用、规划建设、管理策略与保护措施等。

2）研究内容

（1）旅游资源的分类和成因

旅游资源是一种广泛存在、形态多样的资源，非常复杂和综合。旅游资源研究首先要探索各种旅游资源的趋同性和异质性，并依据科学依据和研究需要进行分类，总结不同旅游资源的特点。这是一项十分重要的基础性研究工作，旅游资源分类研究是旅游资源所有后续研究的前提和条件，各类旅游资源特点的把握有利于确定旅游资源开发的位序、整合区域旅游资源、凸显区域旅游特色等，从而增强区域旅游竞争力。同时，各类旅游资源都有其自身形成的渊源，地理环境的地域差异性是旅游资源形成的基本条件。自然旅游资源是各种自然因素相互作用、长期演化的结果。人文旅游资源是在特定社会环境与历史条件下的产物，也具有自然形成的属性。旅游资源的开发与管理，必须从研究旅游资源的形成机制入手，只有这样，才能充分展现旅游资源的科学价值、美学价值、历史价值、文化价值等，提高旅游资源的观赏品位与体验价值，从而最大限度地发挥出旅游资源的效益功能。对于旅游资源形成机制的规律性探索，有利于采取科学合理、积极有效的保护措施，实现旅游资源的有序开发和可持续发展。

（2）旅游资源的调查和评价

旅游资源调查是旅游资源评价的前期工作，而旅游资源评价是旅游资源调查的深化和延伸，旅游资源调查和评价是旅游资源开发利用的重要前提，关乎旅游资源开发与规划是否建立在科学合理的基础之上。对旅游资源进行全面系统的调查与客观评价，为确定旅游地性质、开发规模与策略、制定旅游资源开发规划提供科学依据。因此，旅游资源研究必须明确旅游资源调查的内容和重点、调查的程序和方法等。在此基础上，要研究旅游资源评价的原则、内容与方法等。

（3）旅游资源的开发理论与方法

旅游资源具有可开发性，旅游资源必须经过旅游业的开发利用，才能够为人类创造出经济效益、社会效益和环境效益等。但长期以来，各地政府、旅游企业对旅游资源的无序开发、过度开发、恶性开发所带来的破坏性后果让人触目惊心。所以，旅游资源的开发必须要有科学思想指导，科学方法掌舵，方能实现旅游资源的全面、协调、可持续的发展。旅游资源开发理论主要是探讨旅游资源开发的理论依据、理念、模式、方法与内容等。

(4)旅游产品的开发

旅游产品是旅游资源开发、组合、优化后的外在表现形式，是旅游者购买消费的存在形态。尽管目前对于旅游产品的内涵尚未达成共识，但对于旅游产品的开发行为在现实生活中大量存在。因此，对于旅游产品开发的原则、方法的探讨，对于旅游产品生命周期、旅游产品组合策略的认识，将极大地促进旅游资源开发和管理的合理化与科学化。

(5)旅游资源的开发规划

旅游资源的开发规划是旅游资源的基础研究、规划师的开发构思和旅游资源开发实施的桥梁，全面、协调、高效、可持续的旅游资源开发行为必然有科学合理、设计精良的规划方案作指导。旅游资源开发规划的研究主要包括规划的原理、类型与内容、方法与模式、技术手段等。

(6)旅游资源的整合

在当今世界，旅游业的竞争已经由景点竞争、旅游线路竞争、旅游目的地竞争发展到区域竞争。旅游资源整合能够促进不同行政地域单元中的旅游资源优势互补、错位竞争、形成合力，塑造区域品牌，提升区域旅游竞争力。但旅游资源整合不是简单的 $1+1\geqslant2$，有许多科学的问题值得深入探讨。旅游资源整合要研究的一般是旅游资源整合的动力机制、类型、内容、方法与模式等问题。

(7)旅游资源的管理

旅游资源开发是旅游活动开展的基础，正确的开发有助于当地旅游产业的发展。但旅游资源开发不是一次性的，而是一个持续不断的过程。在整个过程中，为了确保旅游资源的合理利用与可持续发展，需要依靠优质高效的旅游资源综合管理。产权管理是旅游资源可持续发展的制度基础，信息管理是旅游资源可持续发展的现代化手段，质量管理是旅游资源可持续发展的重要保障。旅游资源的综合管理研究就是要探讨产权管理、信息管理和质量管理的目标、内容、手段、策略等问题。

(8)旅游资源的可持续发展

保护旅游资源，是维系人类生存环境条件，继承和延续人类文明成果的重要方面，是衡量一个国家和民族是否具有远见卓识与文明觉悟程度的重要标志。应该说，旅游资源开发与保护是一对矛盾，但如果能正确规划、科学开发、有效管理，两者有可能得到完美的统一。一般来说，对旅游资源的合理开发是一种最好的保护。所以，研究旅游资源环境管理和可持续利用策略，探讨旅游资源保护的手段与策略具有十分重要的意义。

1.3.2　旅游资源研究属性

1)研究特点

(1)综合性、边缘性

旅游资源研究涉及资源学、地理学、地质学、宗教学、园林学、建筑学、历史学、社会学、民俗学、考古学、美学、文学、环境学、生态学、规划学等多门学科的知识,因此是一个综合性、边缘性的研究领域。旅游资源研究处于多学科的"交界"地带,在研究过程中,需要针对不同的资源要素特点,综合运用相关学科的有关原理和方法,才能够找到一套科学适用的解决旅游资源开发与管理的相关问题的理论体系。因此,旅游资源研究体现出明显的综合性、边缘性的特点。

(2)理论性、实践性

旅游资源研究的理论体系既来源于各个学科理论和方法的综合运用,也在于对旅游活动的规律性把握和总结。对旅游资源的形成机制、分类体系、调查手段、评价方法、开发模式的理论探讨,是为了更好地指导旅游资源的规划、开发和保护。同理,对旅游资源客观现象的分析探究,能更好地完善旅游资源研究的理论体系。实践是基础,理论是为了更好地指导实践。由此可知,旅游资源研究是一个实践性和理论性兼备,实践性和理论性相结合的领域。

(3)发展性、创新性

由于社会的不断发展,科学水平的提高,加上人们旅游需求、旅游理念不断更新,旅游资源的内涵和外延也在不断扩大。当前,旅游资源的研究已经取得了一定的成果。但是随着时间的推移和时代的发展,旅游资源研究的理论体系在不断完善,人们对旅游资源的认识逐步深入,对旅游资源开发把握的准确性和科学性逐步提高,对旅游资源保护的意识逐步增强,都表明这个研究领域具有与时俱进的发展性和创新性。

2)研究方法

旅游资源研究作为一个具有综合性、边缘性的新兴研究领域,其研究的方法必然是相邻或相关学科研究的方法的移植、渗透和融合,也体现出综合性的特点。主要研究方法包括以下几种:

(1)调查法

调查法是指通过实地考察、问卷调查、访谈等现场方式获得旅游资源相关的一手资料,是旅游资源研究最为常用的方法之一,主要包括野外调查法和社会调查法。

①野外调查法。野外调查法是旅游资源评价、开发及合理利用与保护的基础工作,要认识旅游资源的分布特点、形成机制、演化规律、地域特色、数量、规模、类型、结构、功能、价值等内容,获得宝贵的第一手资料,必须深入实地进行考察。野外调查主要包括 3 个方面的内容:第一,调查了解区域旅游资源形成的背景条件(地貌、水文、生物、气象气候、历史等),找

出其整体特色及内在联系;第二,旅游资源属性(具体特征)调查;第三,旅游资源开发条件(社会经济等方面)的调查。上述调查资料可以通过野外观察、测量、记录、录音、摄影、摄像等技术手段获得,强调获得资料的客观性、真实性和准确性。值得一提的是,近 10 年来,现代遥感技术应用于旅游资源调查已取得了很好的效果,关于这方面国内外已有成功的实例。遥感技术应用于旅游资源调查最大的优点在于其整体性强、直观、成本较低、工作速度较快,但此法必须与地面调查结合起来。

②社会调查法。社会调查法是对社会现象的观察、度量及分析研究的活动。一般而言,对于人文旅游资源应进行广泛深入的社会调查。通常可以采用观察、座谈、访问、社会测量、随机抽样问卷调查等手段,直接从现实社会中系统地搜集旅游资源的第一手资料。在此基础上进行分析对比,总结出文物古迹、建筑园林、文学艺术、宗教文化、民俗风情、城乡风貌、娱乐、购物等旅游资源的分布、特点、形成与发展规律,有利于人文旅游资源的合理利用和保护。下面主要介绍旅游资源研究中常用的 3 种方法。

A. 访问调查法。访问调查法,也称访谈法,就是访问者通过口头交谈等方式直接向被访问者了解社会情况或探讨社会问题的调查方法。当对于一些旅游资源无法辨别、评价和获取有关资料时,当对于旅游资源开发规划方案无法进行量化评估和优化时,当对于一些旅游资源的开发和管理策略无法进行决策时,可以采取访问调查法。访问时应根据问题的性质确定访问对象,并且事先应做好准备工作,列出详细的访问提纲。如果在访问中发现有矛盾,则应重点深入调查,并结合自己掌握的情况作出正确的判断。

B. 抽样调查法。抽样调查法,是指先将调查对象编制成抽样框,然后运用一定方法从抽样框中抽取一部分抽样单位作为样本,并以样本调查的结果来推断调查总体的调查方法。抽样调查法的一般程序为界定调查总体、选择抽样方法(随机抽样或非随机抽样)、编制抽样框、抽取调查样本、评估样本质量、对抽样对象问卷调查或访谈、评估抽样效度和信度。通常,抽样时应该注意样点选择的随机性和样点分布的均匀性,使抽样结果具有较高的代表性。抽样调查一般采用问卷调查和访谈等。问卷表格和访谈拟订的问题应较简单,容易填写和回答。调查后要进行归类和认真分析,检验抽样的效度和信度,以得出与实际相符的结果。抽样调查是旅游资源研究中常用的基础性方法。

C. 德尔菲法。德尔菲法是 20 世纪 40 年代美国兰德公司研究人员设计的一种预测方法,由于其预测的准确性较高,因此用古希腊阿波罗神殿所在城“德尔菲(Delphi)”命名该方法。德尔菲法的具体做法:预测机构将要预测的问题写成含义明确的调查提纲,分别送给经过选择的专家,请他们用书面形式作出回答。专家们在背靠背、互不通气的情况下,各自独立提出自己的回答,然后将自己的预测意见以无记名方式反馈给预测机构。预测机构汇总专家们的意见,进行定量分析,然后将统计分析结果反馈给专家。专家们根据反馈资料,重新考虑原先的预测意见,然后再以书面形式反馈给预测机构,如此循环往复若干轮,预测意见逐渐趋向集中,最后形成集体预测结论。德尔菲法具有匿名性、反复性和定量性的特点,实质上是一种集体的、间接的书面调查,其优点在于排除了会议访谈中无法完全排除的各种社会心理因素的干扰。目前,德尔菲法较广泛地应用于区域旅游资源的综合评价,在旅游资源开发规划方案的评估、旅游资源管理策略的选择等问题中也有一定的运用。

(2)文献分析法

文献分析法是通过对二手资料即历史文献的分析、考证、探究旅游资源的形成机制、演化过程等,从而有利于挖掘旅游资源的历史价值和文化内涵,为科学的解决开发与保护的关系提供依据。任何一种旅游资源都是在特定的自然地理条件和历史文化氛围中形成的,野外调查能够客观真实地掌握旅游资源的赋存状况和现实状态,社会调查能够让我们在一定程度上了解到旅游资源的演化过程和文化内涵,但这些并不能完全满足旅游资源研究,我们必须借助于历史文献的分析。无论是自然事物的演化,还是人类历史的发展,在时间轴上都是互相联系而又不可分割的整体。以人文旅游资源为例,很大部分是人类社会各历史时期生产、生活、宗教、艺术等方面的文化遗产,并且有很强的地域性和民族性。对其研究,必须借助于历史文献进行分析,才能真正了解其产生的原因和演化历程,从而正确判断其历史价值和文化价值。

(3)综合统计分析法

综合统计分析法指的是将收集整理的第一手资料和第二手资料(前人的研究成果或工作资料)进行分析,对一些可以量化的资料及数据分类与计算机处理,以求从量上得到一些有关规律性、精确性、预测性的统计分析资料,进而对研究区内的旅游资源有一个较全面的认识,以把握全区的总貌和重点的一种方法。任何旅游区域都是由多种旅游资源类型和环境要素组成的,对构成旅游景观的各种要素的研究,除进行定性研究外,必须进行定量研究,如对有关的要素分别统计其面积、长度、宽度、深度、角度、倾斜度、温度、透明度、盐度、速度、含量、直径、胸径、周长、种数、层数、个数等。通过这些统计资料的分析,对确定某个旅游区域的资源特色、旅游价值、环境容量等都有重要意义。

综合统计分析法的具体工作包括:

①旅游资源相关图件的编制。地图是旅游资源调查评价工作中重要的工具。一方面,地图可以提供丰富的信息与数据,是重要的参考资料;另一方面,通过科学的方法和专业的手段绘制的旅游资源分布图、各类旅游资源评价图等是旅游资源调查与评价工作成果展示的方式之一,可以更加直观地表明旅游资源的属性信息,是对旅游资源研究文字报告的补充和丰富。

②旅游资源研究报告的编写。旅游资源研究报告是旅游资源研究工作的成果汇总,是对整个研究工作的系统总结,报告中应将研究的背景、主要目的及意义、研究方法、研究过程、研究成果等方面的内容翔实、准确地作一交代。如有需要,还要撰写专题研究论文。

(4)比较分析法

比较分析法指的是对同一类旅游资源的不同个体之间,不同类型旅游资源之间以及不同区域的旅游资源之间进行比较、分析和评价。这种方法有利于发现资源特色及区域特色,合理确定旅游资源开发位序,有效进行资源整合,从而发挥各地的旅游资源优势,扬长避短,防止低水平重复开发,防止形成旅游产品的雷同,避免造成资源和资金的浪费。

(5)数学方法

数学方法是以数学为工具进行科学研究的方法,即用数学语言表达事物的状态、关系和过程，经过推导、运算与分析，以形成解释、判断和预言的方法。数学方法具有高度的抽象性、概括性、精确性（即逻辑的严密性及结论的确定性），应用的普遍性和可操作性等基本特征，是定量研究和科学研究的重要技术手段。多年来，很多学者试图运用数学思想或构建数学模型来解决旅游资源研究中的诸多问题，取得了一定成果。下面介绍几种旅游资源研究中常见的数学方法。

①层次分析法。层次分析法（Analytic Hierarchy Process，简称 AHP）是将与决策有关的元素分解成目标、准则、方案等层次，在此基础之上进行定性和定量分析的决策方法。该方法是美国运筹学家匹兹堡大学教授萨蒂于 20 世纪 70 年代初，在为美国国防部研究课题时，应用网络系统理论和多目标综合评价方法，提出的一种层次权重决策分析方法。这种方法的特点是在对复杂的决策问题的本质、影响因素及其内在关系等进行深入分析的基础上，利用较少的定量信息使决策的思维过程数学化，从而为多目标、多准则或无结构特性的复杂决策问题提供简便的决策方法，尤其适合于对决策结果难于直接准确计量的问题。层次分析法在旅游资源的评价研究中通过与专家访谈法（德尔菲法）的结合得到了广泛的应用。此外，在旅游资源开发的位序选择、区域影响及区域旅游资源综合竞争力的对比研究中均有应用。

②模糊聚类法。模糊聚类法是模糊数学理论和聚类分析法的综合运用。模糊理论是 1965 年由美国控制论专家查德（L. A. Zadeh）创立的一门新的数学分支，是研究和处理模糊现象与模糊概念的数学。聚类分析法是数理统计多元分析方法之一，即用数学定量地确定研究对象的亲疏关系，从而客观地分型划类。把模糊数学方法引入聚类分析，能使聚类分析更好地适应客观世界的模糊性，也能有效地对类与类之间有交叉的部分进行聚类。模糊聚类分析的基本步骤是：选择样品聚类因子；对统计指标的数据进行标准化处理；算出衡量被分类的对象间相似程度的统计量 r_{ij}，从而确定相似关系矩阵 R；计算模糊等价关系 R^*，使 $R \to R^2 \to \cdots \to R^{2k} = R^*$；对模糊等价关系 R^* 用不同的 λ 水平截集，进行聚类分级、评价与分析。旅游资源本身的复杂性和多元性，使得旅游资源定量分析不可能简单地采用严密精确的数学计量方法；而旅游资源单体的评价已经有 2003 年颁布的《旅游资源分类、调查与评价》国家标准作依据，而区域旅游资源的评价缺少系统性、科学性与可比性。聚类分析法适合用于区域旅游资源的综合评价、分级分型，从而找准区域旅游资源特色和重点开发区域，有利于旅游资源开发、保护与管理行为走上标准化、规范化与科学化的健康发展轨道。傅培华、方幼君等学者在这方面作了开拓性研究，仍有待于学界在这方面作深入探讨。

③主成分分析法。旅游资源研究往往涉及大量相互关联的自然和社会要素，众多的要素常常增加了数学模型构建的难度和运算的复杂性，同时不利于分析问题的本质。主成分分析法是通过数理统计分析，将众多影响要素的信息压缩表达为若干具有代表性的合成变量，这就克服了变量选择时的冗余和相关，达到既简化数据，又抓住主要矛盾的目的。然后，选择信息最丰富的少数因子作为主成分，以每个主成分所对应的特征值占所提取主成分特征值之和的比重作为系数，进行各种聚类分析。

1.3.3 旅游资源研究态势

从国内外旅游学研究的历史来观察，旅游资源研究一直都是其十分重要的组成部分。

旅游资源研究是从对旅游资源的认识、开发和保护开始的，是从相关学科的部分或个案研究开始的。较早涉及旅游资源研究的是国外旅游地学方面的学者，代表作如 Tanner 的《水资源与旅游》(1973)，Goodall 的《植被环境与旅游》(1975)，Manfred 等的《以马尔代夫为例，海岛环境的旅游资源开发》(1985)等。我国旅游业真正释放活力、获取发展是在 1978 年改革开放以后，而在 1992 年国务院文件中承认了旅游业的产业地位之后更是获得了快速发展，所以，我国旅游研究的系统全面展开也只有 30 年左右。在旅游资源研究方面，我国旅游地学研究的开拓者郭来喜、陈传康、陈安泽、卢云亭等，运用地学的理论与方法，为旅游资源调查、评价、规划和开发初步构建了旅游资源学的框架。为了更加全面、客观地分析我国旅游资源研究的进程，本书将通过综合分析相关科研课题、学术论文和专业书籍的发展情况来进行探讨。

1) 科研课题

出现于各省市及各科研院所的旅游资源研究的早期相关课题难于统计，国家自然科学基金委员会和全国哲学社会科学规划办公室历年资助项目代表了我国科研领域的最高水平，所以，本书将以当中旅游资源研究相关课题为分析的资料来源，探讨我国旅游资源研究的学术态势。通过在两个机构的官方网站(http://www. nsfc. gov. cn 和 http://www. npopss-cn. gov. cn)相关栏目以“旅游”“游憩”“休闲”为关键词检索到旅游相关课题项目数量：国家自然科学基金 300 余项，国家社会科学基金 320 余项。在这些项目中，通过课题标题和课题相关成果检索分析遴选出旅游资源研究相关课题数量：国家自然科学基金 43 项，国家社会科学基金 43 项。一般认为，我国旅游资源的系统研究，是从 1987 年中科院孙尚清教授主持的《旅游资源经济发展战略研究》的子课题《旅游资源及其评价》为开端。此后，课题数量逐年上升，个别年份有间断，到近几年出现研究高峰(图 1.1)。

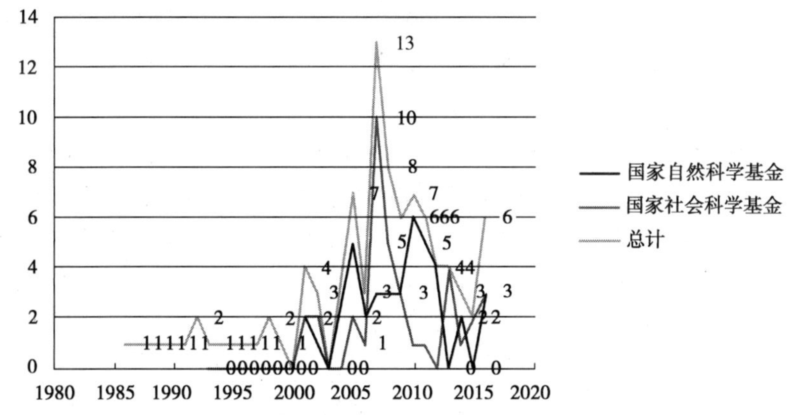

图 1.1　国家自然、社会科学基金旅游资源相关项目年度统计

注：国家自然科学基金搜索时限为 1986—2016 年，国家社会科学基金搜索时限为 1993—2016 年。

(1) 国家自然科学基金

国家自然科学基金一直都非常关注旅游资源相关问题的研究。从 1991 年开始，除 2000

年和2003年外,历年都有一定数量的课题获得审批,共计43项。这些课题集中在地球科学部和管理科学部。其中一些课题直接以旅游资源某个研究领域为研究对象,如1992年中科院地理研究所郭来喜的《中国旅游资源成因类型及地域结构规律研究》,1994年云南大学罗明义的《云南自然旅游资源开发与环境保护研究》,1997年中科院地理研究所尹泽生的《旅游资源及赋存环境特征值评价系统》,1998年北京大学吴必虎的《滇东黔西旅游地域结构与资源持续利用途径研究》,1999年同济大学刘滨谊的《风景旅游资源时空筹划理论与方法研究》,2006年中山大学张朝枝的《旅游发展与世界遗产地资源保护的互动机理及其政策评价模型研究》,2008年大连理工大学王尔大的《滨海旅游资源价值评价理论、方法与实证研究》,2012年海南师范大学的《海南岛热带森林旅游可持续发展研究》,2015年中山大学保继刚的《消费转型与中国资源型旅游目的地发展演化研究——以阳朔、喀纳斯、三亚为例》。而在多数课题中,旅游资源研究只是作为其中的子课题或者基础研究部分。从研究的内容看(图1.2),旅游资源保护与可持续发展(24%)、旅游资源开发机制与模式(22%)、旅游资源开发规划理论(13%)是研究热点,此后排序为旅游资源开发区域影响(11%)、旅游资源形成机制与特点(11%)、旅游资源评价(8%)、其他(6%)、旅游资源生态安全与调控(5%)。从研究的时间演化看,早期研究比较关注旅游资源形成机制与特点、旅游资源开发区域影响和旅游资源评价,继而关注旅游资源开发规划理论和旅游资源生态安全与调控,旅游资源开发机制与模式、旅游资源保护与可持续发展这两个领域则一直受到学者们的关注。

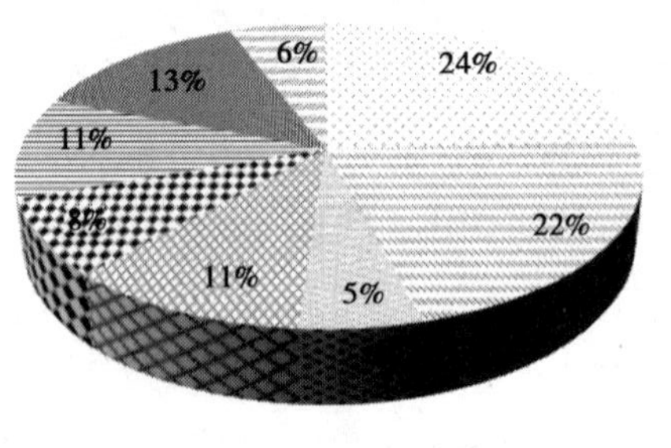

图1.2 国家自然科学基金旅游资源相关课题研究内容分布

(2)国家社会科学基金

旅游资源研究脱胎于地学和资源学,有偏重于理科的倾向。早期国家自然科学基金相关项目较多,而国家社会科学基金较少,甚至在1994年到2000年均为空白。但是,自2001年开始,出现了研究高峰,甚至在2007年单年度10项,说明学者们开始从社会科学的视角及研究方法关注旅游资源研究的相关领域。这些课题主要集中在应用经济学科规划和民族问题研究评审小组。另外,在法学、管理学、体育学、经济理论、社会学科规划评审小组也有一部分,全部为一般项目、青年项目和西部项目。从研究内容看(图1.3),旅游资源开发机制与模式(36%)和旅游资源保护与可持续发展(24%)是研究热点,此后排序为旅游资源开发利益相关研究(14%)、旅游资源评价(14%)、旅游资源的区域影响(7%)和旅游资源开发规划模式(5%)。从研究的时间演化看,早期研究比较关注旅游资源开发机制与模式、旅游资源开发的区域影响、旅游资源开发规划模式。近几年非常关注旅游资源开发利益相关者研究和旅游资源保护与可持续发展和旅游资源评价这 3 个领域。

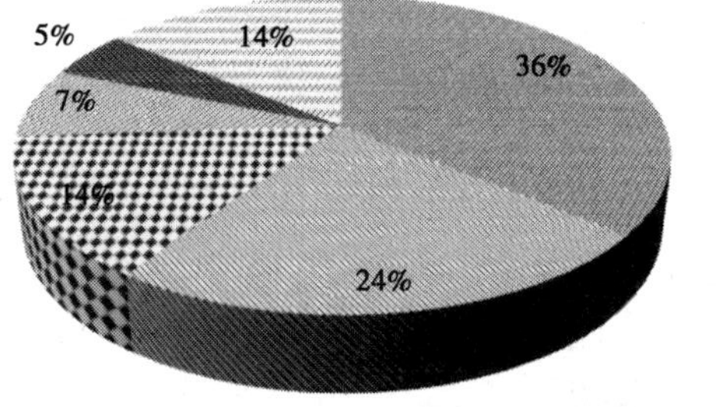

图 1.3　国家社会科学基金旅游资源相关课题研究内容分布

从总体上看,两类国家基金审批的旅游资源相关项目的数量在不同年份是有起伏的,这是由国家发展需要、学科发展需要、学者申报情况等多因素决定的,其总体趋势是上升的。在旅游资源研究的初期,学者们关注旅游资源的形成机制与特点、旅游资源开发的区域影响和旅游资源评价等,主要为基础性研究。在研究的中期,十分重视旅游资源开发机制与模式、旅游资源开发规划理论的研究,以期望构建旅游资源开发与规划的理论体系并进行实际应用研究。最近几年,随着旅游资源开发带来了大量的生态环境问题、社会文化的负面影响等,学者们高度关注旅游资源保护与可持续发展问题的研究。同时,由此衍生出的国家自然科学基金中的旅游资源生态安全与调控的相关研究、国家社会科学基金的旅游资源开发利益相关者研究等实质上也属于该范畴,这些课题是从不同的学科视角进行的旅游资源保护与可持续发展问题的深度专项研究。

2)学术论文

改革开放后,旅游业的活力释放,旅游资源的调查、评价、开发与保护等领域引起了旅游业界和学界的浓厚兴趣。从那时起,旅游资源相关的学术论文不断涌现,到如今数量已经相当可观。在 CNKI 中国期刊全文数据库中,以“旅游资源”为“篇名”的检索词,检索并整理出旅游资源相关学术论文的分布情况(表 1.4)。

从检索出的 1981—2015 年的 9 672 篇论文来看,研究内容分布的次序为旅游资源开发理论与应用 3 832 篇(39.61%),旅游资源调查与评价 2 405 篇(24.87%),旅游资源保护与可持续发展 882 篇(9.12%),其他 733 篇(7.58%),旅游资源综合管理 488 篇(5.05%),旅游资源整合理论与应用 395 篇(4.08%),旅游资源概念、特点与分类 351 篇(3.63%),旅游资源形成机制与条件 394 篇(4.07%),旅游资源开发规划理论与应用 193 篇(1.20%)。

表 1.4　改革开放以来旅游资源相关学术论文分布情况

领域 年份	旅游资源概念、特点与分类	旅游资源形成机制与条件	旅游资源调查与评价	旅游资源开发理论与应用	旅游资源开发规划理论与应用	旅游资源整合理论与应用	旅游资源综合管理	旅游资源保护与可持续发展	其他	总计	核心期刊所占比例（%）
1981 年	0	0	0	1	0	0	0	1	0	2	100
1982 年	1	2	1	1	0	0	0	0	1	6	16.67
1983 年	1	0	1	3	0	0	1	0	0	6	66.67
1984 年	0	0	1	6	0	0	0	1	2	10	30
1985 年	2	3	2	18	1	0	0	1	0	27	62.96
1986 年	0	3	3	17	0	0	1	1	3	27	40.74
1987 年	1	2	6	27	1	0	0	2	0	39	41.03
1988 年	1	0	6	27	1	0	0	3	3	41	43.9
1989 年	0	2	4	17	0	0	1	2	5	31	22.58
1990 年	1	7	7	24	0	0	0	1	0	42	40.48
1991 年	1	3	10	22	1	0	0	3	4	44	38.64
1992 年	0	2	7	25	0	0	1	0	3	38	44.74
1993 年	0	3	12	40	1	0	1	4	7	68	33.82
1994 年	8	7	9	55	0	0	0	3	15	97	27.84
1995 年	3	3	12	83	1	0	1	9	15	127	24.41
1996 年	5	7	22	72	4	0	0	11	19	140	24.29
1997 年	5	3	25	98	3	0	1	24	22	181	25.97
1998 年	8	7	25	83	3	0	1	19	17	163	23.31
1999 年	7	7	22	105	4	0	4	30	20	199	22.61
2000 年	7	6	29	146	3	0	9	33	33	266	23.31
2001 年	9	5	41	157	8	1	13	39	32	305	20.66
2002 年	6	2	44	222	7	5	27	58	38	409	21.52
2003 年	18	4	56	230	11	8	17	56	20	410	17.8
2004 年	14	6	58	205	8	24	36	55	27	433	20.09
2005 年	16	5	62	233	13	31	39	62	30	491	17.31
2006 年	15	7	101	313	13	33	43	70	34	629	27.03
2007 年	20	6	105	335	14	41	36	65	17	639	26.8
2008 年	16	6	91	361	8	38	47	73	44	684	20.3
2009 年	6	4	45	148	4	27	22	39	29	324	25.6
2010 年	34	34	219	109	6	25	20	35	40	522	22.4
2011 年	27	48	278	122	12	28	30	40	44	629	19.7
2012 年	40	52	280	140	15	35	32	39	47	680	26.8
2013 年	26	54	266	147	17	36	33	40	50	669	18.3

续表

领域 年份	旅游资源概念、特点与分类	旅游资源形成机制与条件	旅游资源调查与评价	旅游资源开发理论与应用	旅游资源开发规划理论与应用	旅游资源整合理论与应用	旅游资源综合管理	旅游资源保护与可持续发展	其他	总计	核心期刊所占比例（%）
2014 年	31	52	285	127	19	38	36	37	55	680	17.2
2015 年	22	42	270	121	15	25	36	36	57	624	20.4
2016 年	17	58	315	120	17	28	33	39	53	680	25.6
总　计	368	452	2 720	3 951	210	423	521	921	786	10 352	27.26

资料来源：CNKI 中国期刊全文数据库，截止日期为 2016 年 12 月 31 日。

注：1. CNKI 中国期刊全文数据库中 2008 年和 2009 年的核心期刊统计不完全，所以未计算核心期刊所占比例，总计中的该比例数据为 1981—2016 年汇总后的平均数据。

2. "其他"项主要包含的内容为旅游资源会议简报或纪要、旅游资源课程设计与研究、旅游资源区划研究、旅游资源风光介绍等。

3. 有的论文研究内容带有综合性，如"××旅游资源的评价与开发""××旅游资源的开发与保护"等，这时分类的主要依据为论文研究的侧重点。

旅游资源开发的理论与应用是旅游资源研究的核心领域。出于实践的需要，学者们在这个领域花费了大量心思，研究成果占到全部的半数以上。当然，研究水平良莠不齐。早期很多研究都是根据某个区域的旅游资源赋存情况，提出一些旅游资源开发思路和对策，缺乏理论依据和规律性探索。进入 20 世纪 90 年代中后期，随着旅游资源开发活动的不断展开和对恶性开发行为后果的反思，学者们开始借助于区位理论、经济学理论、景观生态学理论、旅游地生命周期理论、旅游者行为理论和旅游容量理论等构建旅游资源开发理论框架，解决旅游开发过程中遇到的系列问题。

旅游资源调查与评价、旅游资源保护与可持续发展是旅游资源研究的重要领域。旅游资源调查与评价是旅游资源开发的前提和基础。一直以来，学者们对这个领域颇为关注。旅游资源调查主要研究的是旅游资源的分类及其科学性、调查的技术手段等问题。旅游资源评价则经历了由定性评价，到定量评价，再到定性评价与定量评价相结合的综合评价的研究过程。旅游资源保护与可持续发展是成长较快的研究领域，在早期只有个别学者做尝试性研究，20 世纪 90 年代中期以后研究成果不断涌现，近几年在"科学发展观"的指导下，研究成果更加丰硕。学者们尝试从哲学、生态学、环境科学、伦理学、法学、经济学、制度学等多学科汲取养分，探索运用法律措施、行政措施、经济措施、宣传教育措施和现代科技技术方法合理适度保护旅游资源，促进旅游资源可持续发展。

旅游资源整合理论与应用、旅游资源综合管理是旅游资源研究的新兴领域。整合概念与理论应用到旅游资源研究中在 2001 年才出现，不过 14 年的时间，已经有 200 多篇学术论文，多为整合模式、内容和策略的研究。旅游资源综合管理在早期个别年份有零星论文出现，一般是管理制度或产权制度的探讨，在 1999 年之后研究成果呈快速增长态势，目前已经有 301 篇学术论文，研究视角涉及旅游资源的信息管理、环境管理、质量管理、法律管理等。

旅游资源概念特点与分类、旅游资源形成机制与条件、旅游资源开发规划理论与应用是旅游资源研究的基础领域。这 3 个领域是旅游资源研究的基石，一直以来都有学者关注，保持缓慢增长的态势,但研究成果数量较少,研究质量不高,以后有待加强。

3)专业书籍

专业书籍的数量和质量能够体现出一门学科或者一个研究领域的系统性、科学性达到什么样的程度。通过在中国国家数字图书馆(www. nlc. cn)和上海图书馆(www. library. sh. cn)用“旅游资源”作为关键词,一共检索出旅游资源专业书籍310本,其中教材130本,论著179本(图1.4)。旅游资源研究早期,一些研究成果出现在旅游地理学、旅游学概论等教材中,但考虑旅游资源研究本身的系统性和检索的准确性,这些书籍没有纳入本范畴内。

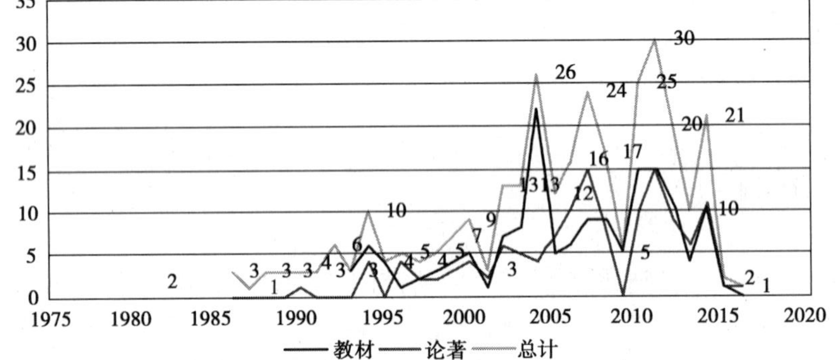

图1.4 我国旅游资源专业书籍数量情况

最早的旅游资源书籍为北京旅游学院筹备处撰写的教材《旅游资源的开发与观赏》,这本教材是一个开拓性的尝试,但缺乏系统的理论体系。一直到1990年出现了9本旅游资源专业论著,内容为某个地域单元旅游资源的考察报告、评价、开发策略探讨、地学研究、风光图集以及相关研讨会的论文汇编等,为构建旅游资源研究的科学体系奠定了基础。1990年,王兴中撰写的《旅游资源景观论》是国内的第二本相关教材,此后教材的撰写又开始沉寂,论著丰富起来。这种沉淀与思考为1994年开始的旅游资源教材创作的春天积蓄了力量,教材和论著的数量稳步上升。

1.3.4 旅游资源研究展望

1)研究领域不断拓展深化

旅游资源研究作为一个发展时间不长的学科范畴,许多现有研究领域需要深化,大量未知领域需要开拓。研究领域的不断拓展,丰富了旅游资源研究的内容和深度,有利于形成科学系统的旅游资源研究体系,本书仅就几个新兴研究领域作一些展望。

(1)旅游资源经济价值评估

旅游资源评价以往的研究侧重于对旅游资源的规模、质量、等级、种类、开发条件和环境背景的评价,而缺乏对旅游资源经济价值的评估。尤其在国内,受到“劳动创造价值”观念的影响,认为旅游资源没有劳动参与或不能交易,所以没有价值,导致了对旅游资源的无偿占有、掠夺性开发与使用,由此产生的恶果引起了学者们对旅游资源经济价值评估的重视。近几年，许多旅游地出让景区经营权或以旅游资源作价入股进行合作开发等，更需要解决旅游资源经济价值的科学核算。我国的旅游资源经济价值评估实例研究出现在 1990 年，早期的研究局限于对国内森林游憩价值的评估，最近 5 年研究成果才逐渐丰富起来。郭建英、王乃昂、李巍、李文军、张茵、邵筱叶、万绪才、张红霞、苏勤、罗世伟、刘康等学者都做了一些尝试性的工作，评估对象已经扩展到地质公园、文物景区、山岳景区、峡谷景区、滨海旅游资源、宗教旅游资源、生态旅游资源等，同时也对旅游资源经济价值评估的理论基础和评估方法进行了思考。但总体上看，评估技术尚较为单一，缺乏有效性与可靠性检验，评估范围限于国内旅游价值，评估实例研究的理论探索不足，研究成果缺乏系统性。未来的研究中需要着重探索两个方面的问题：一是完善旅游资源价值构成体系；二是优化旅游资源价值评估方法。

(2)旅游资源的开发模式

旅游资源的开发理论与应用作为旅游资源研究的核心领域，研究成果颇为丰富。早期的研究多为旅游资源的开发理念、原则、内容、程序及建立在某个地域单元旅游资源赋存分析基础上的开发方法与对策的探讨，较为零散，缺少系统性和规律性的架构。20 世纪 90 年代，保继刚等学者根据旅游资源价值高低、区位条件优劣、区位经济背景好坏提出的 4 种区域旅游资源开发模式以及王兴中于 1997 年在《地理科学》上发表的一篇论文《中国旅游资源开发模式与旅游区域可持续发展理念》(经济发达地区、经济不发达地区的两类旅游资源开发模式)引发了我国学者对旅游资源开发模式的探讨。发展到今天，这方面的学术论文已经达到 50 余篇，10 余本专业书籍中论及旅游资源的开发模式。目前较为系统的旅游资源开发模式研究除前面提到的保继刚分类法，还有按资源类型划分的 5 种开发模式，按投资主体开发的 4 种模式，按地域划分的 3 种开发模式(详细内容见第 4 章)。这些分类形成的开发模式各有其特点和应用价值，但随着新型旅游资源的不断涌现和世界经济区域化趋势的不断加强，旅游资源的开发模式仍然需要不断完善、创新。未来的研究中，有以下问题值得探索：一是现有分类的旅游资源开发模式如何整合提炼，使其更具有典型性、科学性和实践性；二是现有的旅游资源开发模式，空间布局特点体现不足(如点—轴开发模式、圈层开发模式、网络化开发模式等)；三是新型的旅游资源如海底旅游资源、太空旅游资源、虚拟旅游资源等应该采用怎样的开发模式；四是为了推进区域旅游合作，跨界旅游资源应该采用怎样的开发模式。

(3)旅游资源的整合开发

旅游资源整合是旅游业发展到一定阶段的需要。改革开放以来，我国旅游业发展速度很快，从非经济产业到被确定为国民经济新的增长点，从各地分散、独立发展到不同层次的地域协作、联合发展。尤其是如今旅游业竞争已经由景点竞争、旅游线路竞争、旅游目的地竞争发展到区域竞争，区域旅游资源的整合开发显现出现实的紧迫性。反观旅游资源整合开发的研究进展，国内学术界早在 20 年前就有一定的探讨，但主要是概念的提出和整合的初步设想。2002 年喻学才发表的《苏锡常都市圈区域文化与旅游资源的整合研究》可以被视为第一次将整合理论系统的应用于旅游资源的开发研究中(含整合原则、整合战略和开发布局设想),发展至今,国内学术界已形成200余篇相关学术论文。研究区域涉及广泛,如武汉、西安、杭州、广州、苏锡常、长三角、珠三角、环渤海区域、中原城市群、长株潭城市群、东北三省、山东半岛城市群等。研究内容主要包括旅游资源整合的理论基础、限制条件、动力机制、类型、方法、模式和途径等。已经形成的研究成果提供了该领域的研究基础,但仍有很多不足,如理论建设薄弱、研究方法单一、旅游资源整合的内生机制和发展规律探索不够、个案分析缺乏应用性和个性化等。未来,可以从以下几个方面深入研究:一是旅游资源整合理论和方法的系统构建;二是旅游资源整合机制的完善与模式的创新;三是旅游资源整合的利益相关者研究。

(4)旅游资源的管理模式与手段

在市场经济体制下,近几年,一些大型风景名胜区进行了旅游资源的货币化评估,构建了旅游资源管理信息系统,组建了综合性的景区管理委员会,在一定程度上提高了旅游资源管理的绩效。但实质上,传统的旅游资源管理理念、模式与手段在很多地区仍然根深蒂固,十分不利于搞好新形势下旅游资源开发和环境保护工作。旅游资源的管理模式与手段的创新和转换是一个具有紧迫性和巨大应用价值的研究领域。学术界关注这个领域是在20世纪90年代中后期,目前已经有300余篇学术论文,这些论文涉及的内容主要有西方国家管理模式的借鉴、旅游资源的资产化管理、旅游资源的管理信息系统设计、旅游资源的社区参与机制、旅游资源的产权制度创新、旅游资源的环境管理等,为解决现实的管理困境提供了一定的智力支持,但还远远不够。未来的研究中,有以下领域值得探讨:一是深入探索适合我国国情的旅游资源的管理模式;二是探索适用于不同旅游资源类型与体量的旅游资源管理模式与手段;三是如何使旅游资源管理的多手段运用形成有机体系;四是旅游资源管理的利益相关者参与机制研究。

2)研究技术方法不断创新融合

为了保证旅游资源研究的科学性,提高研究成果的应用性,必须采用科学的研究技术方法。旅游资源研究的综合性、边缘性、发展性、创新性等特点,以及旅游资源研究本身处于发展阶段缺乏系统的研究范式,都对研究技术方法提出了较高的要求。学者们不断探索,目前已经将一些数学方法和3S高新技术应用于旅游资源研究中,使得研究工作的效率大为提高,研究的科学性、应用性价值陡增。这些研究技术手段仍然是未来发展的方向,这里重点介绍3S技术和虚拟现实技术。

(1)3S高新技术

3S高新技术指的是遥感(Remote Sensing, RS),地理信息系统(Geographic Information System 或 Geo-information System, GIS),全球卫星定位系统(Global Positioning System, GPS)。这3种技术,在旅游资源的一些研究领域中已经得到了应用,具有可视化、科学性、高效率等特点,有非常好的应用前景。

①遥感技术。遥感主要指从远距离高空以及外层空间的各种平台上利用可见光、红外、微波等电磁波探测仪器,通过摄影或扫描、信息感应、传输和处理,从而研究地面物体的形

状、大小、位置及其环境的相互关系与变化的现代技术科学。RS 技术具有观测范围大、获取信息量大、速度快、实时性好、动态性强等优点，使旅游资源研究中的空间基础地理信息的采集更为准确，更具现实性和时效性。早在 20 世纪 60 年代，加拿大、美国、德国、法国、意大利、埃及、瑞士等国家就开始在旅游资源的调查和评价中采用遥感技术，如今随着国内外遥感数据空间分辨率的提高，具有更加广阔的应用前景。综合来看，目前遥感技术在旅游资源研究中的应用可以概括为以下方面：

A. 利用遥感图像的波谱特性，在遥感图像上发现和识别旅游资源，结合部分其他人文旅游资源的资料，进行旅游资源数量、质量和分布的调查研究。

B. 通过遥感图像，在大区域上进行旅游资源的地域组合结构及其相关性分析。

C. 在遥感图像上叠加环境、市场需求等因子，利用计算机处理技术，进行旅游资源综合评价。

D. 利用遥感技术多时相周期性观测的特点，掌握旅游资源动态变化的过程，并运用最新变化资料，对旅游资源实行动态管理和再开发(调整性开发)。

E. 另外，利用遥感技术可以制作旅游资源研究的基础底图。与 GIS 技术融合后开发旅游地理信息系统，为旅游资源开发与规划、旅游资源管理决策提供科学依据。作为虚拟现实技术的重要技术基础，促进动态的旅游资源研究。

②GIS 技术。GIS 通称地理信息系统或地学信息系统，它是以采集、存储、管理、分析、描述和应用整个或部分地球表面(包括大气层在内)与空间、地理分布有关的数据的计算机系统，由硬件、软件、数据和用户的有机结合而构成。GIS 具有强大的空间信息管理、属性数据查询、三维影像显示、空间分析等功能，为旅游资源的相关研究提供了理想的技术平台。综合来看，目前 GIS 技术在旅游资源研究中的应用可以概括为以下几个方面：

A. 存储和查询数据。将借助遥感技术、GPS 技术以及调查员实地考察等采集的大量旅游资源的基础数据分门别类地存储到 GIS 数据库系统中，便于后续研究的查询、调用和量算。

B. 空间叠置分析和相关分析。运用 GIS 将一个区域单元上的某种地理现象或某一属性值与邻近区域单元上同一现象或属性值进行叠置分析和相关分析，建立区域旅游资源资料间的量化关系，以统计方法发现其空间关系和空间相互影响的规律。

C. 旅游资源评价。调用某一区域旅游资源的空间属性数据，通过建立和输入旅游资源评价数学模型，进行旅游资源的量化综合评价，使得评价更加高效科学，同时在同类旅游资源中建立可比性。

D. 旅游资源开发规划的编制、模拟与评判。GIS 以其强大的制图辅助功能，为旅游规划提供大量的图件影像资料，使得规划方案的制作科学与美观并重。在旅游规划评审过程中，GIS 的多维展示功能使得规划方案将设计者的理念全面、立体、直观地呈现，更有利于评审专家作出合理的判断。同时，GIS 技术作为虚拟现实技术中极为重要的基础技术，对于旅游资源开发规划方案的模拟演示与预测发挥着重要的作用。

E. 旅游资源实时动态监控与预警。在 GIS 数据库的基础上，建立旅游资源管理信息系统和监控中心(GIS 工作站)，通过布设在各个景区中或景区中各个景点中的移动监测终端或车载系统发回游客游量、应急事件等实时数据进行分析和调控,保证旅游资源的可持续发展和景区管理的高效。

③GPS 技术。GPS 是授时、测距导航系统(Navigation Satellite Timing and Ranking)的简称,是利用卫星发射的无线电信号进行导航定位的卫星无线电导航定位系统。GPS 技术具有全球性、全方位、全天候、高精度、快速实时的三维导航、定位、测速和授时功能。全球定位系统(GPS)是美国出于军事需要从 20 世纪 70 年代开始研制,历时 20 年,耗资 200 亿美元,于 1994 年全面建成的,后来开放用于民用。GPS 定位系统主要由 GPS 卫星星座(空间部分)、地面监控系统、用户接收处理部分组成,对导航定位、测量等意义重大,除了在航空、航海等领域应用前景广阔外,同时为地球表层大量赋存旅游资源的系统研究,可提供高分辨率、多时相、高精度以及近地空间环境的数据和图像,是获取丰富空间信息的先进技术工具。综合来看,目前,GPS 技术在旅游资源研究中的应用可以概括为以下几个方面:

A. 利用 GPS 采集多时相下旅游资源的地理坐标、高程等数据,为旅游资源的图件制作及评价与开发提供精密数据和科学依据。

B. 成为野外旅游资源考察的导航利器,使野外实测工作提高效率和精度。

C. GPS + GIS + GSM 的综合开发,形成景区的多功能旅游服务系统,提供景点查询、路线规划和景点讲解等服务,提高了旅游资源综合管理的绩效。同时,对于保障自助游客的安全也大有帮助。

(2)虚拟现实技术

虚拟现实技术(Virtual Reality)是人们通过计算机对复杂数据进行可视化操作与交互的一种全新方式,是一种由图像技术、传感与测量技术、计算机技术、仿真技术、网络技术以及人机对话技术相结合的产物。它以计算机技术为基础,通过创建一个三维视觉、听觉和触觉于一体的虚拟环境为用户提供一种人机对话工具,同虚拟环境中的物体对象交互操作,提供现场感和多感觉通道,并依据不同的应用目的,探寻一种最佳的人机交互界面形式,从而为现实世界的决策提供科学依据。对该技术的研究始于 20 世纪 60 年代,早期由美国应用于军事领域,如今广泛地应用于航空航天、电视电影、医学和城市规划等众多领域。虚拟现实技术具有沉浸性(Immersion)、交互性(Interaction)和构想性(Imagination)的特点,是一项划时代的技术,在旅游资源开发规划、旅游资源保护与可持续发展、旅游营销与推广中具有良好的应用前景。

①虚拟现实技术在旅游资源开发规划中的应用。目前的旅游资源开发规划设计方案,主要是通过文字、表格和图件等静态的形式展现出来的,其中绝大多数图件都是二维平面的,即使是透视效果图,也只能反映两个侧面,缺乏逼真的全方位立体感和动态感,不利于规划方案的评判。虚拟现实技术的运用,能够将规划中的感念设计和构思可视化和可操作化,实现逼真的规划效果呈现,无须规划方案的真正实施,就能达到复杂环境下的廉价模拟训练、先期检验与优化的目的。

在具体的操作过程中,旅游资源开发规划人员首先将拟规划旅游区域的地形地貌、气候水文、植被土壤、土地利用现状、社会经济背景、区位条件、旅游资源赋存、旅游交通、旅游需求等大量信息建成数据库,并转换成虚拟现实系统。然后,规划人员综合考虑自然与社会的客观发展规律、委托方的要求与旅游者的需求，通过该系统人机对话工具进入具有视听功能的虚拟现实环境中漫游进行规划与设计，亲身观察与体验，认识、判断不同主导因素作用下各种规划方案的优劣，并不断进行修改和完善，所做的任何修改都会自动地记录在系统的数据库中，而不必重新输入与操作。最后，旅游资源开发规划方案成型后，委托方甚至是受邀的旅游者可以在规划方案形成的模拟现实系统中体验，进一步提出修改意见，以求得旅游资源开发规划的最优化效果。

②虚拟现实技术在旅游资源保护与可持续发展中的应用。在进行旅游资源开发的过程中，如何科学、合理地平衡开发与保护的关系，以实现旅游资源的可持续发展是一个热点与难点问题。借助虚拟现实技术，能够在进行旅游资源开发规划时，模拟各种规划方案所引起的旅游开发行为可能产生的旅游资源自身及其环境的变化趋势，从而采用更加理性的旅游资源开发规划方案，在方案中也可以根据模拟情况有效测算环境承载力等指标，对旅游区域的后续管理提供科学依据。与此同时，通过虚拟现实技术，可以对旅游发展带来的区域环境影响进行动态监测，并通过互联网向旅游者及时准确地展现旅游区域的发展变化，扩大旅游者的选择空间，提高旅游区域的综合管理水平。还可以将旅游过度开发和不良旅游行为可能带来触目惊心的负面影响虚拟呈现，让旅游者身临其境，更加直观形象地接受旅游生态教育，增强保护意识。

③虚拟现实技术在旅游营销与推广中的应用。对景区全景的整体虚拟建模生成的可以漫游和交互导航的虚拟现实系统，360°真实地描绘景区的整体地形地貌、森林水土和其他景观格局等，从原先的静态平面信息提供发展到提供动态的“沉浸式”的经历，这种“交互式”优势是旅游小册子或 VCD 光盘所力不能及的。这种交互方式的经历可以加深旅游者对景区的印象，消除旅游消费中可能存在的不确定性因素，使游览者在出行之前对于景区质量和花费之间就有明确的价值认知。另外，在这个崇尚技术应用的时代，新技术本身的使用也会大大提高景点景区在旅游者心目中的形象。

复习思考题

1. 旅游资源的概念与内涵是什么?
2. 对旅游资源的认识有哪些误区?
3. 旅游资源的基本属性有哪些?
4. 旅游资源的研究方法有哪些?
5. 旅游资源的研究内容有哪些?

第2章
旅游资源分类及成因

【学习导引】

旅游资源分类是旅游资源研究的重要内容之一，是旅游资源保护与开发及进行科学研究的重要基础性工作，其目的是通过对众多繁杂的旅游资源进行系统化的梳理、对比、归纳、划分，从而建立、完善旅游资源的分类信息系统，加深对旅游资源整体及局部资源属性的系统了解和认识，发现并掌握其特点、规律，为旅游资源的开发、管理提供科学依据。本章首先阐述了旅游资源分类的原则、依据以及国内外旅游资源的分类方案，重点探讨了自然旅游资源与人文旅游资源的成因与我国旅游资源的地域分布。

【教学目标】

1. 能够认识到旅游资源分类的重要意义。
2. 明确对旅游资源进行分类的基本原则、依据和步骤。
3. 了解现有旅游资源的分类方法。
4. 掌握旅游资源的形成条件与地域分异。

【学习重点】

旅游资源分类　旅游资源成因　旅游资源地域分异

旅游资源分类是旅游资源研究的重要内容。对旅游资源进行分类实际上是加深对旅游资源属性及价值的认识过程，是建立在对旅游资源进行大量的定性与定量分析的基础上的。通过旅游资源分类，总结、发现旅游资源生产、发展规律，挖掘各种客观存在的事物所隐含的旅游价值，能够更好地指导旅游开发与规划的实践。

旅游资源是旅游业赖以产生和发展的基础，其形成机制多样，有着各自的发展与演化规律。只有掌握与理解各类旅游资源的成因、发展和演化规律，才有可能对旅游资源进行科学合理的开发。

2.1　旅游资源分类

2.1.1　旅游资源分类概述

1) 分类的概念

在现代汉语中，分类是指“根据事物的特点分别归类”，即根据分类对象的共同点和分异点，将对象区分为不同种类的过程。分类以比较为基础，通过比较，识别出事物之间的共同点和差异点，然后根据其共同点归并为较大的类，根据差异点将事物划分为较小的类，从而将分类对象区分为具有一定从属关系的不同等级的系统。

旅游资源的分类，是根据旅游资源的相似性和差异性进行归并，划分出具有一定从属关系的不同等级类别(型)的工作过程。在划分出的每一种类别(型)中，其属性上彼此有相似之处，不同类别之间则存在着一定差异。

2) 分类的意义

旅游资源分类是旅游资源保护与开发及进行科学研究的重要基础性研究工作，其目的是通过对众多繁杂的旅游资源进行系统化的梳理、对比、归纳、划分，从而建立、完善旅游资源的分类信息系统，加深对旅游资源整体及局部(区域性)资源属性的系统了解和认识，发现并掌握其特点、规律，为旅游资源的保护、开发利用和科学研究提供基础的科学依据，从而促进旅游资源的有效保护、合理开发利用及科学研究理论水平的提高。

3) 分类的原则

分类的原则是分类的准绳、标准，只有遵循一定的原则，才能保持分类的科学性和实用性。作为旅游资源分类的原则主要有：

(1) 共同性与排他性原则

共同性与排他性原则也称相似性与差异性原则，即不能把不具有共同属性的旅游资源归为一类，所划分出的同一级同一类型旅游资源，必须具有共同的属性，不同类型之间应具有一定差异。

(2) 对应性原则

对应性原则是指所划分出的次一级类型内容，必须完全对应于上一级类型的内容，不能出现下一级内容超出上一级或少于上一级内容的现象，否则就会出现逻辑上的错误。

(3) 逐级划分原则

逐级划分原则即采用分类结合分级的方法，将同一大类的旅游资源按照其相似性和差异性逐级划分为具有隶属关系的不同层次、不同等级的亚系统。旅游资源是一个极其复杂的系统,逐级分类可以避免出现分类的逻辑性混乱,先确定高一级的旅游资源类型,再将其划分为多个次一级的亚类型,然后将每一亚类型再向下划分出更低一级类型。

(4)可操作原则

旅游资源的分类是一项实践性很强的工作。在进行分类的过程中,必须考虑资源的定量评价和资源的实际开发问题,确定的分类指标和体系,必须可以指导旅游资源的调查与开发,否则将会与实际脱节,成为纯理论的专项研究,淡化旅游资源分类的目的和意义。

4)分类的依据

对旅游资源的分类,除了遵循基本原则外,还需要有一定的具体依据,即必须根据旅游资源本身的某些属性或关系进行分类。由于旅游资源的属性、特点及事物之间的关系是多方面的,因此分类的依据也是多方面的,人们可以根据自己的分类目的选取不同的分类依据。常见的分类依据有:

(1)属性

即旅游资源的性质、特点、存在方式、状态等。例如,自然旅游资源中的地质地貌旅游资源、水体旅游资源、生物旅游资源,它们的性状不同,因此可以区分为不同的类别。

(2)成因

即旅游资源形成的基本原因与过程。例如,人文旅游资源是人为的,自然旅游资源是自然界赋存、天然形成的。地貌旅游资源按成因可分为流水作用的旅游地貌、风力作用的旅游地貌、溶蚀作用的旅游地貌。

(3)功能

即旅游资源能够满足开展旅游与休闲活动需求的作用和效能。根据旅游资源功能的不同,可以把旅游资源分为不同的类别,如观光游览型、参与体验型、商品购物型等。

(4)时间

即旅游资源形成的时间不同,据此可将旅游资源区分为不同的类别。例如,根据时间因素,可以把建筑旅游资源区分为原始建筑、古代建筑、现代建筑等。

(5)其他

例如,开发利用情况、管理级别、旅游资源质量高低等,均可作为不同目的与要求的分类依据。

2.1.2 国外旅游资源分类方案

自20世纪50年代以来,全球旅游经济活动蓬勃发展,人们对旅游资源的认识范围不断扩展,学者们对旅游资源分类的研究亦随着旅游业、旅游研究的发展而不断前进。但由于旅游资源的多样性以及时代的延展性,目前,世界各国对旅游资源尚没有统一的分类标准和分类方法。

1) 西方主要分类方案

西方对旅游资源的分类富于人本主义色彩，西方地理学家和规划师在划分游憩资源时，较多地从资源使用者的角度考虑问题，如美国的 B. Driver 等依据旅游者的心理体验将旅游资源（旅游地）分为 5 大类，即原始地区、正原始地区、乡村地区、人类利用集中地区、城市化地区。Burkart 和 Medlik 将旅游资源分为资源基础性和游客导向型两大类，前者不管区位状况如何都对旅游者有着高度的吸引力，其旅游趋向是全国性甚至国际性的。后者区位条件较好但是资源质量一般，旅游趋向是地方性与区域性的。Corbet 等按照旅游者的旅游活动性质将旅游资源分为供陆地活动的旅游资源、以水体为基础的旅游资源和供欣赏风景的旅游资源。

在众多的旅游分类方案中，M. Clawon 和 J. L. Knetsch 在 1966 年提出的按照旅游资源特征与游客体验分类方案影响深远，其分类系统如下：

①利用者导向型游憩资源。以利用者需求为导向，靠近利用者集中的人口中心（城镇），通常满足的主要是人们的日常休闲需求，如球场、动物园、一般性公园。面积一般为 40～100 hm^2，通常由地方政府（市、县）或私人经营管理，海拔一般不超过 1 000 m，距离城市在 60 km 的范围内。

②资源基础型游憩资源。这类资源可以使游客获得亲近自然的体验。资源相对于客源地的距离不确定，主要是旅游者在中长期度假中得以利用，如风景、历史遗迹及远足、露营、垂钓所用资源，一般面积在 1 000 hm^2 以上，主要是国家公园、国家森林公园、州立公园以及某些私人领地。

③中间型游憩资源。特性介于上述两者之间，主要为短期（1 日游或周末度假）游憩活动所利用，游客在此的体验比利用者导向型更接近自然，但又比资源基础型地区要次一级。

2) 日本主要分类方案

与西方国家不同，日本对旅游资源的分类主要着眼于目的地属性特征。末武直义（1984）在自然、人文二分法之下，将自然资源进一步分为观赏旅游资源和滞留旅游资源 2 大类，共 41 小类；将人文资源划分为文化旅游资源、社会旅游资源、产业・经济有关的旅游资源 3 大类，共 67 小类。

足羽洋保（1997）在其《观光资源论》一书中，将旅游资源划分为自然资源、人文（文化）资源、社会资源、产业资源 4 种基本类型。其中，文化资源和社会资源中都分别给出了有形资源和无形资源两种情况，第 4 种资源主要将产业旅游场所如工厂、观光农林业、观光牧场、观光渔业、展览设施等单独列为一类。

3) 世界旅游组织推荐的分类方案

世界旅游组织于 1997 年在杭州向中国旅游规划管理人员推荐了全国性和区域性旅游规划的理论方法，提出的资源类别确定为 3 类 9 组，即潜在供给类、现实供给类以及技术资源类。其中，潜在供给类包括文化景点、自然景点和旅游娱乐项目；现实供给类包括途径、设施、整体形象；技术资源类包括旅游活动的可能性、手段和地区潜力。

2.1.3 我国旅游资源分类方案

自我国改革开放以来，随着对旅游资源开发和保护的进程，旅游学者们对旅游资源的认识产生了差异，使得旅游资源的分类标准和方法也随之发生了很大变化。但旅游资源的分类研究总的发展趋势是以定量化、模型化代替定性化、经验化，并更加注重建立系统模型，以更适用于旅游资源的开发与保护、旅游规划与项目建设、旅游行业管理与旅游法规建设、旅游资源信息管理等方面的工作。

经过十几年的若干普查实践，在旅游学术界的研究支持下，我国旅游行政主管部门制定公布了旅游资源调查、分类与评价的国家标准，并在旅游资源调查研究、开发利用和保护管理的实践中不断补充修订，逐步完善。不过，旅游资源是一个开放动态的系统，因此旅游资源分类方案也有一个不断发展完善的过程。

1)《中国旅游资源普查分类表》(1990)中的分类方案

对我国旅游资源分类的系统研究，传统方法是旅游资源两分法，即分为自然旅游资源和人文旅游资源，再根据其组合要素进一步细分，又有各种不同的分法。具有代表性的是始于1990年由中国科学院地理研究所牵头的“普查分类表”，将旅游资源划分为二级8大类108种。其中第一级8大类分别是：地表类、水体类、生物类、气候天象类、历史类、近现代类、文化游乐体育胜地类和风情胜地类(附表2.1)。

2)《中国旅游资源普查规范(试行稿)》(1992)中的分类方案

1992年，由国家旅游局和中国科学院地理研究所主编的《中国旅游资源普查规范(试行稿)》(附表2.2)，根据当时普查的要求提出了一种应用型的分类方案。该方案主要以旅游资源的性质和状态、旅游资源特性指标的一致性、类型之间有较明显的排他行为原则进行分类，确定旅游资源由类和基本类型组成，其中，基本类型是普查的具体对象，类是若干属性相同或相近的基本类型的归并，不开展实际调查。由此，将全部旅游资源划分为2大类6亚类74种基本类型，即旅游资源首先分为自然旅游资源和人文旅游资源。其中自然旅游资源，又分为地文景观类、水域风光类和生物景观类；人文旅游资源，又分为古迹与建筑类、消闲求知健身类和购物类。

《中国旅游资源普查规范(试行稿)》的制定主要是依据传统实物类资源，而一些抽象旅游资源如神话传说、山水诗词等尚未被确认，很难采用一套统一的测量标准进行量化处理，使旅游资源的定量评价较难采用《中国旅游资源普查规范(试行稿)》所提供的数据来进行具有可比性的分析。除此之外，还存在着下列一些问题：对旅游资源的定义放得很宽，但分类体系中尚有未加体现者，如适宜的气候、便利的交通、舒适的住宿等；对旅游资源类型所述等级未加区分，如将古树名木、桥等单体对象与名山、河段等复合形式一视同仁地列入调查填表的基本类型；每一基本类型的旅游资源所列特征数据较重视事物的物理特性和地学特性，对其旅游美学特性和实际调查时可测量性重视不够等。

3)《旅游资源分级分类系统修订方案》(1997)中的分类方案

1997 年,中国科学院地理研究所和国家旅游局提出了《旅游资源分级分类系统修订方案》,依据旅游资源的景观属性和组成要素,将旅游资源划分为 3 个景系、10 个景类、95 个景型。具体为:自然景系,包括地文景观景类、水文景观景类、气候生物景类、其他景类共 4 个景类 37 个景型;人文景系,包括历史遗产景类、现代人文吸引物景类、抽象人文吸引物景类、其他人文景类共 4 个景类 50 个景型;服务景系,包括旅游服务景类、其他服务景类共 2 个景类 8 个景型。

4)《旅游资源分类、调查与评价》(GB/T 18972—2003)中的分类方案

(1)主要内容

2003 年 2 月 24 日,由国家质量监督检验检疫总局发布,从 2003 年 5 月 1 日起开始实施中华人民共和国国家标准《旅游资源分类、调查与评价》(GB/T 18972—2003)(附表 2.3)。国标主要依据旅游资源的性质,对稳定的、客观存在的实体旅游资源和不稳定的、客观存在的事物和现象进行分类,以"主类""亚类"和"基本类型"为层次结构,共分为 8 个主类,31 个亚类,155 个基本类型。

(2)基本特点

从具体分类情况看,相较于之前的分类体系,自然旅游资源的分类变化不大,而人文旅游资源的分类有了明显的调整,主要表现在两个方面:一是将"旅游商品"单列为一类旅游资源;二是将"人文活动"作为一种区域社会活动的抽象,单列为一类旅游资源。除此之外,国标还具有以下特点:

①国标突出了普适性和实用性,调查者根据调查的具体情况可自行增加基本类型,加强了对实际旅游资源调查工作的指导性。

②国标注重旅游资源的观赏属性,强调了现存状况、形态、特征等因素在资源分类划分中的作用与意义。

③分类体系中分别增加了综合自然旅游地和综合人文旅游地亚类,使得旅游资源单体区分更符合实际情况。如综合自然旅游地包括山岳型旅游地、谷地型旅游地等。这类旅游资源由多种要素和多个景点共同构成,内部联系紧密,并且在旅游资源开发与保护方向上具有相对一致性,因此,如果将其归入某一要素类型都不能真实反映资源的特征。

国标在充分考虑了前期研究成果和广泛实践的基础上,试图建立全国或者区域可以比较的五级旅游资源分级体系,其划分更为科学合理,更具有操作性,也更加容易辨别区分。作为一部应用性较强的技术标准,国标提出了较为完善的旅游资源的类型划分、调查、评价的实用技术和方法,为各地区旅游资源的研究及其地区旅游业的健康发展提供了可操作性的指导。

(3)存在不足

自国标推出以来,各级旅游部门基本上都以国标为依据开展工作。但在实际应用和理

论研究的过程中,由于我国旅游发展阶段本身的局限和人们对旅游资源认识不足等客观原因,现行的国标尚存在一些矛盾需要加以解决。

①概念模糊。如 ACT 丹霞概念不全,存在分类时排除其他类型丹霞景观的现象;DAC 海市蜃楼现象多发的概念模糊,不够明晰。

②前后重复。个别基本类型中存在涵盖关系。如 EAA 人类活动遗址与 EAD 原始聚落,FAC 宗教与祭祀活动场所与 FBB 祭拜场馆等。

③划分笼统。国标对有些基本类型的划分比较笼统,部分有必要再细分。如 BDB 地热与温泉可细分为 BDB 地下热、BDC 热气、BDD 出露泉 3 个基本类型,甚至可以将出露泉再细分为热泉和温泉两个基本类型。

④学术味过重。目前国标分类过专过窄,学术味较重。如地文景观类旅游资源,基本类型过多,一些基本类型多偏重于地质价值,作为旅游吸引物并不常见。而常见的岩溶地貌景观却没有相应的类型,类似的还有观光农业(果园)、红树林湿地等。

由于旅游资源的多样性和不同资源之间存在的性质差异,决定了任何分类都无法涵盖全部资源类型。王建军(2005)认为,近年来,特别是在一些大城市周边的客源驱动型旅游地、非景观型旅游地、休闲度假旅游地,以及环境质量优越的欠发达地区的旅游地,生态环境不再只是作为旅游资源的背景,生态环境质量甚至成为生态旅游的绝对吸引因素,应该将生态环境纳入旅游资源范畴(而国标中旅游生态指标仅作为附加值考虑)。朱竑(2005)认为旅游资源无限化已经成为目前旅游资源发展的趋势,随着社会发展、科技进步,以及人类对世界了解程度的加深,很多原本并没有被认为是旅游资源的东西如今已经成为炙手可热的旅游资源,而不少以前是不错的旅游资源如今其品质和价值已变得无足轻重。因此,用发展、动态的观念来进行旅游资源的调查和评价是时代的必然,而国标自身也需要与时俱进,不断根据社会的变革进行调整和改进。

5)其他分类方案

旅游资源涉及面很广、种类多样,对其分类是一个比较复杂的理论问题和实践问题。为了更好地认识、研究、合理开发利用和保护旅游资源,根据不同的目的,可以有多种分类标准和分类方法。目前,国内众多学者从不同的角度(如依据形态、成因、旅游功能、旅游活动性质、市场特点、开发现状或特定目的等),进行了有益的尝试,提出了各有所长的分类方法,下文将介绍几种代表性的分类方案。

(1)依据旅游资源的存在方式进行分类

以存在方式为依据,可以将旅游资源划分为两大类:有形旅游资源和无形旅游资源,又称为物质旅游资源和非物质旅游资源。前者是指实物形态的旅游资源,是一个地区或城市的旅游资源载体,后者则是指精神文化形态的旅游资源,是旅游资源的灵魂。在有形旅游资源的价值得到普遍认可的基础上,无形旅游资源也渐渐得到应有的关注。非物质文化遗产是无形旅游资源的典型代表,它的确立在一定程度上也是为无形旅游资源正名。以蒙古族的马头琴艺术为例,2005 年 11 月,被联合国教科文组织选入人类口头和非物质文化遗产。2006 年 6 月,被列入国家级非物质文化遗产名录。作为最有草原特色的蒙古族传统拉弦乐器，马头琴的艺术价值不只在于这种乐器本身，也不限于马头琴曲目或弹奏技术，最为重要的在于以琴声中传达出来的蒙古族在长期的游牧生活中“对景色的敏感、对骏马的盛赞、对湖泊的厚爱、对故乡的眷恋”之情。马头琴音乐作为草原文化艺术形式的一个分支，它的审美特征是划时代的、独特的、自由而美好的。正是这种独特的内涵与意境，对旅游者形成了强烈的吸引。

（2）按旅游资源的功能进行分类

根据旅游资源主要功能的不同，把旅游资源分为 6 种类型。

①感情型旅游资源。主要包括名人故居、名人古墓、各类纪念地等，可以开展祖祭、探亲、访友、怀古等旅游活动。

②观光游览型旅游资源。以各种优美的自然风光、著名的古建筑、城镇风貌、园林建筑为主，供旅游者观光游览和鉴赏，使旅游者陶冶性情，并从中获得各种美感享受。

③参与型旅游资源。也称为体验型旅游资源，如冲浪、漂游、赛马、制作、访问、节庆活动等。

④购物型旅游资源。包括各种康复保健品、工艺品、艺术品、文物商品及仿制品等旅游商品，主要供旅游者购买，以纪念他们的旅游经历。

⑤保健休疗性旅游资源。包括各种康复保健、独家疗养设施与活动，如疗养院、度假村、温泉浴等，主要供旅游者度假、疗养、健身之用。

⑥文化型旅游资源。包括富有文化科学内涵的各类博物展览、科学技术活动、文化教育设施等。旅游者从中可以获得一定的文化科学知识，开阔眼界，增长阅历。

（3）依据旅游资源的管理级别进行分类

不同的旅游资源具有不同的吸引力和影响力，所接待的游客和知名度也有较大差别。因此，根据旅游资源管理级别的高低和旅游资源价值的大小，可以将旅游资源分为世界级、国家级、省级和市级 4 种类型。

①世界级旅游资源。世界级旅游资源一般是指那些可以吸引来自全世界的旅游者的旅游资源，我国的世界级旅游资源大体包括世界遗产、世界地质公园、列入联合国“人与生物圈计划”的自然保护区等几种类型。以列入联合国“人与生物圈计划”的自然保护区为例，人与生物圈计划，简称 MAB，是联合国教科文组织科学部门于 1971 年发起的一项政府间跨学科的大型综合性的研究计划。自 1979 年我国开始实施“人与生物圈计划”以来，已有 26 处自然保护区被列为世界级自然保护区。

②国家级旅游资源。国家级旅游资源是指在全国范围内具有吸引力的旅游资源，如国家级风景名胜区、国家级度假区、全国文物重点保护单位、国家级森林公园和中国优秀旅游城市等。以中国优秀旅游城市为例，我国自 1998 年开始创建中国优秀旅游城市以来，分 8 批已有 306 座城市通过了验收。

③省级旅游资源。省级旅游资源，是指各个省在全省（自治区、直辖市）范围内公布的具有吸引力的旅游资源，其游览观赏价值、历史人文价值以及科学考察价值等方面较逊色于国家级旅游资源，吸引向性往往是省内或省外的国内旅游者，如省级文物保护单位、省级自然

保护区、省级旅游度假区、省级风景名胜区、省级非物质文化遗产。

④市(县)级旅游资源。这类旅游资源具有一定的观赏、历史人文和科学价值,其吸引力或客源市场主要是对于临近地区或本地旅游者,如城市公园、运动场所等。

(4)依据市场特性和开发现状进行分类

按照旅游资源的市场特性和开发现状,可以将旅游资源分为以下3类:

①未经开发或潜在旅游资源。这类资源是指具有一定的游览、观赏价值,但目前尚无力开发的潜在旅游资源,这类资源可以是自然景观、历史遗迹,或者是独特的吸引物。

②现有已开发或即将开发的旅游资源。这类资源是指已经客观存在的自然、人文或社会旅游资源,其配套的基础设施和服务设施比较完善,已经成为当地旅游业发展的主体。或是有些资源已经通过可行性论证、对其开发价值取得认证,已经列入规划即将开发的资源。

③市场型旅游资源。这类旅游资源是比较适合市场需求的资源。它可能本身质量并不高,但由于某一社会事件使其影响力倍增而成为旅游资源,或者是由于市场需要而可以创造出来的新的旅游资源。

(5)其他分类

从旅游活动的主体、客体和媒介等角度,还可以进行以下分类:

①根据旅游业经营角度将旅游资源分为有限类旅游资源(狩猎、垂钓、购物等)和无限类旅游资源(海水浴、泛舟、潜水等)两大类。

②从旅游资源保护规划的角度可以把旅游资源划分为严格保护类旅游资源(仅供科学研究)、重点保护类旅游资源(脆弱的自然、人文景观)和一般保护类旅游资源。

③按资源开发利用的变化特征,划分为原生性和萌生性旅游资源两大类。原生性资源包括山水、生物、气候、文物古迹、传统民族民俗、传统风味特产等亚类。萌生性资源包括现代建设风貌、现代体育科技吸引及去处、社会新貌与民族新风尚、博物馆、展览馆、名优新产品及购物场所、自然力新作用遗迹、人工改造大自然景观亚类。

④按现代旅游产业观可将旅游资源分为5大类:生态型旅游资源、观光型旅游资源、度假型旅游资源、特征旅游资源和专项旅游资源。

2.2 旅游资源成因

2.2.1 自然旅游资源形成条件

自然旅游资源是指由自然地理要素(地质、地貌、水文、气象、气候、动植物等)相互作用、长期演化而构成的有规律的典型的综合体,是可供人类旅游享用的自然景观与自然环境。自然旅游资源是天然赋存的,它的形成受到地球圈层、地质构造、水文、气象气候、生物等的发展和变化的影响。

1）地球各个圈层构成了自然旅游资源的天然本底

地球表层可分为岩石圈、生物圈、水圈、大气圈 4 个圈层，它们是自然旅游资源形成的天然本底。人类作为生物圈的一员，在漫长的演变过程中，其探索自然、改造自然的能力不断增强，使得可开发的自然旅游资源景观不断地扩展到地球的各个圈层中，形成了不同类型的旅游资源。例如，在岩石圈中可以形成各种奇妙深奥的地质旅游资源和千姿百态的地貌旅游资源；在生物圈中可以形成由陆生、水生动植物和微生物组成的令人眼花缭乱的生物旅游资源；在水圈中可以形成江、河、湖、海、泉、瀑等水体旅游资源。

地球自形成以来，从未停止其变化和发展。我们今天所看到的地球，只不过是其运动发展过程中的一个阶段。尤其是地壳，一直处于运动变化之中，即受到来自地球自身的作用而引起变化。可以说，地球上没有一种岩石、构造、地貌能够完全固定不变，保持其形成时的原貌。虽然，人们常说“稳如泰山”“坚如磐石”，但所谓的“稳”和“坚”都是相对的。例如据测量，红海正以每年 1.5 cm 的速度在加宽；东非大裂谷自 2 500 万年前形成至今，其宽度平均已扩展了 65 km。

2）自然要素的地域组合与分异决定了自然旅游资源的形成与演变

自然地理要素包括地质、地貌、气候、水文、植被、动物等。在一定的地域或地点，各个地理环境要素之间相互联系、相互制约、相互渗透的结合，构成具有内部相对一致性的自然景观单元。这种景观单元有大小之分，大的景观单元以次一级的景观单元为基本单位，形成结构紧密的自然景观地域系统。各种旅游资源构成要素以不同比例组合形成各具特色的景点，不同的景点的资源特色形成了景区乃至整个风景区的特征。这种特征是自然环境各要素在一定地点、一定区域内的组合而形成的，是由自然环境的地域组合规律所决定的。如黄山自然景观的“四绝”：花岗岩山地的垂直节理强烈发育形成了千姿百态的怪石，温暖湿润的气候形成美妙的云海，黄山上的松从垂直发育的岩缝中向外生长，使其一面紧贴岩壁，另一面则向空中舒展枝干，形成了姿态千奇的黄山松。

各个地区之间也存在着地域差异，形成了地理环境的地域差异。地理环境差异性是自然旅游资源形成的基本条件。不同自然区域内发育的旅游景观具有明显的区域性特征，也就是说，各种旅游景观都是在一定的环境中形成的，其规模和结构格局无不受到地域分异规律的制约，即使是人文旅游资源，也是在自然环境基础上建立和发展起来，并与自然环境相适应、相和谐的。

3）地质构造和地质作用是形成自然旅游资源的根本原因

地球上千姿百态的地貌景观，是在内力和外力的共同作用下形成的。地球的内力作用对地壳的发展变化起主导作用，决定着海陆分布、岩浆活动、地势起伏等变化，对自然旅游资源的类型与形成具有一定的控制作用，可以形成火山地貌、山岳地貌、峡谷、断陷湖泊、地热景观、地震遗迹等自然景观。地球的外力作用表现形式主要有风化作用、侵蚀作用、岩溶作用、搬运作用、沉积作用和固结成岩作用等。这些外力作用不断改变和塑造着地表形态，可以形成风沙地貌、流水地貌、喀斯特地貌、雅丹地貌、丹霞地貌、海岸地貌、冰蚀地貌等自然景观。

地质地貌条件作为自然环境的重要组成部分,影响其他自然景观的形成,并且对某些人文景观的形成也有一定的影响。自然景观中的山水名胜,无论是峰谷、洞穴,还是河流、泉瀑,都是在特定的地质条件下形成的,受各种地质因素所控制。假设没有构造节理强烈发育的花岗岩地貌,就没有“中国第一奇山”黄山的“奇峰”“怪石”;如果没有地壳变动的断块隆起,雄伟险峻的泰山、华山、庐山等山地旅游景观就无法形成;如果没有地壳变动的构造断陷,也就不可能产生青海湖、鄱阳湖、贝加尔湖等断陷湖泊旅游区。

各种类型和成因的地貌分布是有一定规律的。以外动力地质作用为主形成的地貌,有沿纬向呈水平分布的规律和沿山地呈垂直分布的规律,这主要是与一定的气候条件有关(各气候带或气候区都有独特的外力作用方式和一定的外力作用强度,从而形成不同的地貌组合)。而以内动力地质作用为主形成的地貌,其分布和一定的大地构造单元、地壳构造运动的方向以及时间有一定的联系。按板块学说理论,全球可分为6大板块、20多个小板块,各个板块构造的不同部位有不同的地质动力作用,形成不同的自然旅游资源,如太平洋板块与亚欧板块的碰撞,形成火山与地震活动较强的阿留申群岛—日本群岛—菲律宾群岛,是以海洋、岛屿、火山、温泉等自然景观为主的旅游区;印度板块与亚欧板块的碰撞,则形成青藏高原,以高山冰川为主要景观的旅游区等。

4)地球水体为自然旅游资源的形成提供了重要的构景环境和素材

水是自然界最活跃的因素之一,有“大自然的雕塑师”之称。地球表面约有3/4的面积覆盖着水,因此地球有“水的行星”之称。地球上的水以固态、液态、气态等形式分布于海洋、陆地和大气之中,形成了海洋水、陆地水、大气水等各种类型的水体,并共同组成了一个不规则连续的水圈。

在海洋(占地球表面的71%,其中心部分为洋,边缘部分为海)内部和陆地边缘形成了海滩、海岛等海洋旅游景观,特别是在滨海地区形成了许多理想的避暑休闲和疗养旅游胜地。从近几年来的游客分布来看,滨海地区已经成为最吸引旅游者的地区,也是最具发展潜力的地区。目前,世界上的海滨活动几乎成了旅游的代名词,尤其是在欧洲地中海沿岸,各国纷纷以“沙滩、阳光、海水”为资本,向世界出售其海滨旅游资源,其中,西班牙已成为典型的滨海旅游大国。据统计,全世界已有上千个海上娱乐中心和旅游中心,其中有200多个海洋公园。

在陆地上,水形成了江河、湖泊、瀑布、泉、冰川等旅游景观,如纵横交错的河流,在流经不同的自然景观及不同的地貌部位时,会形成景观各异的风景走廊,由于不同的水文特征,往往形成江河源头神秘莫测,上游多激流峡谷,中游波涛滚滚,下游河汊众多、水网密布的不同特色。因陆地表面天然洼地池中蓄积的水体形成的湖泊,由于所处的地形部位、成因、水文特征的不同,形成了形形色色、绚丽多姿的湖泊旅游资源。在特定条件下形成的泉水、瀑布,以其自身优美的景色而成为独立的极有价值的风景名胜区,如我国贵州的黄果树大瀑布、济南的趵突泉等均闻名于世。

5)气候条件是自然旅游资源区域差异形成的重要因素

气候是某一地区多年天气的综合特征,气候条件由太阳辐射、大气环流、下垫面性质等因素相互作用而成,对自然旅游资源中风景地貌的雕塑、风景水体的形成、观赏生物的生长及演变等都有着控制性的影响。而气象、气候的地域差异影响着自然景观的季相变化,决定了旅游景观分布的地域差异。

在一定的气候条件下,大气中的冷、热、干、湿和风、雨、雷、电、雪、霜、雾等可以形成林海雪原、山间云雾、朝阳晚霞、雾凇雨凇等各种气象旅游资源。实际上,大多数自然风景区都存在气象旅游资源。在一些驰名中外的旅游胜地,气象旅游资源是主要景观之一,如峨眉山的佛光、黄山的云海、蓬莱的海市蜃楼、泰山的日出等都是吸引旅游者前往旅游景区的主要吸引物。但由于气象旅游资源的背景性和多变性,在大多数自然风景区不论是对其的开发利用还是景点介绍,往往把它们放在次要和从属的位置,甚至被忽略。

6)地球生物的多样性赋予自然旅游资源以活力

生物是地球表面有生命物体的总称,大体上可以分为动物、植物、微生物 3 类,是自然界最具活力的群落。据统计,地球动物种类不少于 50 万种,植物种类不少于 100 万种,微生物的种类多得更是难以统计。在地球历史演化进程中,生物物种也在不断演化。由于地质历史环境的变化,大量的古生物遗体或遗迹保存下来,成为颇具研究价值及观赏价值的古生物化石旅游资源,如古生代底层中的三叶虫、珊瑚、鱼类化石,中生代的恐龙化石等。有些生物种群随地质环境的变迁而灭绝,而有些则在特定的条件下存活下来,成为珍稀的动植物旅游资源,如我国的大熊猫、银杏等。

不同的地理环境下生存的植物群落和动物群落,在景观上存在着明显的地域差异,不仅形成了地表最有特色最生动的外部特征,也构成了丰富多彩的娱乐环境和观赏游览对象。如为了保护珍稀动植物及特殊的地理环境等建立的自然保护区,现已成为科学研究和旅游开发的重要场所。此外,绿色植物不仅是重要的构景要素,而且能够净化空气和美化环境,有疗养、休闲、健身等功能,因此也是绝大多数旅游区必不可少的组成部分。

2.2.2　人文旅游资源形成条件

人文旅游资源是指古今社会人类活动所创造的具有旅游吸引力,能为旅游业所利用,能产生经济、社会、生态效益的物质和精神财富,它是历史现实与文化的结晶。任何旅游资源都有其科学的发生、发展的前提、条件和过程,人文旅游资源的形成不仅受历史遗存、文化地域差异、宗教、市场需求、意识形态等因素的制约,而且还受自然环境的深刻影响。

1)历史的继承作用

在人类历史发展的进程中,不同的历史时期,有着与之相适应的生产力水平和社会生活方式,形成了许多反映时代特点的历史遗迹。作为历史见证的一些人文旅游资源,堪称是一部直观而生动的历史教科书,能引起人们的普遍兴趣。随着现代旅游活动的兴盛,

“好古”成为广大旅游者普遍的心理倾向，因此，凭吊具有悠久历史的文化古迹是旅游者外出旅游的动机之一。众多在人类历史发展过程中保存下来的古人类遗迹和古代建筑、雕塑、壁画、文学艺术、园林、陵寝、墓葬以及名人遗迹、宗教文化等，凝聚着人类的智慧，是前人留给后人的宝贵财富，成为具有强大吸引力的游览热点。人们通过对它们的观赏和研究，了解不同历史事件的政治、经济、科技、社会、文化特点，从中探索、发现人类历史的发展规律。如我国的秦始皇陵、埃及金字塔等，这些工程浩大、建筑宏伟的陵墓都成了一座座气势恢宏、文物众多的稀世宝库，为众多猎奇寻古者所向往。还有北京房山区周口店旧石器时代早期的“北京猿人”遗址，对研究人类起源、人类社会的产生和发展具有极重要意义，被列入“世界遗产名录”。

2）文化的差异作用

在自然因素和人文因素的影响下，各地区的社会文化差异相当明显。而从某种意义上说，正是这种社会文化差异导致旅游者在不同地域上的流动。不同地区、不同民族的人在长期适应环境、改造利用环境的过程中，形成了具有自己特征的文化，表现在生产方式、生活习俗、节日庆典、民间娱乐、宗教信仰、建筑风格、城镇布局、审美观念等方面，呈现出迥异的地域文化，满足了旅游者求新、求异的旅游需求。可以说，不同地域、不同社会形态、不同民族的社会文化差异，是人文旅游资源形成的又一重要原因。

地球表层可分为七大洲四大洋，各大洲之间由于海洋隔离及地理位置的差异，形成了相对独立的自然环境和各具优势的自然旅游资源，加之民族文化、宗教信仰、风俗习惯和经济发展不平衡等社会人文因素，形成了各具特色的旅游资源。但在同一大洲内，因地域的连续性，在交通联络、经济来往和文化交流方面比较方便，故其社会风情和经济发展上又有近似性。例如欧洲各国，大部分地处于温带地区，经济发达、旅游业繁荣，虽然欧洲各国的旅游资源各具特色，但人文景观中的“欧洲三绝”，即王宫、教堂和古堡遍及各地，其建筑形式多样，主要有以线条简单、造型敦实厚重为美的罗马式，以直刺苍穹的垂直线条、锋利的尖顶为其主要特色的哥特式，具有圆形屋顶、多柱子和呈波浪式曲线窗户的巴洛克式，有以人体的对称、和谐为美，平稳大方的文艺复兴式等。

3）宗教的深刻影响

宗教是一种特殊的社会文化现象，是一种社会意识。宗教文化对人们的思想意识、道德规范、文学艺术、生活习俗，乃至对世界经济、政治等方面都有着极为深刻的影响，并渗透到建筑、音乐、雕塑、壁画等许多艺术领域。早在原始社会时期，由于当时的社会生产力水平极为低下，人们的思维活动也很简单，对自然界出现的现象不能控制也不能解释，就产生了“万物有灵”的原始宗教，人们崇拜山水、岩石、动植物、灵魂等图腾。这些现象在现实生活中还有反映，如中华民族自称是“龙的传人”，以龙为共同的崇拜物，保存至今的赛龙舟、舞龙灯等活动广受欢迎。在建筑和艺术品中，龙的图案也广泛地使用，体现了中华民族共同的文化和强烈的凝聚力。

而宗教自诞生之日起，就伴随着交通运输的发展、民族的迁移和日益频繁的地区间的经济文化交流，向世界各地迅速蔓延。目前世界性的宗教有基督教、佛教和伊斯兰教等，它们在传播过程中与所传入地区的地域特点相结合，又衍生出许多分支。宗教圣地和圣物、宗教名山、宗教建筑、宗教园林、宗教活动和仪式等都已经成为重要的游览对象。例如，基于对宗教的敬仰和对宗教圣地的向往，宗教信徒的“朝圣”自古就非常频繁，成为较早的旅游活动之一。此外，宗教建筑、艺术精湛的雕塑和壁画等，不仅强烈地吸引着信徒，也以其极高的美学价值和神秘、新奇的意境为广大非宗教人士所青睐。

4）市场的动态需求

由于旅游资源的广泛性，以及旅游动机和兴趣的多样化，旅游资源可以顺应旅游市场需求的变化，不断更新和再生其吸引力因素，即不断进行旅游产品的创新。现代旅游市场的发展使旅游消费呈现出个性化和多样化倾向，为满足旅游者的不同需要，新的旅游景区、景点正在不断形成。一方面，一些原来不是旅游景点的文化、教育、科研单位和商业场所、农场、工厂、企业等现在已经成为旅游者的游览对象。另一方面，在经济发达、交通便捷、客源充足的城市，为满足旅游者多方面的需求创建了大量的人造景观。这些人造景观可以是在具备了游客市场的条件下对其他地区一些建筑实体或游乐场所的仿制，或是对历史遗迹的复原和历史事件、神话传说的再现，也可以是跟随当今旅游者的旅游偏好而进行的设计主题公园、度假村等。目前国内最为著名的当属深圳华侨城的主题公园，如世界之窗、中华民俗村、欢乐谷、锦绣中华。除此之外，随着某一社会事件或人类对自然的多角度发现，原本已经存在的某一些自然实体被赋予了新的社会文化价值，从而形成更新层次上的旅游景观资源。例如，由于电影《廊桥遗梦》的成功，使得曼德逊大桥一时名声大噪，成为旅游热点。

5）地理环境的制约

人类的生产和生活总是存在于一定的自然地理环境之中的，他们对自然的适应与改造总是基于特定的自然环境，他们创造的文化背靠独特的自然与人文土壤，活动也总带有特殊的地域色彩。因此，人文旅游资源虽然是古今人类文化活动生产的现象，但其形成和分布，不仅受历史、民族和意识形态等因素的制约，同样不可避免地要受到地理环境的制约。例如，古代建筑中凡高台、楼阁、宫殿、庙宇、园林的选址，均要考虑地质、地貌、气候、地下水等问题。而人们常说的“风水”，主要是指选择建筑地点时，对地质、地貌、气候、生态、景观等建筑环境因素的综合判断，以及建筑营造中的某些技术和种种禁忌的总概括，剔除其封建糟粕外，“风水学”确实有其科学合理的部分。

2.3　旅游资源地域分异

由于旅游资源的差异性或独特性而决定的旅游产品差异性是促使旅游者离开惯常环境前往他处进行观光、度假活动的主要因素，因此，旅游资源的地理地域分异是引起旅游地域分异的重要原因。

2.3.1 地域分异规律

地理地域分异是指地理环境整体及各组成成分的特征，按照确定的方向发生分化，以至于形成多级自然区域的现象。这是地理环境背景的一个重要特征，其他经济、社会文化的地域分异都是在这一背景上发生的进一步分异。

地域分异规律也称空间地理规律，是指自然地理综合体及其各组成成分的特征在某个确定方向上保持相对一致性或相似性，而在另一确定方向上表现出差异性，因而发生更替的规律（伍光和，2000），对经济、社会文化的地域分异具有制约作用。

关于地域分异规律划分，地理学界的意见并不一致，但大多数学者认为地域分异规律包括纬度地带性规律和非纬度地带性规律两类，分别简称地带性规律和非地带性规律。前者是由于太阳辐射随纬度的不同而导致地球表面热量由赤道向两极逐渐变少，并产生地球表面的热量分带的现象。地球上的热量带有 7 个，即热带、南亚热带、北亚热带、南温带、北温带、南寒带和北寒带。由于这些热量带平行于纬线呈东西向分布，地球随着纬度的高度呈现南北向的交替变化。地带性分异规律表明，地理环境及其组成要素（地貌、气候、水文、土壤、植被）均具有地带性特征，这种地带性分异呈东西延伸、南北更替，呈近似环球性的带状分布。后者是指由于地球内能作用而产生的海陆分布、地势起伏、构造运动、岩浆活动等决定的自然综合体的分异规律。如在海陆分布因素影响下，由于水分条件的差异，中纬度地区从滨海往内陆方向显示出各种自然景观带大致沿着经度变化的方向逐渐更替，形成了经度地带性分异规律。在高山地区，从山麓到山顶的水热状况随着海拔高度的增加而变化，形成了自然景观的垂直分异规律等。地带性分异规律和非地带性分异规律控制和反映了自然地理环境的大尺度分异，同时也是其他地域分异规律的背景。它们直接导致了地表旅游资源的差异产生，从而形成类型众多、特征迥异的自然地理环境与自然地理景象，塑造出复杂多样、地域特征明显的自然旅游资源。如非洲赤道附近的刚果盆地为热带雨林景观，而同纬度的东非高原却呈现热带草原景观。我国中纬度地区从东部沿海向西部内陆分别为温带森林景观、温带草原景观和温带荒漠景观。

人类是在一定的自然地理环境中生存和发展的，地域文化景观的地域分异现象是在自然地理分异规律的基础上形成的，具有间接性特征并与自然地理环境存在一定的对应关系。地带性规律在一定程度上决定了地域文化性的特色。分布于不同自然带内的地域文化，在乡村聚落、聚落选址、空间布局、建筑材料、建筑形式和景观形态等方面都存在着明显的区域差异。例如，南方的古建筑相对于北方来说翼角更加高挑，屋顶呈舒展的飞翔姿态，主要是因为南方雨水多，建筑飞檐翘得高，可以将房顶的雨水抛得尽量远一些，以减少雨水对建筑的损害。而北方雨水少，但冬天常有大雪，屋顶的积雪对高挑翼角的压力大，容易损伤建筑。在石窟和摩崖造像类旅游资源中，西北地区气候干旱，缺乏坚硬岩石作为雕刻对象，因此以壁画艺术见长。而在中原和南方，岩石质地较好，宜于精雕细刻，又由于气候潮湿，壁画难以保存，因此便发展了雕刻造像艺术。

2.3.2　我国旅游资源地域分异

我国地域广阔、差异显著、历史悠久、人口众多，自然旅游资源和人文旅游资源丰富多彩、特色突出。但是，受自然地理环境、人类地域空间活动等因素的影响，我国旅游资源的分布呈现出一定规律性。

1）旅游资源的东西差异

（1）自然旅游资源

自然旅游资源所表现出的综合形态大体有两种，一种是由各自然要素相互协调、衬托辉映的调和型综合形态；另一种是由各自然要素构成的相互矛盾、对立抗衡的矛盾型综合形态。就我国而言，两种形态的地区差别主要体现在东西部地区之间（大体以大兴安岭—燕山山地—鄂尔多斯高原—六盘山地—青藏高原东缘—中缅边界线西端为界）。东部地区的旅游资源往往构成层次丰富、相互协调、相互烘托的统一体，形成自然旅游资源调和美的综合形态。而西部地区，由于受地形地势和深居欧亚大陆中部的地理位置的影响，自然旅游资源总体特征多以矛盾型的综合形态而存在。如在沙漠中的短命菊、仙人掌、胡杨树，在干旱或高寒气候条件下出现的大草原等，都是在对立抗衡的关系中发展起来的。

（2）人文旅游资源

我国东部地区是汉民族的发祥地和集中分布区，人文旅游资源以汉文化为特色。数千年来，汉族人民通过在该地域内的生产和生活活动，通过对国外异族文化和国内各民族文化的兼收并蓄，创造了灿烂的博大精深的汉族文化，从而成为中华文明的主体。

西部地区是我国少数民族的主要分布地区，特别以满、蒙、回、藏、维吾尔族人口为多，以少数民族文化为特色。由于西部地区内部各地的自然环境条件差别较大，民族构成不同，西部地区的人文旅游资源既显著不同于东部地区，也存在着内部各地区间的差别。西部地区浓厚的少数民族文化特色，充分体现在风俗习惯、节日庆典、语言文字、宗教信仰、文化艺术、生产活动，以及吃、穿、住、乐等各个方面。

2）旅游资源的南北差异

（1）自然旅游资源

我国自然旅游资源的空间分布，不仅具有显著的东西差异，而且具有明显的南北差异。西部地区，以昆仑山和祁连山为界，分为南北两大部分，南部属青藏高原区，自然景观呈高寒性特点，自然旅游资源也多具高寒特色，如雄伟的雪峰、广布的冰川、星罗棋布的咸水湖、高山性草原和草甸植被，以及以羚羊、牦牛、藏羚羊等为代表的高原动物等。北部属蒙新地区，自然景观呈干旱特征，如辽阔的高原与草地、浩瀚的沙漠和戈壁、婀娜多姿的沙海绿洲，以及奇形怪状的草原和沙漠性动物等。而我国东部地区，以秦岭—淮河为界，大致也可分为南北两大部分。南部多为丘陵山地，水、热条件较好，气候温暖湿润，植被茂盛，动物多样，自然风景清新动人，从而使这个地区的旅游资源形成了以“秀”为主的风景特色。北方地区虽然生物和水景差于江南，但该地区有雄、险、奇为特色的名山，有一望无际的田园风光，有经强烈流水侵蚀塑造而成的各种黄土地貌，有茫茫的林海雪原奇观，其“雄”的特点较南方突出，从而构成了东部地区南秀北雄的旅游资源风景特点。

总体来说，我国东部地区“南秀北雄”风景特点的形成，是有其客观的自然基础。

第一，南北方地貌的差别是构成南北方风景特征的基本骨架，北方具有高大山地与宽广平原的强烈对比度，可给人雄伟的感觉。而南方地区多丘陵，平原面积狭小，且多与山地丘陵相间分布，相对高差不大，加上植被覆盖度高，视野受阻，自然风景的“雄”“险”特征常常不易体现。

第二，生物和水体的差异，是构成我国东部地区“南秀北雄”风景特征的直接因素之一。古人云，“风景以山为骨架，以水为血脉，以草木为毛发，以云帕为服饰”。又云，“山得水而活，得草木而华，得烟云而秀媚”。这就是说，水及生物，特别是水体和植被是构成秀丽风景的主要条件。在南方地区，之所以多秀丽景色，既源于南方地区水体面积大，植被覆盖率高，且多佳木美竹和名贵花卉，也源于该地区一年四季降水丰沛，植被四季常绿。而北方地区在以上方面都要逊色于南方地区。

第三，气候条件的差别是形成我国东部地区“南秀北雄”特征的又一重要原因。我国东部地区虽距海都比较近，但南部地区地理纬度较低，受海洋影响比北部深刻，水、热、云等旅游资源较北部地区也更为丰富多彩，由各种水体、长夏无冬的气候和云雾构成的自然美景当然也比北方要多。

(2)人文旅游资源

在西部地区，由于自然条件、地缘关系、民族构成等条件的不同，人文旅游资源南北之间差别相当明显。南部地区因临近南亚各国，地势高峻，气候寒冷，民族构成以藏族为主，故其人文旅游资源的特点是：以藏传佛教为主的宗教色彩浓厚，藏文化特点突出，生产和生活设施景观都具有高寒性特点。在西部地区的北部，地理位置既临近西亚各国，又靠近佛教兴盛的西藏地区，自然景观呈干旱特点，民族构成以维吾尔、回和蒙古族为主，故其人文旅游资源的基本特点是：区内伊斯兰文化和佛教文化都很发达，民族风情以伊斯兰和蒙古族为主，牧场、绿洲和古城特色突出。在东部地区，由于受自然条件和历史条件的影响，人文旅游资源同样存在着南秀北雄的特点。如北方地区既有巍峨的宫殿、高大的陵墓、气派的园林、雄伟的礼制建筑，又有壮观的万里长城、悠久的历史古城、平阔的田园风光、数不尽的文化古迹，处处给人以雄的美感。而南方地区，从一般的民宅建筑、私家园林，到田野风光、城市街景，都处处以秀为特色。

总体来说，我国东部地区人文旅游资源“南秀北雄”的分布特征的形成，是人类社会经济活动、文化活动与所处自然地域环境相适应的结果。首先是因为南北方自然条件的不同造成的。如由于气候的影响，南北方的建筑结构和形式、某些生产和生活设施都表现出很大的不同。其次，是由于历史的原因造成的。北方地区自古以来绝大部分时间是我国的政治、经济、文化和人类活动的中心地区，统治阶级为了满足其统治、奢侈享受、显示威严权贵的需要，往往倾国家之资财，从事各种浩大工程的建设，如宫殿、陵墓、园林和各种礼制建筑等。这些建筑不仅工程浩大，气势雄伟壮观，而且用料讲究，艺术性高，极为富丽堂皇。而南方地区，这类建筑极少。但南方地区经济发达，有钱的商人和富户较多，私家园林和宅院建筑一般较北方气派，无论建筑形式、建筑结构和用工用料都极为讲究。然而，这些建筑终因是私家民宅，其建筑式样、结构、色彩都受到诸多限制。故南方建筑虽具有秀丽淡雅、曲径通幽之趣，但富丽堂皇、雄伟壮观之感则显不足。再次，北方地区既是中华民族的发源地，也是历代王朝战略争夺的重点，有许多大的历史战争发生于此。游览这些战争遗址，也往往会使人产生一种雄浑、悲壮的意境。另外，北方地区的古人类文化遗址也远远多于南方地区。这些遗址对游人具有神奇的吸引力，会给游人留下原始、粗犷的自然美感。而南部地区的开发历史远远晚于北方地区，因此该地区出现的一些人文古迹，大多历史短暂，文明程度较高，常给游人留下精巧秀雅的美感。

3）我国旅游资源富集区的分布

旅游资源对旅游者的吸引力主要是通过旅游资源的一系列美学效用特征表现出来的，即自然、人文要素的珍、稀、古、名、特、奇，而旅游资源的美学效用特征具有成因上的普遍一致性，即典型的地质构造决定了典型的地貌形态、地势特征。正因为如此，旅游资源的分布并非均匀的。地势地貌，特别是大型的地势地貌通过下垫面的作用对气候要素的再分配进而形成典型的多生态环境，决定生物资源的典型性和多样性，最终各自然要素复合成具有典型性多样性的环境区域、旅游景区点。所以，在地质地貌作用强烈的地方往往是旅游资源集中的地区。其次，旅游资源集中分布区域的自然、人文要素因为受人文因素影响较弱而得以保留至今。高大地形或自然条件较差的区域在纯粹农业文明时期受到的改造影响十分有限，工业社会时期又相对远离工业文明的典型代表——城市这一社会经济文化中心，因此受到现代文明的影响较小。而平原、丘陵或山间、盆地等具有土地利用的优越适宜性，并通过农业文明、工业文明乃至信息文明的历史沉淀，累积叠加不断强化人文影响，从而在不断创造现代文明旅游资源的同时，衬托出自身区域内历史文明旅游资源的重要性。

在我国，旅游资源富集区的分布主要呈现以下规律：

（1）旅游资源主要分布在三大地形阶梯的过渡区域

我国旅游资源主要分布在三大地形阶梯的过渡区域，这是我国旅游资源分布最明显的地理规律。在第一阶梯与第二阶梯交接区域，即青藏高原的边缘过渡区的昆仑山—阿尔金山—祁连山—岷山—邛崃山—横断山脉附近集聚了众多国家级风景名胜区，如敦煌石窟、九寨沟、四姑娘山、玉龙雪山、三江并流区、西双版纳等。在第二级阶梯和第三级阶梯交界过渡区，即大兴安岭—太行山—巫山—雪峰山一线，主要分布着五大连池、承德避暑山庄及周围寺庙、五台山、华山、洛阳龙门石窟、神农架、长江三峡、武陵源、漓江等著名景区。第三级阶梯向沿海过渡区的山脉主要分布在长白山山脉—千山山脉—武夷山脉一线，著名景区有镜泊湖、松花湖、长白山天池、金石滩、胶东半岛海滨、泰山、九华山、黄山、千岛湖、武夷山等景区。

（2）三大纬向构造带也是旅游资源的富集区

中国由北向南，每隔8个纬度分布着一个巨纬向地形，形成了三大纬向构造带。居北的是天山—阴山—燕山，集聚着如天池、博格达峰、吐鲁番、长城、西夏王陵、北戴河。居中的是昆仑山—祁连山—秦岭—大别山，其中，重要的旅游资源有昆仑山、祁连山、华山、武当山等。居南的是南岭，著名的景区如丹霞山。

(3)三大阶梯和三大纬向构造分割的网状低矮区是人文旅游资源相对富集区

这尤其表现在第一级阶梯以东以汉文化为主的区域。开阔的平原、丰富的水资源使之自古以来就是“鱼米之乡”，留下了大量的历史文化名城、古村落、中国园林等。改革开放以后，东部地区经济发展迅速，现代经济文化景观的分布也充分证明了这一点。

(4)旅游资源富集区多为贫困人口集中区

我国旅游资源集中分布区，以及后备旅游资源富集区正是中国贫困县集中分布的区域。如东部的贫困县主要集中在交通不便、耕地少的低山丘陵地区。中部集中在高原向平原过渡地区，地势起伏大，地形复杂，自然要素呈过渡性，敏感而脆弱。西部主要集中在荒漠和高寒地区。这些地区又与老革命根据地、少数民族聚居区、边疆地区在空间上重叠，自然与人文旅游资源都非常丰富。

(5)自然旅游资源富集区多为生态脆弱区

我国以自然旅游资源为主的景区，包括风景名胜区、自然保护区、国家森林公园、国家地质公园等，主要分布在山区、高原、荒漠等区域，往往同时都是生态脆弱区。山区虽然还有较丰富茂密的森林，但受到多年砍伐的威胁，以及本身地质构造的复杂活跃、谷深坡陡，一旦破坏，恢复困难，而且地质灾害严重，如横断山区。高原或因喀斯特或因黄土流失或因高寒等原因植被稀少，地表裸露，如黄土高原区地形破碎、沟壑纵横、土质疏松、气候干燥、水资源缺乏而又易遭暴雨冲刷。西南喀斯特地区溶洞、地下河发育，山丘崎岖、可供方便利用的水资源较少等，生态环境十分脆弱。荒漠地区干旱、植物少，本身就是恶生态区域。

复习思考题

1. 旅游资源分类原则与依据有哪些？
2. 国内外旅游资源的分类方案有哪些？
3. 自然和人文旅游资源形成的条件是什么？
4. 简述我国东部地区“南秀北雄”风景特点的成因。
5. 简述我国旅游资源富集区的分布规律。

附表：

附表 2.1　《中国旅游资源普查分类表》(1990)

级别(2)	大类(8)	基本类型(108)
自然旅游资源	地表类	典型地质构造、标准地层剖面、古生物化石点、自然灾害遗址、观赏岩洞、名山风光、峡谷风光、峰林景观、石林景观、土林景观、丹霞景观、火山风光、黄土景观、沙漠景观、戈壁景观、风蚀风光、海蚀风光、沙滩、岛屿风光及其他
	水体类	湖泊风光、瀑布风光、名泉风光、风景河段、漂流河段、冰川风暴、浪潮景观、游览海域
	生物类	森林风光、草原风光、古树名木、珍稀植物群落、特殊物候景观、野生动物栖居地、典型的自然生态景观
	气候与天象类	避暑胜地、草原风光、云海、雾海、冰雪风暴、树挂奇观、天象胜景
人文旅游资源	历史类	古人类遗址、古城遗址、古工矿遗址、古作坊遗址、历史交通贸易遗址、古代文化·科学·教育遗址、历代局势遗址、历史纪念地、名人故里、古墓葬、帝王陵寝、古代水利工程、古桥梁、古代宫廷建筑、古园林、古代宗教建筑、独立古塔或塔林、历史祭祀建筑、石窟造像、摩崖石刻、岩画、古宅院、古衙署、传统街区、古城镇、其他古代建筑
	近现代类	地方标志性建筑、地方代表性建筑、现代城市风貌、工矿设施、水电工程、车站、港口、桥梁、其他水工交通设施、农场、林场、养殖场、农林业实验基地、科教设施、社会福利设施、休闲疗养设施、城市著名雕塑、纪念陵园、名人故居、名人陵寝墓地、其他纪念性建筑、仿古建筑
	文化娱乐体育类	动物园、植物园、其他类型公园、游乐场所、狩猎场、文化设施、著名体育运动场馆
	风情胜地类	特色城镇、商业闹市街区、民俗街区、购物中心、乡土建筑、典型民族村寨、城乡盛会、节庆活动、民间艺术、地方特产、名菜美食、特殊医疗

附表 2.2　《中国旅游资源普查规范(试行稿)》(1992)

大类(2)	亚类(6)	基本类型(74)
自然旅游资源	地文景观类	典型地质构造、标准地层剖面、古生物化石点、自然灾害遗址、名山、火山、熔岩景观、余蚀景观、奇特和象形山石、沙地(砾石)风景、沙(砾石)滩、小型岛屿、洞穴、其他地文景观
	水域风光类	风景河段、漂流河段、湖泊、瀑布、泉、现代冰川、其他水域风光
	生物景观类	树林、古树名木、奇花异草、草原、野生动物栖息地、其他生物景观

续表

大类(2)	亚类(6)	基本类型(74)
人文旅游资源	古迹与建筑类	人类文化遗址、社会经济文化遗址、军事遗址、古城和古城遗址、长城、宫廷建筑群、宗教建筑与礼制建筑群、殿(厅)堂、楼阁、塔、牌坊、建筑小品、园林、景观建筑、桥、雕塑、陵寝陵园、墓、石窟、摩崖字画、水工建筑、厂矿、农村渔牧场、特色城镇与村落、港口、广场、乡土建筑、民俗街区、纪念地、观景地、其他建筑或古迹
	消闲求知健身	科学教育文化设施、休闲疗养和社会福利设施、动物园、植物园、公园、体育中心、运动场馆、游乐场馆、节日庆典活动、文艺团体、其他消闲求知健身活动
	购物类	市场与购物中心、庙会、著名店铺、地方产品、其他物产

附表 2.3 《旅游资源分类、调查与评价》(2003)

主类	亚　类	基本类型
A. 地文景观	AA. 综合自然旅游地	AAA. 山丘型旅游地　AAB. 谷地型旅游地　AAC. 沙砾石地型旅游地　AAD. 滩地型旅游地　AAE. 奇异自然现象　AAF. 自然标志地　AAG. 垂直自然地带
	AB. 沉积与构造	ABA. 断层景观　ABB. 褶曲景观　ABC. 节理景观　ABD. 地层剖面　ABE. 钙华与泉华　ABF. 矿点矿脉与矿石积聚地　ABG. 生物化石点
	AC. 地质地貌过程形迹	ACA. 凸峰　ACB. 独峰　ACC. 峰丛　ACD. 石(土)林　ACE. 奇特与象形山石　ACF. 岩壁与岩缝　ACG. 峡谷段落　ACH. 沟壑地　ACI. 丹霞　ACJ. 雅丹　ACK. 堆石洞　ACL. 岩石洞与岩穴　ACM. 沙丘地　ACN. 岸滩
	AD. 自然变动遗迹	ADA. 重力堆积体　ADB. 泥石流堆积　ADC. 地震遗迹　ADD. 陷落地　ADE. 火山与熔岩　ADF. 冰川堆积体　ADG. 冰川侵蚀遗迹
	AE. 岛礁	AEA. 岛区　AEB. 岩礁
B. 水域风光	BA. 河段	BAA. 观光游憩河段　BAB. 暗河河段　BAC. 古河道段落
	BB. 天然湖泊与池沼	BBA. 观光游憩湖区　BBB. 沼泽与湿地　BBC. 潭池
	BC. 瀑布	BCA. 悬瀑　BCB. 跌水
	BD. 泉	BDA. 冷泉　BDB. 地热与温泉
	BE. 河口与海面	BEA. 观光游憩海域　BEB. 涌潮现象　BEC. 击浪现象
	BF. 冰雪地	BFA. 冰川观光地　BFB. 常年积雪地
C. 生物景观	CA. 树木	CAA. 林地　CAB. 丛树　CAC. 独树
	CB. 草原与草地	CBA. 草地　CBB. 疏林草地
	CC. 花卉地	CCA. 草场花卉地　CCB. 林间花卉地
	CD. 野生动物栖息地	CDA. 水生动物栖息地　CDB. 陆地动物栖息地　CDC. 鸟类栖息地　CDE. 蝶类栖息地

续表

主类	亚　类	基本类型
D. 天象与气候景观	DA. 光现象	DAA. 日月星辰观察地　DAB. 光环现象观察地　DAC. 海市蜃楼现象多发地
	DB. 天气与气候现象	DBA. 云雾多发区　DBB. 避暑气候地　DBC. 避寒气候地　DBD. 极端与特殊气候显示地　DBE. 物候景观
E. 遗址遗迹	EA. 史前人类活动场所	EAA. 人类活动遗址　EAB. 文化层　EAC. 文物散落地　EAD. 原始聚落
	EB. 社会经济文化活动遗址遗迹	EBA. 历史事件发生地　EBB. 军事遗址与古战场　EBC. 废弃寺庙　EBD. 废弃生产地　EBE. 交通遗迹　EBF. 废城与聚落遗迹　EBG. 长城遗迹　EBH. 烽燧
F. 建筑与设施	FA. 综合人文旅游地	FAA. 教学科研实验场所　FAB. 康体游乐休闲度假地　FAC. 宗教与祭祀活动场所　FAD. 园林游憩区域　FAE. 文化活动场所　FAF. 建设工程与生产地　FAG. 社会与商贸活动场所　FAH. 动物与植物展示地　FAI. 军事观光地　FAJ. 边境口岸　FAK. 景物观赏点
	FB. 单体活动场馆	FBA. 聚会接待厅堂(室)　FBB. 祭拜场馆　FBC. 展示演示场馆　FBD. 体育健身馆场　FBE. 歌舞游乐场馆
	FC. 景观建筑与附属型建筑	FCA. 佛塔　FCB. 塔形建筑物　FCC. 楼阁　FCD. 石窟　FCE. 长城段落　FCF. 城(堡)　FCG. 摩崖字画　FCH. 碑碣(林)　FCI. 广场　FCJ. 人工洞穴　FCK. 建筑小品
	FD. 居住地与社区	FDA. 传统与乡土建筑　FDB. 特色街巷　FDC. 特色社区　FDD. 名人故居与历史纪念建筑　FDE. 书院　FDF. 会馆　FDG. 特色店铺　FDH. 特色市场
	FE. 归葬地	FEA. 陵区陵园　FEB. 墓(群)　FEC. 悬棺
	FF. 交通建筑	FFA. 桥　FFB. 车站　FFC. 港口渡口与码头　FFD. 航空港　FFE. 栈道
	FG. 水工建筑	FGA. 水库观光游憩区段　FGB. 水井　FGC. 运河与渠道段落　FGD. 堤坝段落　FGE. 灌区　FGF. 提水设施
G. 旅游商品	GA. 地方旅游商品	GAA. 菜品饮食　GAB. 农林畜产品与制品　GAC. 水产品与制品　GAD. 中草药材及制品　GAE. 传统手工产品与工艺品　GAF. 日用工业品　GAG. 其他物品
H. 人文活动	HA. 人事记录	HAA. 人物　HAB. 事件
	HB. 艺术	HBA. 文艺团体　HBB. 文学艺术作品
	HC. 民间习俗	HCA. 地方风俗与民间礼仪　HCB. 民间节庆　HCC. 民间演艺　HCD. 民间健身活动与赛事　HCE. 宗教活动　HCF. 庙会与民间集会　HCG. 饮食习俗　HGH. 特色服饰
	HD. 现代节庆	HDA. 旅游节　HDB. 文化节　HDC. 商贸农事节　HDD. 体育节
数量统计		
8 主类	31 亚类	155 基本类型
注:如果发现本分类没有包括的基本类型时,使用者可自行增加。增加的基本类型可归入相应亚类,置于最后,最多可增加 2 个。编号方式为:增加第 1 个基本类型时,该亚类 2 位汉语拼音字母 + Z、增加第 2 个基本类型时,该亚类 2 位汉语拼音字母 + Y。		

第3章 旅游资源调查与评价

【学习导引】

对旅游资源全面的调查和科学的评价是旅游资源适当开发利用的科学手段和方法。有目的、系统地收集、记录、整理、分析和总结旅游资源及其相关因素的信息与资料，以确定旅游资源的存量状况，为旅游资源的开发和管理提供客观决策依据。旅游资源调查与评价工作是一项具有重要理论意义和实践价值的工作，它直接关系到旅游资源的合理开发和有效利用。本章主要阐述3个部分：一是旅游资源调查，包括原则、内容、程序、方法、成果；二是旅游资源的评价，包括原则、依据、内容和方法；三是旅游资源经济价值评估。

【教学目标】

1. 掌握和领会旅游资源调查和评价的原则。
2. 了解旅游资源调查和评价的方法。
3. 熟悉旅游资源调查和评价的内容和程序。
4. 认识旅游资源调查的成果。
5. 了解旅游资源的经济价值。

【学习重点】

旅游资源调查和评价原则　旅游资源调查和评价方法　旅游资源的经济价值评估

旅游资源是旅游活动赖以展开的物质基础，是旅游活动的客体。一个地区的旅游业要得到合理的发展，必须依赖于对旅游资源的适当开发和利用。而适当的开发利用，又依赖于对旅游资源进行全面的调查和科学的评价。作为游客，要想找到一个最理想的旅游地，也需要对旅游地的各种旅游资源进行比较研究和正确评价。因此，旅游资源调查与评价工作是一项具有重要理论意义和实践价值的工作，它直接关系到旅游资源的合理开发和有效利用。

3.1　旅游资源调查

3.1.1　旅游资源调查及其原则

旅游资源调查是指运用科学的方法和手段，有目的、有系统地收集、记录、整理、分析和总结旅游资源及其相关因素的信息与资料，以确定旅游资源的存量状况，并为旅游经营管理者提供客观决策依据的活动。其作为认识和掌握旅游资源的必要手段，对旅游业的发展具有重要意义。首先，通过旅游资源调查，可以全面认识调查区域内旅游资源的类型、数量、特征、规模和开发潜力等因素，从而为其评价和开发工作奠定基础，提供可靠的第一手资料。其次，通过旅游资源调查所获得的基础资料，为建立旅游资源信息库提供丰富的数据资料，对区域旅游发展、旅游资源的管理、利用和保护工作有很大的参考价值。第三，通过对旅游资源自身及外部开发条件的深入调查，可以全面掌握旅游资源的开发、利用和保护现状及存在的问题，从而为确定旅游资源的开发导向、开发时序、开发重点和提出有针对性的管理措施提供翔实可靠的资料。最后，通过对旅游资源的定期调查，可以动态、全面地掌握旅游资源的开发进展状况，检查其保护情况，从而及时、准确地为旅游管理部门提供有效信息，有利于其工作的科学化和现代化。

科学有效的旅游资源调查应遵循以下原则：

1）内外结合原则

旅游资源调查不仅要对搜集整理的旅游资源方面的第二手资料进行分析，而且要进行野外考察获取第一手资料，撰写调查报告。采用内外结合的方法，研究资源的性质、价值、等级、开发利用潜力等。

2）综合调查原则

旅游资源调查不仅要求调查人员的知识结构尽量涵盖旅游、地理、经济、环境等专业，以便充分利用不同学科的特长及研究方法，而且要求对调查区域内的自然景观资源、人文景观资源以及所依托的经济、社会、交通条件、客观状况和地理背景等进行全面的调查分析，以获得综合、系统的资料。

3）创造性原则

在调查过程中，要准确把握被调查对象在当前及今后市场吸引力的变化趋势，深入了解已开发景区旅游资源的吸引力，发现旅游资源新潜力和可以进行深度开发的内容，作出准确评价。

4)选择性原则

旅游资源调查应突出重点,选择市场需求大、有价值的旅游单体;对极具特色或有可能发挥特殊旅游功能的旅游资源要给予充分重视;对现阶段不具有开发价值或开发条件的旅游资源也应进行调查。

3.1.2　旅游资源调查内容

根据调查工作的详略程度,可以把旅游资源调查分为旅游资源概查、旅游资源普查和旅游资源详查3种类型(表3.1)。旅游资源概查是指对旅游资源的概略性调查或探测性调查,适用于了解和掌握特定区域或专门类型的旅游资源。旅游资源普查是指对一个旅游资源开发区或旅游远景规划区内的各种旅游资源及其相关因素进行的综合调查,适用于对旅游资源的宏观认识和了解。旅游资源详查属于旅游资源综合性调查,适用于了解和掌握整个区域旅游资源的全面情况。

表3.1　旅游资源概查、普查和详查的对比

项　目	旅游资源概查	旅游资源普查	旅游资源详查
性　质	专题性	区域性	区域性
目　的	为地区旅游开发的一种或少数几种特定目的服务	为地区旅游资源的评价和开发工作奠定基础	为地区旅游开发的综合目的服务
技术支撑	国家标准,或自定调查技术规程	国家标准	国家标准
适用范围	旅游研究、旅游规划、旅游资源保护、专项旅游产品开发等	区域旅游业发展目标的制定、旅游资源的规划和开发等	区域旅游研究、旅游开发、旅游信息系统管理等
组织形式	一般不用专门成立调查组	专门成立调查组,成员专业组合完备	专门成立调查组,成员专业组合完备
工作方式	按照调查规定的相关程序运作,按实际需要确定调查对象并实施调查,可简化工作程序	对所有旅游资源进行全面调查,执行调查规定的全部程序	对所有旅游资源进行更为深入的调查,执行调查规定的全部程序
提交文件	部分有关文件、图件	标准要求的全部文件、图件	景观详图、具体材料图件及详细的文字报告
成果处理	成果直接为专项任务服务	为正确制定旅游业的发展目标奠定基础,为旅游资源的规划和开发提供依据	建立区域旅游资源信息库,直接处理、转化为公共成果

资料来源:尹泽生,等,2006,有修改。

旅游资源调查的基本内容大致包括旅游资源形成条件的调查、旅游资源本体的调查和旅游资源开发环境的调查。

1) 旅游资源形成条件的调查

主要是了解和掌握区域内的基本情况，从而找出资源的整体特色及内在联系。涉及内容有：

(1) 调查区的地貌特征

包括调查区所处的地貌单元、地质构造状况、岩性、地壳活动状况等。

(2) 调查区的水文特征

包括调查区内地表水和地下水的类型、分布、水文特征和特殊的水文现象等。

(3) 调查区的动植物特征

包括调查区内动植物的类型、分布和珍稀或特色动植物类型的基本状况等。

(4) 调查区的气象、气候和环境因素

包括调查区内降水、气温、光照、湿度的基本状况和特殊的现象等。

(5) 调查区的历史沿革

包括调查区在人类历史上的发展历程及遗留下的各种遗迹情况。

2) 旅游资源本体的调查

主要是深入细致地根据旅游资源的属性进行调查，为开发提供基本素材。涉及内容有：

(1) 自然景观的调查

包括构成特色山体的岩石、地层、构造，构成地貌形态的沟谷、洞穴等，构成水景的泉、溪、瀑、湖等，具有特色的动植物和气象因素等。

(2) 人文景观的调查

包括调查各类古建筑遗址、古人类活动和文化遗址、古交通遗址、石刻、壁画及特色村寨等。

3) 旅游资源开发环境的调查

主要是调查对旅游资源开发有重要影响的依托环境及条件。涉及内容有：

(1) 调查区的经济环境

包括国民经济发展状况、国民生产总值、工农业生产总值、国民收入、人口与居民状况、居民收入水平、消费结构与消费水平、物价指数与物价水平、就业率与劳动力价格等。

(2) 调查区的社会文化环境

包括调查区教育设施、邮电通信设施、医疗环卫设施、安全保卫设施的状况、当地居民的民族构成、受教育程度、宗教信仰、风俗习惯、社会审美观念、价值观念、文化禁忌、当地的旅游氛围以及采用新技术、新工艺、新设备的情况等。

(3) 调查区的政策法规环境

包括地区旅游机构的设置变动情况以及旅游法、资源法、环境保护法、旅游管理条例和旅游管理措施等的执行情况。

(4)旅游客源市场调查

包括对国际游客、国内游客、外地游客、本地游客的数量、所占比例、各自停留时间、旅游动机、消费构成和消费水平,以及年龄、性别、职业、文化程度等基本情况。

3.1.3 旅游资源调查程序

旅游资源调查是一项烦琐的基础工作,必须经过规范的程序,才能保证工作效率和调查质量。一般而言,较为典型的旅游资源调查分为3个阶段:旅游资源调查准备阶段、旅游资源调查实施阶段和旅游资源调查整理阶段(图3.1)。

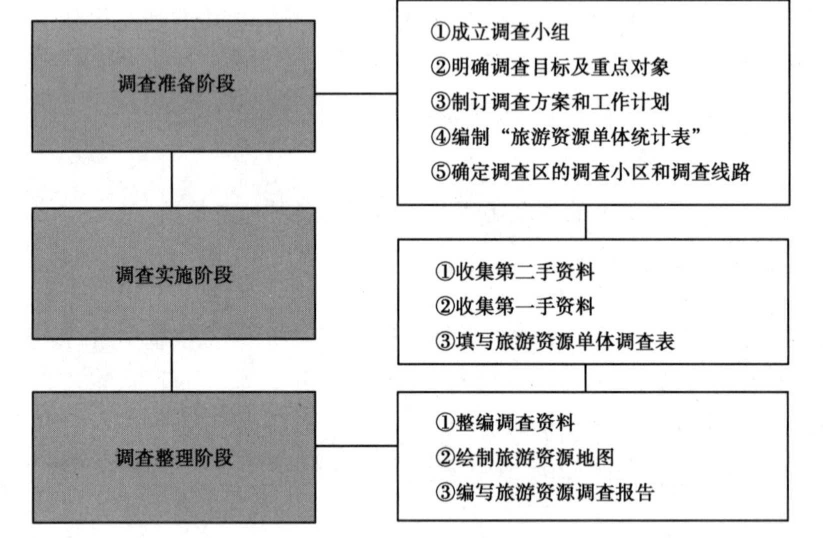

图3.1 旅游资源调查程序图

1)调查准备阶段

调查准备阶段是旅游资源调查工作的开始,准备阶段的工作是否充分扎实直接关系到整个旅游资源调查结果的质量。

(1)成立调查小组

旅游资源调查是一项系统性很强的工作,首先需要成立调查小组,以便更好地开展工作。调查小组通常由承担旅游资源调查工作的部门或单位如旅游局、科研机构、调查机构等负责组建,吸收不同管理部门的工作人员、不同学科方向的专业人员及普通的调查人员组成调查小组。小组要有一定的组织关系和协调配合机构,必要时须进行野外考察的基本培训,如野外方向辨别、伤病急救处理、基础资料的获取等,以应对突发事件和保证调查工作的顺利完成。

(2)明确调查目标及重点对象

明确旅游资源调查所要达到的目的,要将调查目标明确化、具体化,并进一步研究调查所应采用的方式、调查重点对象。应将具有较好的旅游资源开发前景，显著的经济、社会和文化价值的资源单体，代表调查区形象的旅游资源单体，集合型旅游资源单体中具有代表性的部分作为重点调查对象。而对于那些资源价值品位低、没有特色、历史文化内涵模糊、体量小、不完整、不具有开发价值的资源单体可以暂时不进行调查。

(3)制订调查方案和工作计划

调查工作正式开始前，应先制订调查方案和工作计划，内容主要包括调查目的、调查区域范围、调查对象、主要调查方式、调查工作的时间安排、调查的精度要求、调查小组的人员分工、调查成果的表达形式、投入人力与财力的预算等内容。

(4)拟订旅游资源分类体系、编制旅游资源单体统计表

调查小组以国家标准《旅游资源分类、调查与评价》(GB/T 18972—2003)为依据，结合调查区域的旅游资源分布、类型、数量的基本情况，拟订旅游资源分类方案，设计旅游资源单体统计表，该表的主要内容应包括旅游资源单体的序号、名称、基本类型、所属区域、建议等级等。这是旅游资源调查阶段非常重要的表格，一方面是对旅游资源单体基本信息的汇总，其设计和填写是进行实地调查的基础性工作；另一方面便于对旅游资源单体在计算机上进行统计排序计算，以便在此后的旅游资源调查文件汇编和旅游资源开发时使用。

(5)确定调查区的调查小区和调查线路

为便于实际操作和适应今后的旅游资源评价、旅游资源统计和区域旅游资源开发的要求，将整个调查区分为若干“调查小区”。调查小区一般按行政区划分：如省级调查区，可将地市州级的行政区划分为调查小区；地市州级的调查区，可将县级行政区划分为调查小区；县一级的调查区，可将乡镇一级的行政区划分为调查小区；也可视具体情况按现有或规划中的旅游区域划分。

调查线路按实际要求设计，一般要求贯穿调查区内所有调查小区和主要旅游资源单体所在的地点。可根据调查对象范围的大小，选取比例尺适中的地图，编制与调查工作计划相配套的野外考察线路图。

2)调查实施阶段

该阶段的主要任务是在准备工作的基础上，根据调查方案的要求和调查工作计划的安排，系统地收集各类第二手和第一手的资料数据，并填写旅游资源单体调查表。

(1)收集第二手资料

调查工作应注意收集已有的第二手资料，主要包括有关调查区域内的与旅游资源单体及其依托环境有关的各类文字描述资料(如广泛存在于书籍、报刊、网络及宣传材料上的文字记述、地方志和乡土教材、旅游区与旅游景点介绍、旅游规划与专题报告等)，与旅游资源调查区和旅游资源单体有关的各种照片、图片及影像资料。在此基础上，对调查区域内的基本情况要形成一个概要的基本印象，对于第二手资料中介绍详尽的旅游资源，可直接填写旅游资源调查表，以便野外考察时比较、变更，查漏补缺。

(2)收集第一手资料

第一手资料又称实地调查资料,它是调查人员为了目前的调查目的专门搜集的各种原始资料。虽然第二手资料是实地调查的基础,也可以得到实地调查无法获得的某些资料,并能鉴定第一手资料的可信度,但第二手资料不能取代第一手资料,必须搜集一定数量的第一手资料加以补充。

(3)填写旅游资源单体调查表

填写"旅游资源单体调查表"是调查实施阶段最重要的工作步骤,这张表格承载和表现了旅游资源最核心的内容,调查者在调查准备阶段中收集到的各类旅游资源资料和数据,本阶段对旅游资源的实地研究和验证,都要在这一张表格中体现出来。填写的主要内容包括单体序号、单体名称、代号、行政区划位置、地理位置、性质与特征、单体保护与开发现状、共有因子评价问答等。本表对之后旅游资源评价、旅游资源调查成果的质量以及依据旅游资源调查成果所进行的旅游资源开发都将起到重要的作用。

3)调查整理阶段

该阶段是在数据和资料收集的工作完成后,将所调查的资料全部汇总,进行仔细整理和分析,最后完成图文资料的编辑工作,呈送相关部门审阅并参考执行。

(1)整编调查资料

资料的整理主要是把收集的零星资料整理成有条理的、能说明问题的情报,包括对文字资料、照片、影像资料的整理,以及图件的编绘等内容。首先,对资料进行鉴别、核对和修正,使其达到完整、准确、统一、客观的要求。其次,应用科学的方法对资料进行编码与分类,以便于分析利用。再次,采用常规的资料储存方法或计算机储存方法,将资料归卷存档,以利于今后查阅和再利用。在完成了资料的整理工作之后,调查人员要借助科学的统计分析技术对经过整理后的资料、数据和图件进行分析解释,从而为该项调查结果提出合理的行动建议。

(2)绘制旅游资源地图

整理反映旅游资源调查工作过程和工作成绩的手绘草图,选取形象直观的图例,经过编辑转绘到选定的地理地图上,形成旅游资源分布现状图。

(3)编写旅游资源调查报告

旅游资源调查报告是体现调查工作综合性成果的图文材料。外界可以通过该报告认识调查区内旅游资源的总体特征,并从中获取各种专门资料和数据。如针对旅游规划进行的旅游资源调查报告,是编制规划的重要依据,因此,该报告也可作为调查区规划的重要附件收录其中。

3.1.4 旅游资源调查方法

1)资料收集法

对已有第二手资料的收集是旅游资源调查工作顺利开展的重要基础和开端。资料收集法是通过收集旅游资源的各种现有信息数据和情报资料，从中筛选与旅游资源调查项目有关的内容，进行分析提炼的一种方法。对旅游资源资料的收集主要包括两个方面的内容：一是本区和邻区旅游资源的资料，包括各类有关的调查报告、相关报道、旅游发展规划、文献资料、统计年鉴、统计报表、地方志、文学作品等文字、照片和影像资料；二是本区和邻区地理环境、社会环境、经济状况等方面的资料，主要包括地质、地貌、水文、气候、生物、生态环境及有关经济等方面的文字、图表、图像和统计数据资料。

在资料的基础上，通过科学的方法对所收集的文案资料进行归类和分析统计，并对其权威性、准确性、可利用性进行评价和比较，在此基础上对旅游资源的分布状况进行一些必要的预测，拟出实地调查提纲，编写下一步具体调查的工作部署、人员配备、考察方法等计划书，为实地调查做好准备工作。

2）实地考察法

实地考察法是指调查人员在现场通过观察、测量、记录、填绘、摄像等形式直接接触旅游资源，从而获得旅游资源信息资料的调查方法，是旅游资源调查最常用的一种方法，可以获得宝贵的第一手资料以及专业人员较为客观的认识，资料的真实性高，结果翔实可靠。调查中要求调查者勤于观察、善于发现、及时填涂、现场摄录，并做好总结工作。

3）询问调查法

询问调查法是旅游资源调查的一种辅助方法，运用这种方法，可以从旅游资源所在地部门、居民及游客中及时了解旅游资源客观事实和难以发现的事物和现象。可通过面谈调查、电话调查、邮寄调查、留置问卷调查等形式进行询问访谈，获取需要的资料信息。如果是访问座谈，要求预先精心设计询问或讨论的问题，同时调查对象应具有代表性。如果是调查问卷，要求问卷设计合理、分发收回的程序符合问卷调查的规定，以保证调查结果的有效性与合理性。

4）现代科技分析法

现代科技手段的应用为旅游资源的调查带来了很多方便。使用现代声像摄录设备，如照相机、摄像机等，可以将野外考察过程全面记录下来，真实地显现出旅游资源地的原貌。遥感技术（RS）和全球定位系统（GPS）是应用于旅游资源调查最主要的两种现代科技手段。采用遥感技术（RS），收集多种比例尺、多种类型的遥感图像和与之相匹配的地形图、地质图、地理图等，提取图像中的旅游资源信息，不仅能对旅游资源类型做出准确的判断，而且能获取大量旅游资源的定量信息，还能发现一些野外考察不易发现的潜在旅游资源，特别是能对人迹罕至、山高林密及常规方法无法达到的地区进行旅游资源的调查。这一方法具有覆盖面积大、信息量丰富、资料获取迅速、直观并能进行动态检测等特点，是调查、研究和开发利用旅游资源的一种有效方法。全球定位系统（GPS）是一种空间定位技术，可用来测定调查区旅游资源的位置、范围、大小、面积、体量、长度等，有利于提高旅游资源调查的准确性和精度，在调查中具有重要的作用。

5）分类分区法

调查区域内的各种旅游资源景观美感各异，把调查区域内的旅游资源按存在形态、属性、吸引性等加以分类，并进行研究调查，与同类型或不同类型的旅游资源区域加以比较评价，得出该区域旅游资源的分类、一般特征与独特特征等，以便于指定开发规划和建立旅游资源信息库。

3.1.5 旅游资源调查报告

旅游资源调查报告是要求提交的必不可少的规范化文件，报告汇集了旅游资源调研的全部数据和资料，是旅游资源调研工作的综合性成果。报告编制是旅游资源调查与评价工作的最后一项内容，应本着材料典型、内容翔实、中心明确、重点突出、结构合理、实际客观的原则进行编写，以求为外界认识调查区域内旅游资源的总体情况提供丰富、准确的资料，为业内人员进行区域旅游规划提供理论依据和附件材料。

调查报告的内容根据调查区资源类型和调查方法的不同而有所区别，但一般由标题、目录、前言、概要、正文、附件等几个主要部分组成。

1）标题

主要包括调查项目的名称、调查单位、调查日期等内容。

2）目录

通常是调查报告的主要章节及附录的索引。

3）前言

要将调查任务来源、目的、要求、调查区位置、行政区划与归属、调查组基本情况、工作期限、工作量等内容作一概述。

4）概况

包括调查区域概况以及此次调查的工作任务、目的、具体要求等内容。同时，在概况中，还应将调查人员的组成、工作安排及期限、工作量和取得的主要成果作一个简要的介绍。

5）正文

这是调查报告的主体，其核心内容包括以下几个方面：

（1）调查地区的旅游环境

包括调查区的位置、行政区划、自然地理特征（地形、水系、气候和气象、动植物等）、交通状况和社会经济概况等。

（2）旅游资源开发的历史和现状

应以动态发展的眼光简述调查区旅游开发的基本情况。

(3)旅游资源基本类型

包括旅游资源的类型、名称、分布位置、规模、形态和特征等(可附带素描、照片、录像资料)。

(4)旅游资源评价

运用科学的方法对调查区内旅游资源作出综合性评价。同时,在与同类旅游资源和其他区域内的主要旅游资源进行对比的基础上,结合旅游资源的自身状况评定旅游资源的等级。

(5)旅游资源保护与开发建议

此部分重点指出调查区旅游资源开发中存在的问题并有针对性地提出建议,并最后在报告的结尾列出主要参考文献。

在报告的撰写过程中,以上内容是必须包含的,不能遗漏,调查者可根据具体情况对报告的内容作一定的调整和增补。

6)附件

旅游资源调查报告附件是对主题报告的补充或详尽说明,主要包括背景资料、图件、声像材料及其他需要进一步详细说明的材料等。

(1)背景材料

有关调查区基本概况的一些材料,由于在报告中不便过多地强调,可以在附件中详细列出。

(2)调查图表

图件主要是反映调查区旅游资源状况的系列图件;表格主要是有关旅游资源统计数据的汇总表。

(3)声像材料

主要是提供调查区内经编辑整理后的旅游资源录像带、影像碟片、照片集、幻灯片等。

(4)其他

包括一些主要的调查日记、资料卡片、随笔等。

3.2　旅游资源评价

在通过旅游资源调查获得旅游资源的基本情况后,还必须经过有意识的开发利用,才能将旅游资源的潜在价值转化成现实的社会经济优势,这就需要对旅游资源进行系统、科学与全面的评价。旅游资源评价是在旅游资源调查的基础上根据一定的要求选取评价指标和因子,运用科学的方法对旅游资源的质量、品位、等级、价值、开发条件等作出全面的评判和鉴定的过程,是旅游资源调查的深化与延伸。

3.2.1 旅游资源评价及其原则

客观的评价是旅游资源有效保护、合理开发和进行旅游规划的重要前提和依据。通过对区域内旅游资源、资源环境和开发条件的综合评价，直接为调查区域旅游开发的重点、步骤等宏观规划与开发研究提供可靠依据。通过对调查区旅游资源特点、结构、功能和性质的评价，在宏观规划的指导下，为新旅游产品的开发方向、建设项目提供论证材料，为已开发和部分开发的老旅游景点提供改造和扩大的依据。通过对旅游资源的质量、规模、水平的鉴定，为资源的分级管理提供系列资料，也对开发产品过程中出现的生态环境问题和行业管理问题的修正提供依据。

由于旅游资源评价工作具有涉及面广、情况复杂、方法多样等特点，因此，目前还没有形成统一的评价模型和评价标准。为了使旅游资源评价做到尽可能的公正、客观、准确、可靠，在对旅游资源进行评价时需要遵循以下原则：

1）标准化原则

旅游资源的评价将主要依据国家质量监督检验检疫总局颁布并于2003年5月1日正式实施的《旅游资源分类、调查与评价》（GB/T 18972—2003）标准中的旅游资源分类体系对旅游资源单体进行评价。

2）客观实际原则

旅游资源是客观存在的事物，旅游资源的评价工作，要从客观实际出发，即在旅游资源调查的基础上，对旅游资源的形成、本质、属性、价值、功能等核心内容，作出实事求是的评价，不能任意夸大，也不能随意低估，要做到客观实际、恰如其分。

3）全面系统原则

全面系统的评价原则主要体现在两个方面：一是旅游资源的价值和功能是多方面、多层次、多类型的，就其价值而言，有文化、美学、科考、观赏、历史、社会等价值，功能上也有观光、度假、娱乐、健身、商务、探险、科普等价值，因此，评价时要全面、系统地衡量；二是对涉及旅游资源开发的自然、社会、经济、环境和区位、投资、客源、施工等开发条件也要综合考虑。

4）动态发展原则

旅游资源的特征以及开发的外部社会经济条件是不断变化和发展的。这就要求旅游资源的评价工作不能只局限于现状，必须用动态发展的眼光，考察不同阶段旅游资源所呈现的变化趋势和其变化规律，从而对旅游资源及其开发利用前景作出积极、全面和正确的评价。

5）综合效益原则

旅游资源评价的最终目的是开发利用，开发利用的首要目的是能够取得效益，而且是经济、社会和生态的综合效益。因此，在进行旅游资源开发利用效益评价时，要兼顾经济效益、社会效益和生态效益，既要保证增加旅游经济收入，促进当地经济发展，又要做到美化环境，为人们提供一种有利身心健康的空间场所，为旅游地提供绿色、文明、健康的生活环境和蓬勃发展的社会环境。

6）定量与定性相结合原则

旅游资源评价可分为定性评价和定量评价。在资源评价方法日渐完善的今天，为了避免主观色彩、个人感情色彩的出现，必须坚持定性与定量评价相结合的原则，既要从理论方面进行深入全面的论证分析，又要根据一定的评价标准和评价模型，将各种评价因素进行客观的量化处理，把定性描述用定量关系来表示，使旅游资源的评价更具科学性与客观性。

3.2.2　旅游资源评价依据

1）价值判断统计学评价

不同个体对同一事物的评价，由于其价值观和人口社会学特征的不同，会产生不同的结果。但从实验统计学规律得出，不同人群或个体对同一事物的评价还是趋向于一个相同的结论，在对多个个体或人群进行统计的情况下，这一相同的结论会清晰地显示出来。因此，在对旅游资源进行评价时，可依据价值判断的统计性规律，选取不同专业背景和足够数量的人员来工作，以提高评价的权威性和可信性。

2）人类认知比较学评价

人们对事物的认知具有较大的差异，这是由于不同人群或个体的本身差异引起的，但如果让随机抽取的大量人群或个体对不同的旅游资源就其质量进行比较，不同人群或个体得到的比较结果的分布呈现出的是围绕某一中心值的正态分布，最终应选择人数最多的评价作为评价结果。

3）审美学评价

审美活动是人类的基本精神需求之一，旅游活动就是某种意义上的一种审美活动，包含着对美的追求和享受。从审美学判断旅游资源，主要评价其形态美、色彩美、动态美、幽静美、悠古美、心灵感悟美、新特美、愉悦美、文化感悟美。实际上，各种审美元素的最高级审美是文化审美，也可认为文化审美涵盖了各种审美。

3.2.3　旅游资源评价内容

旅游资源评价的内容和范围较广，可以把旅游资源的评价分为 3 个方面（表 3.2）：一是旅游资源的自身价值评价，旅游资源自身的价值是吸引游客的关键性因素，也是旅游开发的生命线和产生效应的内力，是旅游开发的可行性预测的重要条件之一；二是旅游资源的环境条件评价，包括自然环境条件、社会环境条件等；三是旅游资源的开发现状与序位评价，即旅游资源的区位条件、市场条件、开发现状等，它是旅游资源开发可行性的重要制约因素。在评价过程中,对旅游资源自身价值的评价是基本点,在此基础上,结合后两个角度的评价以得到更为全面的综合评价结果。

表 3.2　旅游资源评价的内容

评价项目	评价因素		评价因子
旅游资源自身价值评价	资源特色		特殊度;奇特度
	资源价值(可与旅游资源单体评价相结合)		观赏价值:愉悦度、魅力度、知名度、可游度;科学价值:珍稀度、科研度、科普度;美学价值:形象美、色彩美、动态美、意境美、组合美;文化价值:文保度、完整度、客观度;市场价值:向往度、满意度
	资源功能		齐全度;明显度;相异度;协调度
	资源规模		景点数量;景区面积
	资源组合		差异度;协调性
	资源容量		容人量;环境容量;容时量;感应气氛容量
	资源性质		资源类型
旅游资源环境条件评价	自然生态条件	自然条件	气候→舒适指数;环境质量指数(植被、水文、动物、地质、地貌)
		环境生态	环境分带性;生物多样性;生态原始性;系统协调性;景观美感度
	社会环境条件	社会条件	可进入性;接待可行性;供需调节度;游览适宜度;社会安全系数(政局稳定度、社会安定度、政策倾斜度等)
		施工条件	工程建设难易度(投资数量、收效时间、用地条件等)
	区位特性与客源环境	区位条件	地理区位;交通区位;市场区位
		客源条件	客源范围;辐射半径;客源层次及特点
旅游资源开发现状与序位评价	开发现状		开发度;成熟度
	开发序位		投资大小;开发顺序

1)旅游资源的自身价值评价

(1)旅游资源特色

旅游资源特色,即旅游资源的特质或个性,是旅游资源的生命力所在,是旅游资源是否开发及开发程度的决定条件。旅游资源的个性化程度是评价旅游资源的重要因素,评价指标主要是旅游资源的特殊度或奇特度。

(2)旅游资源价值

旅游资源的价值与人的审美观和价值观相关,是旅游资源质量和水平的反映,主要包括美学、观赏、文化、科学、市场等价值。其中,美学价值涉及形象美、色彩美、意境美、组合美等;观赏价值评价指标有知名度、可游度、魅力度等;文化价值评价指标主要有文保度、完整度、可观度等,涉及历史文物、宗教文化、休息娱乐、民俗风情、人文景观等多个方面;科学价值评价内容则包括珍稀度、研究度、科普度等方面;市场价值主要包括向往度、满意度等。

(3)旅游资源功能

旅游资源一般具有娱乐、度假、休憩、健身、医疗、探险、商务等功能。旅游功能是关系到旅游资源的地位、意义、开发规模等级、市场指向的决定性因素,进而影响到开发和保护的前景。主要包括:资源功能类型相异度、旅游功能明显度、功能的协调度等。

(4)旅游资源规模

旅游资源规模包括景点数量、景区面积、景区容量等指标。不同的旅游资源,其规模和评价指标不同。对同一种旅游资源,在其他指标相同条件下,旅游资源规模与旅游资源价值通常成正比。

(5)旅游资源组合

旅游资源组合,一是指自然旅游资源与人文旅游资源的结合与互补情况;二是指各单体要素的组合及协调性;三是指单体的集聚程度。只有在一定地域内集中,具有一定密度或丰度,又具有多类型资源协调布局和组合,形成特定形态的旅游路线,才能构成一定的开发规模,具有一定的开发可行性。其评价指标包括:景点集中度、景点相异度、资源结构协调配套组合关系等。

(6)旅游资源容量

旅游资源容量又称旅游承载力或饱和度,是指在一定时间条件和旅游资源的空间范围内的旅游活动能力、旅游资源的特质和空间规模所能容纳的游客活动量。其评价指标有:旅游空间容量、旅游经济容量、旅游社会容量等。

(7)旅游资源性质

按性质可将旅游资源分为两大类:自然旅游资源、人文旅游资源。不同性质的旅游资源,其利用价值、旅游功能和开发方向不同,评价标准存在明显差异。

2)旅游资源的环境条件评价

(1)自然环境条件

自然环境条件作为旅游资源区域整体感知形象的主要影响因素和旅游活动的重要外部环境条件,包括自然条件和环境生态两方面。在自然条件方面,主要涉及气候、生物、地质地貌、水文等环境要素,评价指标有:绿化率、舒适指数、环卫指数、环境容量系数等。在环境生态方面,主要涉及生态度、植被度、林相度、珍稀度等。相关的评价内容及指标包括:生态垂直分带性、生物多样性、生态结构特殊性、生态环境原始性、环境生态协调性、环境生态美观度等。

(2)社会环境条件

一般来说,旅游资源自身价值越高,社会环境条件越好,其开发利用价值越高,若其所处的社会环境条件不利,开发利用价值就会明显降低。社会环境条件评价内容主要包括:交通条件、通信条件、政治环境、经济条件、城镇分布与功能、基础设施、投资环境、施工条件等。

评价指标主要有:可进入性、接待可行性、供需调节度、游览适宜度、社会安全系数、工程建设难易度等。

(3)区位特性和客源环境条件

区位条件评价指标包括:地理区位条件、交通区位条件、市场区位条件以及与其他资源地之间的关联区位条件。客源环境条件评价指标有:客源范围、辐射半径、客源层次、客源回馈和客源季节性变化等。

3)旅游资源开发现状与序位评价

相应的评价指标包括:旅游资源开发度、成熟度、资源开发顺序及投资条件。

旅游资源评价在强调旅游资源自身的特色、价值、功能、规模、组合、性质、容量等重要性的同时,更要注重旅游资源环境的自然条件、环境生态、社会条件、区位环境、客源条件、开发现状、开发序位等因素及相关因子,即旅游资源市场价值和经济效益的综合评价。

从市场的角度分析,旅游资源评价系统又可按下面的方式分为三级:旅游吸引力指向、旅游开发潜力、旅游开发限制类型。旅游资源自身条件评价作为一种旅游资源吸引力指向,是旅游资源吸引能力大小的具体反映,也是决定旅游资源开发价值的主要方向。旅游资源环境条件评价则是从旅游开发潜力的角度,在旅游吸引力指向前提下对旅游资源开发价值的综合反映,主要依据旅游资源景观的旅游价值、开发条件、旅游功能类型等因素综合判定。而旅游资源开发现状与序位评价则是作为一种对旅游开发限制类型的评价,在旅游资源开发潜力范围内,依据旅游开发现状和各类资源的性状,对限制因素的种类及其强度进行划分。

3.2.4 旅游资源评价方法

旅游资源评价尽管类型很多,但从评价方法的角度可以分为定性评价和定量评价两种类型(表3.3)。

根据旅游资源的特点,对旅游资源的评价一般以定性描述较易把握。定性评价法也被称为经验性评价,是评价者在对旅游地资源进行了详细考察后,凭借自己的经验知识,对旅游地资源所作的主观色彩较浓厚的结论性描述,常常是旅游资源分类和规划的依据,其评价结构具有一定的可比性。定性评价的优点在于能从宏观上把握旅游地的特色,其缺点是不能量化,缺少精密的科学性。

定量评价法是指针对评价对象的特征及评价目的,采用一种或几种数学、经济或社会的数量化模型或方法对评价对象的主要因子进行数量化的仿真模拟分析与预测,从而为评价对象的认知、开发、保护与利用提供客观依据的评价方法,评价结构为数据指标,便于同类或不同类旅游资源的评价和分析。定量评价法又可以分为技术性单因子定量评价和综合性多因子定量评价两大类。

表 3.3　旅游资源评价方法一览表

评价类型		方法实例
定性评价	一般体验性评价	①“中国十大名胜”评选； ②“全球最受欢迎的目的地”评选； ③“中国最佳旅游城市”评选。
	美感质量评价	①专家学派——美国土地管理局风景资源管理系统对自然风景质量的评价； ②心理物理学派——西黄松林的风景质量评价； ③心理学派——森林风景的神秘性评价。
	其他定性评价方法	①“三三六”评价体系：“三大价值”“三大效益”“六大条件”； ②“魏小安综合评价体系”：“游览地的资源构成”“要素种类的多少”“要素的单项评价问题”“要素的组合情况”“可能容纳的游客量”“人文资源的比较”“开发的难易程度”7 个标准； ③“王兴斌等级评价法”：从“资源的科学文化价值”“美学观赏价值”“康体休闲价值”及“开发的社会条件和自然环境”加以分析，分为“世界级”“国家级”“省级”“地方级”4 个等级； ④“六字七标准”评价体系：“六字”，即美、古、名、特、奇、用；“七标准”则指季节、污染、联系、可进入性、基础结构、社会经济环境和市场； ⑤八度指标评价模型：“八度”指旅游资源的珍稀度、古悠度、奇特度、规模度、保存度、审美度、组合度、知名度 8 个度量指标。
	基于“国标”的评价	①国家标准《旅游资源分类、调查与评价》(GB/T 18972—2003)中对旅游资源单体的评价； ②国家标准《旅游景区质量等级的划分与评定》(GB/T 17775—2003)中对旅游区(点)的质量等级评定。
定量评价	技术性单因子定量评价	①地形适宜性评价； ②气候适宜性评价； ③海滩及海水浴场评价。
	综合性多因子定量评价	①菲什拜因—罗森伯格模型； ②模糊数学评价法； ③综合价值评价模型； ④层次分析法； ⑤美学评分法； ⑥观赏性旅游地综合评价模型； ⑦价值工程法； ⑧指数表示法。

1)定性评价法

(1)一般性体验评价

一般体验性评价是由游客或旅游专家根据自己的亲身体验对某一旅游资源单体或一系

列的旅游地,就其整体质量进行的定性评估。通过统计大量游客在问卷上有关旅游资源的优劣顺序,或统计旅游资源在报刊、旅游指南、书籍上出现的频率,或邀请各相关领域的专家讨论评议等方式,形成一个国家或地区最优旅游资源的评价序列,这一排序结果能够大致表明旅游资源(地)的整体质量和知名度。

一般性体验评价的特点是:评价的项目简单,只要求对旅游资源进行整体质量评价,这种方法常局限于少数知名度较高的旅游资源开发地,无法用于一般类型或尚未开发的旅游资源。

这种评价方法的使用多由传播媒介或旅游行政管理机构发起,其评价的目的多着眼于推销和宣传,评价的结果往往可以使某些旅游地知名度提高,客观上也会对旅游需求流产生导向作用。随着网络的发展和旅游电子商务的兴起,自 2000 年 4 月起,许多网友在携程旅行网上对国内部分旅游地进行点评,点评采用"五分制"的形式计分,"五分"为最佳,"一分"为最差,点评的内容包括风景区的风景、住宿、餐饮、娱乐、交通等,至今这项点评还在继续。这种方式也是一般体验性评价的典型代表(表 3.4)。

表 3.4　携程旅行网景区点评(Top10)

	风　景	住　宿	餐　饮	娱　乐	购　物	交　通	综合评价
上海	4.7	4.8	4.8	4.8	4.5	4.8	4.7
成都	4.6	4.5	4.7	4.6	4.5	4.5	4.6
北京	4.7	4.7	4.6	4.5	4.4	4.7	4.5
杭州	4.6	4.2	4.2	4.0	4.0	4.2	4.2
西安	4.6	4.1	4.4	4.0	4.1	3.9	4.1
南京	4.5	4.1	4.5	4.1	3.7	3.8	4.1
青岛	4.3	4.1	3.8	3.9	4.1	3.9	4.0
三亚	4.5	3.8	4.5	3.5	3.8	3.8	4.0
厦门	4.4	4.0	4.2	3.5	3.9	3.6	4.0
广州	4.1	4.3	3.7	4.2	4.0	3.9	4.0

资料来源:携程旅行网,2017。

(2)美感质量评价法

美感质量评价是一种专业性的旅游资源美学价值的评价,对自然风景视觉质量评价较为成熟,通常是在对游客或专家体验深入分析的基础上,建立规范化的评价模型。评价的结果多为具有可比性的定性尺度或数量指标,目前已发展出 4 个公认的学派,即专家学派、心理物理学派、认知学派和经验学派。

专家学派是以受过专业训练的观察者或者专家为主体,以艺术、设计、生态学以及资源管理为理论基础对景观进行评价。强调形体、线条、色彩和质地 4 个基本元素在决定风景质量时的重要性,以"丰富性""奇特性"等作为风景质量评价的指标。目前,美国及加拿大等国的土地管理部门、林务部门及交通部门多采用专家评价方法进行风景评价。

心理物理学派主要研究如何建立环境刺激与人类的反应之间的关系。把"风景—审美"

的关系看作“刺激—反应”的关系，主张以群体的普遍审美趣味作为衡量风景质量的标准，通过心理物理学方法制定反映“风景—美景度”关系的量表，然后将这一量表同风景要素之间建立定量化的关系模型——风景质量估测模型。这种方法在小范围森林风景的评价研究中应用较广。

认知学派把风景作为人的生存空间，主张以进化论思想为依据，从人的生存需要和功能需要出发来评价风景。强调风景在人的认识及情感反应上的意义，试图用人的进化过程和功能需要去解释人对风景的审美过程。

经验学派把人的主观作用提到了绝对高度，用历史的观点，以人及其活动为主体来分析景观的价值及其产生背景，而对客观景观本身并不注重，把人对风景审美的评判看作是人的个性及其文化、历史背景、志向与情趣的表现。

通过对以上 4 个学派观点的总结分析，可以看出各学派在思想、方法各方面是相互补充的，而不是相互对立的(表 3.5)。

表 3.5　专家学派、心理物理学派、认知学派和经验学派的对比

比较点	专家学派	心理物理学派	认知学派	经验学派
客观————————————————主观				
对风景价值的认识	在于其形式美或生态学意义	是在主客双方共同作用下形成的	在于对人的生存、进化的意义	在于对人(个体、群体)的历史、背景的反映
被动————————————————主动				
人的地位	风景作为独立于人的客体而存在，人只是风景的欣赏者	把人的普遍审美观作为风景价值衡量标准	从人的生存、需要出发，解释风景	强调人(个体、群体)对风景的作用
分解————————————————整体				
对客观风景的把握	从“基本元素”(线、形、色、质)分析	从“风景成分”(植被、山体等)分析	用“维量”(复杂性、神秘性等)把握风景	把风景作为人或团体的一部分，整体把握

资料来源：俞孔坚，1987。

(3)“三三六”评价体系

“三三六”评价体系是由北京师范大学的卢云亭先生提出的，可以概括为“三大价值”“三大效益”“六大条件”。

“三大价值”是指旅游资源的历史文化价值、艺术观赏价值和科学考察价值。历史文化价值属于人文旅游资源范畴，评价这类旅游资源要看它的类型、年代、规模和保存现状及其在历史上的地位。艺术观赏价值主要指客体景象艺术特征、地位和意义，景象中具有奇、绝、古、名等某一特征或数种特征并存的，其景象艺术水平就高，这些奇、绝、名、胜都是对风景旅游资源艺术景象的高度评价。科学考察价值是指景物的某种研究功能，我国有许多旅游资源具有较高的科学考察价值，获得了中外科学界的赞誉。

“三大效益”是指经济效益、社会效益和环境效益。经济效益主要包括风景资源利用后可能带来的经济收入。社会效益是指对人类智力开发、知识储备、思想教育等方面的功能。环境效益是指风景资源的开发,是否会对环境、资源造成破坏。

“六大条件”是指旅游资源分布区的地理位置和交通条件、景物或景类的地域组合条件、景区旅游容量条件、施工难易条件、投资能力条件、旅游客源市场条件。旅游资源的开发,必须建立在一定可行性条件的基础上。

(4)旅游资源单体综合性评价(国家标准)

2003 年颁布的《旅游资源分类、调查与评价》(GB/T 18972—2003)中将旅游资源评价体系分为“评价项目”和“评价因子”两个档次(表 3.6),依据“旅游资源共有因子综合评价系统”赋分,采用打分评价的方法对旅游资源单体进行评价,得出该单体旅游资源共有综合因子评价赋分值。依据旅游资源单体评价的总分值,将旅游资源划分为五级,从高到低分别为:五级旅游资源,得分值域≥90 分;四级旅游资源,得分值域≥75 ~ 89 分;三级旅游资源,得分值域≥60 ~ 74 分;二级旅游资源,得分值域≥45 ~ 59 分;一级旅游资源,得分值域≥30 ~ 44 分。此外,还有未获等级旅游资源,得分≤29 分。其中,将五级旅游资源称为“特品级旅游资源”,五级、四级、三级旅游资源被通称为“优良级旅游资源”,二级、一级旅游资源被通称为“普通级旅游资源”。

表 3.6　旅游资源单体评价(示例:广西黄冕林场洛清江森林公园)

资源单体	资源要素价值(85 分)					资源影响力(15 分)		附加值	得分	资源等级
	观赏游憩使用价值(30 分)	历史文化科学艺术价值(25 分)	珍稀奇特程度(15 分)	规模、丰度与概率(10 分)	完整性(5 分)	知名度和影响力(10 分)	适游期或适用范围(5 分)	环境保护与环境安全		
险山奇观	28	19	11	6	4	6	5	0	79	四级
天鹅抱蛋	18	15	9	6	4	5	5	0	62	三级
潇湘吹笛	16	17	8	7	4	5	5	0	62	三级
雄鹰展翅	20	19	11	6	4	5	5	0	70	三级
飞来石	13	12	5	5	5	4	5	0	49	二级
盼夫石	17	14	6	5	4	5	5	0	56	二级
穿山	13	12	7	6	5	4	5	0	52	二级
幽鸣谷	23	17	7	7	4	6	4	0	68	三级
桃源洞	22	14	7	7	3	4	3	0	60	三级

资料来源:王涛,2016。

2)定量评价法

(1)技术性单因子定量评价

技术性单因子定量评价是指对旅游资源各要素适宜于游客从事特定旅游活动程度的评估,主要特点是大量技术性指标的运用。一般限定于自然旅游资源评价,对于开展专项旅游,如登山、滑雪、海水浴等尤为适用。

①地形适应性评价。作为关键的旅游资源因子,地形对风景观赏有一定的影响。一方面,崎岖、陡峭的地形给游客空间移动带来的了困难(通常能借助人工设施解决);另一方面,地形的这种特性本身又能提高风景的美感质量。此外,地形要素通常对于运动型旅游活动至关重要。各种参与性旅游活动对地形的倾斜程度都有严格的要求,如滑雪要求的坡度必须在35°以下,但滑雪区缓坡所占面积太大,又会影响滑雪者的体验水准,难以吸引大量滑雪者。各种旅游活动特别是参与性旅游活动对于地形的要求,成为评估地形适宜性的重要衡量标准。

②气候适应性评价。气候对所有户外旅游活动都有影响,对从事观赏性旅游活动的影响主要在于游客的体感舒适程度,而对于从事运动型旅游活动的影响主要在于游客的活动质量。特吉旺(W. H. Teriung,1966)在对美国大陆生理气候的评估中,选用气温、相对湿度与风速3项指标,用气温和相对湿度的不同组合来表示舒适程度的不同状况,用气温和风速的不同组合来表示风效的状况,通过获得的舒适指数和风效指数对气候的适宜性进行生理评价。

其中,舒适指数是指人们对周围空气环境感觉舒服的程度,根据大多数人的感受,特吉旺把温度和湿度的不同组合分为11类,舒适指数为 -1 ~ +1 的日期为适宜旅游的季节,其中“0”区持续的日期为最佳旅游季节(表3.7)。

表3.7　舒适指数分级表 CI

代　号	大多数人的感觉	代　号	大多数人的感觉
-6	极冷	0	舒适
-5	非常冷	+1	暖
-4	很冷	+2	热
-3	冷	+3	闷热
-2	稍冷	+4	极热
-1	凉		

风效指数是指人们的裸露皮肤在气温和风速的不同组合作用下感觉冷暖的程度,根据大多数人的感觉,特吉旺把温度和风速的组合分为12类,风效指数为“ -a”的暖风期和“ -c”的凉风期为适宜旅游的季节,而风效指数“ -b”的舒适风期为最佳旅游季节(表3.8)。

表 3.8　风效指数分级表

符号	kcal/(m^2·h)	大多数人的感觉	符号	kcal/(m^2·h)	大多数人的感觉
-h	≤-1 400	外露皮肤冻伤	-b	-300～-200	舒适风
-g	-1 400～-1 200	极冷风	-a	-200～-50	暖风
-f	-1 200～-1 000	很冷风	n	-50～+80	不明显风
-e	-1 000～-800	冷风	a	+80～+160①	热风
-d	-800～-600	稍冷风	b	+80～+160②	不舒适热风
-c	-600～-300	凉风	c	≥+160③	非常不舒适热风

注:①气温 30～32.7 ℃;②气温≥32.8 ℃;③气温>35.6 ℃。

国内学者刘继韩(1989)利用特吉旺提出的舒适指数和风效指数对秦皇岛、大连和烟台的各月舒适指数和风效指数进行了比较。就舒适指数来看,3 个城市的 5—9 月都是旅游的好时节,7 月大连的避暑效果最好,秦皇岛 7 月比较闷热,烟台 7 月和 8 月比较闷热。就风效指数比较,3 个城市差异不大,秦皇岛 7 月比烟台舒适。

③海滩及海水浴场评价。1970 年乔格拉斯(Georgulas)在研究海滩旅游地的一般特征时,提出了一级浴用海滩的评价标准。对用于消极活动(阳光浴等)的海滩,要求如下:海滩沙质细洁,至少长 300 英尺,宽 50 英尺,沙滩在全年中应有 80% 以上的时间免于暴晒;后腹地有遮掩、树木,而且环境优雅,无人工废物和自然灾害物,坡度小于 15°,易于通达,具有开发潜力。对用于积极活动(游泳等)的海滩,要求如下:水底没有或很少有淤泥,水质无色无味,大肠菌群数含量小于 50 个/1 000 mL,无生物垃圾,涨潮时水深 8 英尺,海底无珊瑚和尖石,无危险激流,与水域邻接之海滩坡度不大于 8 度;海滩性质同上,但要求更长更宽;一年中应有 9 个月的时间适于游泳。

日本东急设计咨询公司在为我国台湾南部"垦丁风景特定区"制定旅游开发规划中,曾提出了海水浴场评价的技术指标(表 3.9)。

表 3.9　海水浴场评价标准(日本)

序号	资源项目	符合要求的条件	附　注
1	海滨宽度	30 m～60 m	实际总利用宽度为 50 m～100 m
2	海底倾斜	1/60～1/10	倾斜度越低越好
3	海滩倾斜	1/50～1/10	倾斜度越低越好
4	流速	游泳队流速要求在 0.2 m/s～0.3 m/s;极限流速 0.5 m/s	无离岸流之类局部性岸流
5	坡高	0.6 m 以下	符合游泳要求的坡高为 0.3 m 以下
6	水温	23 ℃以上	不超过 30 ℃,但越接近 30 ℃越好
7	气温	23 ℃以上	—

续表

序号	资源项目	符合要求的条件	附　注
8	风速	5 m/s 以下	—
9	水质	透明度 0.3 m 以上,COD 2 mL/L 以下,大肠菌数 1 000 MPN/100 mL 以下,油膜肉眼难以辨明	—
10	地质粒径	没有泥和岩石	—
11	有害生物	不能辨认程度	—
12	藻类	在游泳区域内不接触身体	—
13	危险物	无	—
14	浮游物	无	—

资料来源:保继刚,1993。

(2)综合多因子定量评价

综合多因子定量评价是在考虑多因子的基础上运用一些数学方法,通过建模分析,对旅游资源进行综合评价。这类评价方法也非常多,如综合价值评价模型、模糊数学评价法、层次分析法、美学评分法、观赏性旅游地评价模型、价值工程法、指数表示法。这里选择性地介绍几种常用的综合性多因子定量评价法。

①菲什拜因—罗森伯格模型。对旅游地的综合性分析,有一个潜在的认定,即游客出游的行为同旅游地的综合性评估之间呈现为确定的正比例相关。换言之,旅游地的综合性评估值越高,则游客到这一旅游地来旅游的愿望(对潜在的旅游地)和行为(对已开发的旅游地)越强烈。游客的消费决策和行为规律是旅游地综合性评估的理论基础,旅游地综合性评估模型是基于消费者决策模型:菲什拜因—罗森伯格模型。

$$E = \sum_{i=1}^{n} Q_i P_i$$

其中,E 为旅游地综合性评估结果值;Q_i 为第 i 个评价因子的权重;P_i 为第 i 个评价因子的评价值;n 为评价因子的数目。

在求取各评价因子的评估值时,同样可以采用与此形式相同的模型。一般情况下,对应于旅游地综合性评估值还有一个定名量表,即可将定量的结果转化为确定的定性结论,以便于决策者使用评估结果。就旅游地综合性评估模型和菲什拜因—罗森伯格模型比较,可以看出,两个模型的形式是完全一致的,旅游地综合性评估模型的结构也只是菲什拜因—罗森伯格模型的变种。到目前为止,世界上许多国家在对旅游地进行综合性评估时,大都是使用这一模型。

②指数评价法。旅游资源的指数评价法主要分为 3 步。

A. 调查分析旅游资源的开发利用现状、吸引力及外部区域环境，要求有准确的定量统计资料。

B. 调查分析旅游需求，主要内容有游客数量、游客构成、逗留时间、旅游花费趋向、需求结构及节律性等。

C. 拟订总体评价公式，建立表达旅游资源特质、旅游需求与旅游资源之间关系的若干量化模型。公式为：

$$E = \sum_{i=1}^{n} F_i M_i V_i$$

其中，E 为旅游资源评价指数；F_i 为第 i 项旅游资源在全部旅游资源中的权重；M_i 为第 i 项旅游资源的特质与规模指数；V_i 为游客对第 i 项旅游资源的需求指数；n 为旅游资源总项数。

③层次分析法（简称 AHP）。层次分析法最早是由美国运筹学家托马斯・塞蒂（A. L. Saaty）提出的，在国内应用这一研究方法的领域很广泛。其将复杂的问题分解成若干层次，在比原问题简单得多的层次上逐步分析，将人的主观判断用数量形式表达出来。主要步骤如下：

A. 将旅游资源的评价进行层次划分，划分出大类、类和层次，构成旅游资源评价模型树。

B. 给出评价因子的大类、类、层的权重，对决策树中各层次分别建立反映其影响关系的判断矩阵，确定评价因子排序的权重及位次。

C. 根据权重排序，以 100 分为总分，按权重赋予各个因素分值，得到旅游资源定量评价参数表。

D. 根据各评价因子的权重，确定基本评价因子的指标。

E. 可以应用调查结果和评价指数确定旅游资源的旅游容量、密度、需求规律和开发顺序。

如楚义芳建立的中国观赏型旅游地评价模型共分为 3 个部分：旅游资源评价、旅游地区域条件评价和旅游地区位特性评价。相应的评价因子模型见表 3.10。评价的数量模型采用菲什拜因—罗森伯格的旅游地综合性评估模型，评价因子的权重来源于用层次分析法处理专家咨询的结果。运用此模型时，只要取得评价因子权重和评估的方法适当，其结果往往具有很高的应用价值。

④模糊数学法。这是运用模糊数学理论和方法构筑旅游决策模型，并会提出的旅游区开发价值综合评价的指标。一般可以将评价对象抽象为 m 个评估指标，以得到一个有限论域 U，通过初步评价工作，可以得到模糊关系矩阵 R，经过模糊变换，则可以得到评语集合 V 上的特定综合评价子集 Y。

表 3.10　旅游资源评价因子体系框架

评价因子层次	大类(F)	类(S)	层(T)
旅游资源评价 E	旅游资源价值 F_1	质量 S_1	地形与地质 T_1
			水体 T_2
			气候 T_3
			动物 T_4
			植物 T_5
			文化古迹 T_6
			民情风俗 T_7
		规模 S_2	景点集中程度 T_8
			景区容纳量 T_9
	旅游资源的区域特性 F_2	自然生态 S_3	
		用地条件 S_4	
		城镇分布 S_5	
		基础设施 S_6	
		旅游设施 S_7	
	旅游资源的区位特性 F_3	可及性 S_8	连接客源地的交通条件 T_{10}
			与客源地间的距离 T_{11}
		与其他旅游地的关系 S_9	与附近旅游地类型的异同 T_{12}
			与附近旅游地间的距离 T_{13}

资料来源:保继刚、楚义芳,1991,有修改。

如国内学者罗成德以地表岩石、构造、侵蚀速度、地貌组合、旅游环境、知名度、愉悦感或奇异感 7 项因子对旅游地貌资源进行打分,对峨眉山、张家界等 10 个景区(点)进行评价。其步骤如下:建立聚类因子模糊评分标准,根据旅游地貌资源方程,对 7 个自变量因子赋分;对各景区(点)分指标定分,对于峨眉山、张家界等 10 个景区(点)按 7 个指标分等定分;建立模糊相似矩阵;计算模糊等价关系矩阵;模糊聚类,对 R^* 取不同置信水平 λ 进行聚类,结果得到一个聚类矩阵 R^{**},根据 λ 不同的取值范围,即可将旅游景区(点)的旅游地貌资源综合评价为若干等级,即Ⅰ等包括峨眉山、张家界、路南石林、凌云山 4 个景区($0.9 \leqslant \lambda < 1$);Ⅱ等包括西昌土林、青城山 2 个景区($0.8 \leqslant \lambda < 0.9$);Ⅲ等包括弥勒白龙洞、沙湾石林、白云峡 3 个景区($0.7 \leqslant \lambda < 0.8$);Ⅳ等($\lambda < 0.7$),风洲岛 1 个景区($0.7 \leqslant \lambda < 0.8$)。

其他常见的综合多因子定量评价方法还有主成分分析法(简称 PCA)和综合价值法。

主成分分析法作为一种多变量数学分析方法,能将众多具有错综复杂关系的指标归结为少数几个综合指标(主成分),每个主成分都是原来多个指标的线性组合。通过适当调整线性函数的系数,既可使各主成分相对独立,舍去重叠的信息,又能将各原始指标所包含的不十分明显的差异集中地表现出来，使研究对象在主成分上的差异反应明显，便于作出比较直观的分析判断。主成分分析法既吸收了传统专家打分法的优点，又能消除各指标的重复信息，在旅游资源实体等级评价中是一大进步。储德平等(2002)以国家级重点风景名胜区泰宁大金湖旅游区为例，选取26个旅游资源实体，以9个评价指标，采用主成分评价方法对其进行分析，将其划分为4个等级，最后据此提出相应的开发与利用对策。

综合价值法，罗琼(2002)运用该法对重庆巴南区旅游资源进行了评价，强调应针对旅游开发的目的，就旅游资源的品质属性、资源外的区域环境气氛和资源的开发条件3个方面内容，按照一定的标准，选取要素种类、优美度、特殊度、规模度、历史文化价值、景象组合、环境容量、绿化覆盖率、安全稳定性、舒适性、卫生健康标准、市场区位、产业经济基础、可进入交通条件、距基地距离、基础设施条件、景点离散程度作为相关因子，来评比和鉴定区域旅游资源，确定其综合价值的大小。

3.3 旅游资源经济价值评估

旅游资源经济价值是旅游资源内在旅游价值的货币化表现。国外对旅游资源经济价值评估的研究起源于20世纪80年代中期，我国对旅游资源经济价值的研究开始于20世纪90年代，主要是在森林游憩价值方面的应用。随着旅游资源开发过程中出现的经营权转让现象的出现，我国学者对旅游资源经济价值评估问题的研究对象已经不再局限于森林旅游资源，研究范围也从实际操作层面转向对其理论的思考。旅游资源经济价值评估的理论和方法主要来源于环境学、经济学、社会学、心理学、行为学等学科，与环境影响评价理论(EIA)有着直接的关系。

3.3.1 旅游资源经济价值评估的意义

旅游资源经济价值评估无论是在旅游资源开发和管理方面，还是在旅游资源保护方面都具有重要的意义。

1)有利于明确旅游资源的价值构成

通过旅游资源经济价值的评估，有利于旅游开发规划者、经营管理者、各级政府及当地居民明确旅游资源价值的大小及相对重要性，保障各利益群体在分配中的公平与公正。

2)有利于制定合理的景区门票价格

通过对已开发景区旅游资源经济价值的评价，可以建立旅游资源的质量等级与价值数据库。在开发新的旅游资源时，可对照数据库，找出与新开发景区旅游资源质量等级的相同或近似的旅游资源的价值，将其纳入开发的投资—收益系统，为制定合理的门票价格提供依据。

3) 有利于建立我国的旅游卫星账户

目前,我国对旅游业的测度所提供的数据无法对旅游活动予以系统描述,更无法将旅游活动放在国民经济整体框架中做综合分析,无法全面理解旅游业对总体经济的多重意义。旅游资源经济价值的评估,可以为我国建立旅游卫星账户提供借鉴。

4) 有利于景区旅游资源的开发和保护

由于旅游资源和环境的消耗往往未被纳入旅游开发成本,导致私人开发成本大大低于社会成本,产生外部不经济性。要实现旅游业的可持续发展,必须使旅游资源走市场化道路,依靠市场机制的作用来优化资源配置。协调旅游资源开发与保护之间的矛盾,把旅游资源和游憩环境的消耗纳入旅游开发成本—收益系统中,实现环境成本的内在化。

3.3.2　旅游资源经济价值构成

从某种意义上说,很多旅游资源具有不可替代性,也就是说其"总价值"是无限的。因此,分析旅游资源"值多少钱"是没有意义的,但分析旅游资源的自然资产和生态系统服务在数量和质量上的变化对人类福利的影响是有意义的。旅游资源自然资产和生态系统服务能够增加以货币计量的人类福利,具体包括可以商品化的价值,主要是自然资产,如土地资产、森林资产等价值,也包括非商品化或难以商品化的价值,主要是生态系统服务功能形成的资产,如水体净化、水土保持、生物多样性保护、空气质量的维持、美学及文化效益等。为了区别于传统的忽视旅游资源环境价值的理论和方法,有必要对旅游资源的总经济价值进行界定(图 3.2)。

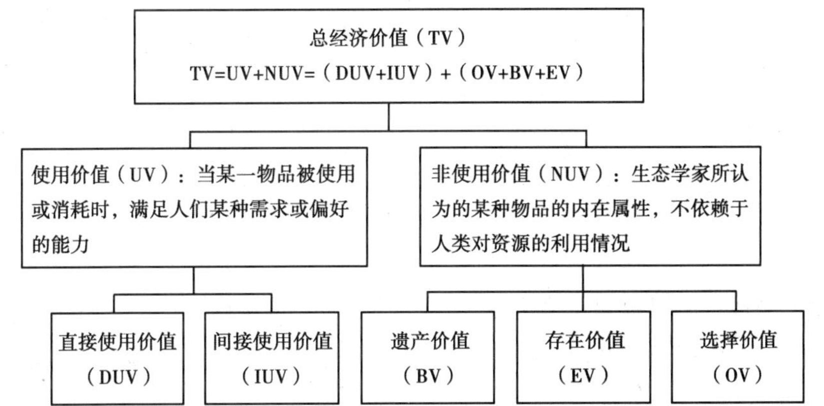

图 3.2　旅游资源总经济价值的构成

3.3.3　旅游资源经济价值评估方法

目前,旅游资源经济价值评估方法主要有两类:一是替代市场技术评价法,它利用与所要评价的资源功能或特点相近的现有商品市场价格(如果市场价格不能准确反映产品或服务的稀缺特征,则要通过影子价格进行调整),赋予资源被利用所带来的效益,具体有费用支付法、旅行费用法、机会成本法、市场价值法、享乐定价法等，主要适合无市场交换但有市场价格部分的评价；二是模拟市场技术评价法，它以游客的支付意愿或接受赔偿意愿来表达旅游资源的货币价值，目前主要是条件价值法。

1）费用支付法（简称 EM）

费用支付法形成于 20 世纪初，自 20 世纪 50 年代后广泛应用于森林旅游资源的评估。它是以效用价值论为基础，从消费者角度出发，以游客为旅游而实际支出的有关费用的总和作为风景资源的旅游经济价值。旅游有关费用包括交通费、食宿费、门票费、摄影费、购物费、时间成本等。

该方法根据不同的计算方式又分为 3 种形式：毛费用法、区内费用法和游憩费用法。毛费用法以旅游过程的全部费用与时间成本费用的总和作为旅游资源的经济价值；区内费用法是以游客在旅游区内游览、食宿、摄影、购物等方面支出的费用作为旅游资源的经济价值；游憩费用法仅以游客因游憩而支出的费用如交通费、住宿费、门票费等作为旅游资源的经济价值。

费用支出法适用于开发比较成熟的旅游资源经济价值的评估，其缺点主要是所得结果是旅游资源的现实经济价值，而消费者剩余价值未能体现出来，同时对未开发的旅游资源经济价值无法测定和评估。

2）旅行费用法（简称 TCM）

旅行费用法由美国学者克劳森（Clawson）于 1959 年创立，1964 年 J. I. 肯奇（J. I. Kentsch）对其进行了修改和完善，到 20 世纪 80 年代后才得到广泛的应用。其作为间接性经济价值评估方法，以消费者剩余理论为基础，通过对游客实际的旅行支出的调查建立旅游需求函数，从中估计旅游资源的价值。具体步骤如下：

（1）在评价区域对游客进行抽样调查

主要调查游客的来源、旅行花费和影响人们出游的有关的社会经济特征，如收入、年龄、受教育水平、连接游憩地的交通条件。

（2）定义和划分游客的出发地区

理论上是将以游憩地为中心、一定距离为半径的客源地划分为同一个出发区，同一出发区的游客的旅行费用相同，不同出发区的游客的旅行费用不同。

（3）确定每一出发地区到该景区的旅游人次，计算旅游率 Q_i

Q_i 代表旅游率，可以用每 1 000 个 i 地区的居民中到该景区每年旅游的人次表示。即 $Q_i = 1\,000V_i/POP_i$，V_i 为根据抽样结果推算出的 i 地区到该景区的年旅游人次；POP_i 为 i 地区年末总人口数。

（4）旅行费用估算，统计回归找出旅游率与相关因素的关系

根据抽样调查得出的数据，对不同区域的旅游率和旅游费用以及各种社会经济变量进行回归，求得旅游率与收入、人口、旅游费用等的关系。

$$Q_i = f(TC_i, X_i) \tag{3.1}$$

$$Q_i = a_0 + a_1 + TC_i + a_2 X_i \tag{3.2}$$

其中，TC_i 代表从 i 区域到旅游区的旅游费用，主要包括：游客从 i 区域至旅游区的交通费用、游客在整个旅程中的食宿费用、门票和景区的其他服务收费以及花在旅途中和景点的时间价值等费用；$X_i = (X_1, X_2, \cdots, X_n)$，代表 i 区域游客的收入、人口、受教育水平等一系列社会经济变量；a_0, a_1, a_2 为待估值的系数。

$$TC_i = \beta_{0i} + \beta_{1i} Q_i \tag{3.3}$$

其中，$\beta_{0i} = \dfrac{a_0 + a_2 X_i}{a_1}, \beta_{1i} = \dfrac{1}{a_1 POP_i}, i = 1, 2, \cdots, n$

通过式(3.3)可求得第一阶段的需求曲线即旅游费用对旅游率的影响。

(5)绘制出第二阶段的需求曲线

利用第一阶段的需求曲线，同时利用不同区域中的游客的实际数据，根据这个数据如何随着旅游费用的增加而发生的变化情况，可以绘制一条实际的需求曲线(第二阶段的需求曲线)。通过提高旅游费用，来确定边际旅游成本增加对不同区域内旅游人数的影响，把每个区域内的旅游人数相加，就可以确定相对于每一单位旅游成本的变化对总旅游人次的影响，然后绘制出第二阶段的需求曲线。

(6)计算消费者剩余

利用第二阶段的需求函数，对其进行积分，可以求出游客的消费者剩余，利用式(3.4)可以求出该景区总的消费者剩余。

$$V_p = \int_0^{P_m} Y(x)\,\mathrm{d}x \tag{3.4}$$

其中，V_p 为全体游客的消费者剩余；P_m 为增加旅行费用最大值；$Y(x)$ 为旅游人次与增加费用的函数关系式。

(7)计算景区的旅游总价值

将实际费用与消费者剩余加总，得出景区的旅游总价值：

$$\mathrm{TTV} = V_p + \sum_{i=0}^{n} TC_i V_i + V_t + V_0 \tag{3.5}$$

其中，TTV 为评价景区的旅游总价值；V_p 为全体游客的消费者剩余；TC_i 为 i 地区到评价景区的费用；V_i 为 i 地区到评价景区的年旅游人次；V_t 为全体游客的总旅游时间价值；V_0 为全体游客的其他费用。

旅行费用法适用于客源市场较广、游客旅行费用差别较大、开发成熟的旅游资源经济价值的评估。其最大贡献是对消费者剩余的创造性应用，在评估时考虑了潜在旅游经济价值；其缺点是无法对未开发的旅游资源经济价值进行测算。

3)条件评价法(简称 CVM)

条件评价法最初是由西里爱希·沃恩特鲁普(Ciriacy Wantrup)于 1947 年提出的，首次将其应用于实践是 1963 年戴维斯(Davis)研究缅因州林地宿营、狩猎的娱乐价值时，通过调查捕鹅者对捕鹅的收益进行价值评估,以后在许多国家很多领域得到比较成功的应用。

条件评价法作为直接性经济价值评估法,从主观满意度出发,利用效用最大化原理,让被调查者在假想的市场环境中回答对某物品的最大支付意愿(WTP),或者是最小接受补偿意愿(WTA),采用一定数学方法评估其价值。旅游资源经济价值为平均意愿支付量与游客数的乘积。具体步骤如下:

(1)支付意愿的测算

条件评价法的调查目标是询问被调查者对获得一次旅游经历,并愿意为此景观的存在和子孙后代的持续利用支付多少金钱。国外常用连续型条件价值评估和离散型条件价值评估两大类方法。连续型条件价值评估抽样调查的提问格式可选择反复投标博弈、开放式提问和支付卡3类。反复投标博弈即调查者不断提高和降低价格水平,在两者间进行取舍,直到得出被调查者的最大支付意愿为止;开放式提问由调查者随意说出自己的最大支付意愿;支付卡格式要求被调查者从一系列给定的数据中选择他们的最大支付意愿。离散型条件价值评估抽样调查采用的是封闭式提问。

通过问卷调查资料对支付意愿进行计算:

$$\overline{\mathrm{WTP}} = \frac{\sum_{i=1}^{n} \mathrm{WTP}_i}{n} \tag{3.6}$$

其中,$\overline{\mathrm{WTP}}$为游客的平均支付意愿;WTP_i 为任意一个游客的支付意愿;i 为参加抽样调查的游客数。

(2)游客量的预测模型的建立

利用旅游区的历年游客数量资料及旅游环境容量,选用不同的数学模型来预测当年的游客量 Q。

(3)旅游区经济价值的测算

旅游区的当年经济价值与游客的平均支付意愿成正比,也应与景区的年游客量成正比,可以用数学式表达:

$$A = \overline{\mathrm{WTP}} \cdot Q \tag{3.7}$$

其中,A 为旅游区当年经济价值;$\overline{\mathrm{WTP}}$为游客的平均支付意愿;Q 为旅游区当年游客量。

该方法根据不同的调查方式又可分为4类:

①报价法:先假设“环境商品”存在并给出其一定的供给水平,再要求消费者回答获得该“公共商品”的 WTP。

②取舍实验法:把被调查者分为几个子样本,向每一个样本提出同样的问题,但开价不同,然后要求消费者对开价作出取舍。

③交易法:给消费者两种不同的选择,一种是一定数量的钱,另一种是一种“环境商品”,然后要求消费者作出取舍。

④德尔菲法:一般公众对“环境商品”知之甚少,因此得出支付意愿的误差大,德尔菲法克服了这种缺陷,它把调查的范围限制在有一定环境知识的专家内。

条件评价法的关键在于设计问题的针对性、科学性以及回答问题的真实性。其优点是可运用于所有类型旅游资源经济价值的评估，缺点是易导致评估结果偏差较大。因此，在运用这种方法评估时，旅游客源市场范围越小，评价效果越好。同时，采用该方法时还要考虑实际旅游容量问题，如果调查得出的客源市场规模大于同期该旅游地的最大容量，则在评估时应采用旅游地的实际容量进行计算，否则会夸大旅游资源的经济价值。

复习思考题

1. 旅游资源调查应遵循哪些原则？
2. 旅游资源调查的内容有哪些？
3. 简述旅游资源调查程序。
4. 简述旅游资源调查报告。
5. 旅游资源评价内容包括哪些？

第 4 章
旅游资源开发理论基础

【学习导引】

旅游资源的开发是一项系统工程,是一种综合性开发,是经济技术行为。科学合理的开发,能使旅游资源持久永续利用,实现经济效益、社会效益和生态效益的协调发展,这需要借鉴、学习许多学科和领域已经形成的理论与方法。旅游资源的开发要求具有科学性、可行性、前瞻性的开发理论和方法的指导。本章首先介绍了 6 种旅游资源开发理论的主要内容和实践应用,重点阐述了旅游资源的开发模式以及旅游资源的开发方法。

【教学目标】

1. 领会旅游资源开发理论。
2. 熟悉和掌握旅游资源开发模式。
3. 了解旅游资源开发方法和程序。

【学习重点】

旅游资源开发理论　旅游资源开发模式　旅游资源开发方法

旅游资源开发有狭义的概念和广义的概念。狭义的旅游资源开发是指单纯的旅游资源利用。广义的旅游资源开发是指以发展旅游业为目的,以市场需求为导向,以旅游资源为核心,以发挥、改善和提高旅游资源对游客吸引力为着力点,在旅游资源调查与评价的基础上,有组织、有计划地对旅游资源加以利用的综合性工程。旅游资源的开发要求具有科学性、可行性及前瞻性的开发理论和方法的指导。

4.1　旅游资源开发理论

4.1.1　区位理论

1) 主要内容

“区位”一词来源于德语“Standort”，英文于 1886 年被译为“Location”，即位置、场所之意，我国译成“区位”，日本译成“立地”，有些意译为位置或布局。某事物的区位包括两层含义：“一方面指该事物的位置；另一方面指该事物与其他事物空间的联系。”

区位活动是人类活动的最基本行为，是人们生活、工作最初步和最低的要求。可以说，人类在地理空间上的每一个行为都可以视为一次区位选择活动。如农业生产中农作物种的选择与农业用地的选择，工厂的区位选择，公路、铁路、航道等路线的选线与规划，城市功能区的设置与划分，城市绿化位置的规划以及绿化树种的选择，国家各项设施的选址等。

区位理论是关注经济活动地理区位的理论。该理论假设行为主体为自身的利益而活动，解决的是经济活动的地理方位及其形成原因的问题。如果用地图来表示的话，它不仅需要在地图上描绘出各种经济活动主体（如农场、工厂、交通线、旅游点、商业中心等）与其他客体（自然环境条件和社会经济条件等）的位置，而且必须进行充分的解释与说明，探讨其形成条件与技术合理性。实用性和应用的广泛性使区位理论成为人文地理学基本理论的重要组成部分。

自冯·杜能（Johann Heinrich von Thünen）创立农业区位理论以来，区位理论迅速发展，经历了古典区位理论、近代区位理论和现代区位理论三大发展阶段。如今它的研究和应用范围遍及农业、工业、商业、贸易、城市和交通等领域。其代表理论有冯·杜能的农业区位理论、阿尔弗雷德·韦伯（Alfred Weber）的工业区位理论、瓦尔特·克里斯塔勒（Walter Christaller）的中心地理论及奥古斯特·谬什（August Losch）的市场区位理论。

（1）冯·杜能的农业区位理论

德国经济学家冯·杜能最早注意到区位对运输费用的影响。他于 1826 年完成了农业区位理论专著《孤立国对农业和国民经济之关系》，这是世界上第一部关于区位理论的著作。他在书中指出在中心城市周围，在自然、交通、技术条件相同的情况下，不同地方对中心城市距离远近所带来的运费差，决定不同地方农产品纯收益的大小。按这种方式，形成以城市为中心，由内向外呈同心圆状的 6 个农业地带：第一圈称自由农业地带，生产易腐的蔬菜及鲜奶等食品；第二圈为林业带，为城市提供烧柴及木料；第三圈至第五圈都是以生产谷物为主，但集约化程度逐渐降低的农耕带；第六圈为粗放畜牧业带，最外侧为未耕的荒野。

冯·杜能的农业区位理论不仅阐明了市场距离对于农业生产集约程度和土地利用类型的影响，更重要的是首次确立了土地利用方式的区位存在着客观规律性。

(2)阿尔弗雷德·韦伯的工业区位理论

工业区位理论的奠基人是德国经济学家阿尔弗雷德·韦伯。他在1909年发表的《工业区位理论:区位的纯粹理论》中提出了工业区位理论的基本思想,又在1914年发表《工业区位理论:区位的一般理论及资本主义的理论》中对工业区位问题和资本主义国家人口集聚进行了综合分析。至今,工业区位理论仍是区域科学和工业布局的基本理论。

该理论的中心思想就是找出工业产品的生产成本最低点,作为配置工业企业的理想区位,即区位因子决定生产场所。将区位因子分成适用于所有工业部门的一般区位因子和只适用于某些特定工业的特殊区位因子,并确定了3个一般区位因子:运费、劳动费、集聚和分散。他将区位因子对生产场所起作用的过程分为3个阶段:第一阶段,假定工业生产引向最有利的运费地点,就是由第一地方区位因子运费勾画出各地区基础工业的区位网络(基本格局);第二阶段,第二地方区位因子劳动费对这一网络首先产生修改作用,使工业有可能由运费最低点引向劳动费最低点;第三阶段,单一的力(凝聚力或分散力)形成的集聚或分散因子修改基本网络,有可能使工业从运费最低点趋向集中(分散)于其他地点。

(3)瓦尔特·克里斯塔勒的中心地理论

德国城市地理学家瓦尔特·克里斯塔勒受农业区位理论和工业区位理论的影响,创建了中心地理论,其基本思想是:每一点均有接受一个中心地的同等机会,一点与其他任一点的相对通达性只与距离成正比,而不管方向如何,均有一个统一的交通面。之后,瓦尔特·克里斯塔勒又引入新古典经济学的假设条件,即生产者和消费者都属于经济行为合理的人的概念。也就是说,假设生产者为谋取最大利润,寻求掌握尽可能大的市场区,致使生产者之间的间隔距离尽可能地大。消费者为尽可能减少旅行费用,都自觉地到最近的中心地购买货物或取得服务。生产者和消费者都具备完成上述行为的完整知识。经济人假设条件的补充对正六边形的中心地网络体系图形的形成是十分重要的。

瓦尔特·克里斯塔勒的中心地理论是地理学由传统的区域个性描述走向对空间规律和法则探讨的直接推动原因,是现代地理学发展的基础。

(4)奥古斯特·谬什的市场区位理论

德国经济学家奥古斯特·谬什在1940年出版的《经济空间秩序》一书中,把市场需求作为空间变量来研究区位理论,进而探讨了市场区位体系和工业企业最大利润的区位,形成了市场区位理论。市场区位理论将空间均衡的思想引入区位分析,研究了市场规模和市场需求结构对区位选择和产业配置的影响。

奥古斯特·谬什认为,每一单个企业产品销售范围,最初是以产地为圆心,最大销售距离为半径的圆形,而产品价格又是需求量的递减函数,因此单个企业的产品总销售额是需求曲线在销售圆区旋转形成的圆锥体。随着更多工厂的介入,每个企业都有自己的销售范围,由此形成了圆外空当,即圆外有很多潜在的消费者不能得到市场的供给,但是这种圆形市场仅仅是短期的,因为通过自由竞争,每个企业都想扩大自己的市场范围,所以圆与圆之间的空当被新的竞争者所占领,圆形市场被挤压,最后形成了六边形的市场网络。这种理论与瓦尔特·克里斯塔勒的中心地理论很相似。他认为,工业区位应该选择在能够获得最大利润的市场地域，一个经济个体的区位选择不仅受其他相关经济个体的影响，而且也受消费者、供给者的影响。在空间区位达到均衡时，最佳的空间范围是正六边形。

2）实践应用

旅游区位的研究起步比较晚，开始于20世纪50年代。瓦尔特·克里斯塔勒首先对旅游区进行了研究，之后众多学者也对其进行了研究和补充，使其逐渐成熟起来。区位理论对旅游资源开发的地域选择、区域定位、旅游市场竞争、旅游规划空间布局和旅游与产业布局等都有着重要的参考价值。

（1）旅游中心的界定

对特定的旅游地，可以根据一定的标准来判断其是否为该地域范围内的旅游中心地，如该旅游地提供的旅游产品或服务，被周边地区的大多数客源市场所消费，该旅游地人均旅游业的收入占人均收入的比重较周边地区大等。一般来说，旅游中心地必定拥有丰富多彩的旅游资源和得天独厚的交通条件，因为这两个条件是旅游地成为区域旅游中心的先决因素。

（2）旅游中心地的市场范围

旅游地资源的吸引力大小在很大程度上决定了旅游地的影响范围。而除了旅游资源之外，旅游产业的配套服务设施和旅游地的旅游活动容量都对旅游地的市场范围产生程度不一的影响。总的来说，旅游中心地的市场范围有上限和下限之分。所谓旅游中心地的市场范围上限，就是由旅游地的旅游资源吸引力、旅游业的社会容量、经济容量以及旅游业的生态环境容量共同决定的客源市场范围或接待游客数量，上限值不能超过上述4个变量中的最小值。而旅游中心地的市场范围下限则可以引用瓦尔特·克里斯塔勒中心地理论中的“门槛值”来进行说明：“门槛值”指的是生产一定产品或提供一定服务所必需的最小的需求量。这个概念同样适用于旅游地的研究，此时的“门槛”为旅游地提供旅游产品和服务必须达到的最低需求量。

（3）旅游中心地的等级

旅游中心地的等级划分是根据它的市场范围即吸引力进行的。所谓高级旅游中心地，就是指为较大市场范围提供旅游服务的中心吸引物。而低级的旅游中心地则是指其提供的旅游服务为较小范围内的市场所消费的中心吸引物。一般来说，高一级的旅游中心地都领属几个次一级的旅游中心地。随着旅游中心地等级层次的变化，旅游区域也呈现等级结构的变化，旅游区域内城镇体系结构影响旅游中心地等级结构。

（4）旅游中心地的均衡布局模式

高级和低级的旅游中心地具有不同的服务职能。由于不同等级旅游中心地服务的市场范围各异，产生了旅游中心地的均衡布局问题。即在一个地域范围内可能存在多个不同等级的旅游中心地，如何进行均衡布局，使得区域旅游在不同等级旅游中心地的带动下获得持续的发展，是布局模式要研究的主要内容。

在瓦尔特·克里斯塔勒的中心地理论中，谈到了在市场作用明显的地区，中心地的分布要以最有利于物资销售和服务最方便为原则，即要形成合理的市场区。在市场最优原则下，一个较高级的中心地提供的服务能力实际上应该相当于3个较低级的中心地，用公式表示就是：$K_n=3n-1$（K表示每个单元内各级中心地的数量，n表示中心地的级别高低）。国内外的许多实证研究表明，这样的一种布局模式在区域旅游市场中也是适用的。

同样，冯·杜能的农业布局的圈层理论也可在旅游规划和开发中得到体现。冯·杜能认为从城市向外延伸，不同距离的地方适宜的生产方式是不同的。他从实际研究中发现，以城市为中心，由里向外依次可分为不同的生产圈层。吴必虎在此理论的基础上提出了环城市游憩带的概念。所谓的环城市游憩带，指的是产生于大城市郊区，主要为城市居民光顾的游憩设施、场所和公共空间，特定情况下还包括位于城郊的外来游客经常光顾的各级旅游目的地，一起形成的环大都市游憩活动频发地带。这一地带的划分，形象地刻画了大城市周边区域的旅游市场布局模式，即围绕城市呈现出环状特征。同时，环城市游憩带随着距离城市的远近不同，其主要旅游功能也会出现差异。如距离城市较近的游憩带依托城市以市民休闲和康体健身为主导功能，距离城市较远的地带则依托自然生态以生态旅游、度假旅游为主要的吸引点。

4.1.2 增长极理论

1)主要内容

增长极理论最初由法国经济学家弗郎索瓦·佩鲁（Francois Perroux）提出，之后由法国经济学家布代维尔（J. B. Boudeville）、美国经济学家弗里德曼（John Frishman）、瑞典经济学家缪尔达尔（Gunnar Myrdal）、美国经济学家赫希曼（A. O. Hischman）分别在不同程度上进一步丰富和发展了这一理论。

增长极理论以区域经济发展不平衡的规律为出发点，认为在区域经济发展过程中，经济增长不会同时出现在所有地方，而总是首先在少数区位、条件优越的点上使其不断成为经济增长中心，通过发挥增长极的极化效应和扩散效应，推动整个地区经济的发展。极化效应也称回流效应，是指在增长极形成后，由于其具有优越的区位条件，吸引了周围的生产要素向增长极聚集，在生产要素不断聚集的过程中，增长极的生产力水平和生产效率得以提高，再加上资源充足，使得区域增长极得以较快的增长，并使周围的区域经济发展变得缓慢甚至停滞，竞争力下降，对该地区的经济实力综合增长构成了障碍。扩散效应则指当极化作用达到一定程度，且增长极已扩张到足够强大时，会产生向周围地区的扩散作用，将生产要素扩散到周围的区域，增长极被更替下来的产业向增长极周边地区转移。随着增长级的规模扩大和技术水平的提高，扩散效应日益增大，对一些在增长极无法从事的产业需求越来越大，加入这些产业的生产要素从增长极向周边扩散，从而促进这些产业在周边的发展。极化效应和扩散效应是同时存在的，在发展初期，极化效应是主要的。而当增长极发展到一定规模后极化效应削弱，扩散效应增强。随着进一步的发展，扩散效应逐渐占主导地位。极化和扩散机制相互作用，推动整个区域的经济发展，同时也产生地区的差距。

增长极对地区经济增长产生的作用是巨大的，主要表现在：第一，区位经济。区位经济是由于从事某项经济活动的若干企业或联系紧密的某几项经济活动集中于同一区位而产生的,其实质是通过地理位置的靠近而获得综合经济效益。第二,规模经济。规模经济是由于经济活动范围的增大而获得内部的节约。如可以提高分工程度、降低管理成本、减少分摊广告费和非生产性支出的份额,使边际成本降低,从而获得劳动生产率的提高。第三,外部经济。外部经济效果是增长和形成的重要原因,也是其重要结果。经济活动在某一区域内的集聚往往使一些厂商可以不花成本或少花成本获得某些产品和劳务,从而获得整体收益的增加。

增长极理论自提出以来,被许多国家用来解决不同的区域发展和规划问题,这是因为它具有其他区域经济理论所无法比拟的优点:第一,增长极理论对社会发展过程的描述更加真实。弗郎索瓦·佩鲁主张非对称的支配关系,认为经济一旦偏离初始均衡,就会继续沿着这个方向运动,除非有外在的反方向力量推动才会回到均衡位置。这一点非常符合地区差异存在的现实。第二,增长极概念非常重视创新和推进型企业的重要作用,鼓励技术革新,符合社会进步的动态趋势。第三,增长极概念形式简单明了,易于了解,对政策制定者很有吸引力。同时,增长极理论提出了一些便于操作的有效政策,使政策制定者容易接受。例如,弗郎索瓦·佩鲁认为现代市场充满垄断和不完善,无法自行实现对推进型企业的理性选择和环境管理问题,因此,提出政府应对某些推进型企业进行补贴和规划。

2)实践应用

近年来,增长极理论在旅游业中得到的应用主要体现在以下 3 个方面:

第一,增长极理论从理论上给旅游业优先发展提供了依据和支持,旅游业作为旅游地的经济增长点,可以通过其聚集和扩散作用,将旅游业的关联带动作用扩展到一个更为广阔的地域空间。

第二,区域旅游的发展可以遵循增长极理论的发展模式,以优先得到发展的地区来带动区域内其他地区的旅游发展,实现增长点的扩散作用,最终带来整个区域旅游的共同发展。

第三,旅游业的各个部门之间的发展具有不平衡的现象,即旅游业的吃、住、行、游、购、娱 6 大要素的发展是不平衡的,往往是某个旅游景区(点)先得到了开发并且逐渐发展起来,继而与之相关的娱乐、购物、饮食、住宿和交通等行业先后得以发展,形成完整的旅游目的地接待系统。

4.1.3　点轴开发理论

1)主要内容

点轴开发理论最早由波兰经济学家萨伦巴和马利士提出。作为增长极理论的延伸,在重视“点”(中心城镇或经济发展条件较好的区域)增长极作用的同时,还强调“点”与“点”之间的“轴”即交通干线的作用。该理论认为,随着经济的发展,经济中心逐渐增加,点与点之间,由于生产要素交换需要交通线路以及动力供应线、水源供应线等,相互连接起来,这就是轴线。这种轴线首先是为区域增长极服务的,但轴线一经形成,对人口、产业也具有吸引力,吸引人口、产业向轴线两侧集聚,并产生新的增长点。点轴贯通,就形成点轴系统。因此，点轴开发可以理解为从发达区域大大小小的经济中心（点）沿交通线路向不发达区域纵深地发展推移。

点轴开发理论主张在经济发展过程中采取空间线性推进方式，十分看重地区发展的区位条件，强调交通条件对经济增长的作用，认为点轴开发对地区经济发展的推动作用要大于单纯的增长极开发，也更有利于区域经济的协调发展。

点轴开发理论的实践意义，在于首先揭示了区域经济发展的不均衡性，即可能通过点与点之间跳跃式配置资源要素，进而通过轴带的功能，对整个区域经济发挥牵动作用。因此，必须确定中心城市的等级体系，确定中心城市和生长轴的发展时序，逐步使开发重点转移扩散。改革开放以来，我国的生产力布局和区域经济开发基本上是按照点轴开发的战略模式逐步展开的。我国的点轴开发模式最初由经济地理学家陆大道院士提出并系统阐述，他主张我国应重点开发沿海轴线和长江沿岸轴线，以此形成"T"字形战略布局。

在陆大道提出我国的点轴开发模式后，引起了政界和理论界广泛的关注，从点轴开发理论的发展及其具体实践应用两方面进行了新的探索，深化了点轴开发理论的研究。

（1）双核结构模式论

双核结构模式是陆玉麒（1998）在《区域发展中的空间结构研究》一书中首先提出的，这种模式是指在某一区域内由区域中心城市和港口城市及其连线所组成的一种空间结构现象，或是由区域中心城市与边缘城市（边境城市、边界城市）组合而成的一种空间结构现象。

现实中的发展轴并不是无边界的，必须要有起点和终点，端点城市的功能定位决定了相应的空间格局。从由区域中心城市和港口城市所构成的特殊发展轴出发，所提出的双核型空间结构模式论可视为对点轴开发理论的深化与拓展。

双核结构模式论与点轴开发理论有着内在的逻辑联系，表现在：

①两者都属于轴线理论，但侧重点不同。两者在形态上都以点轴形式出现，但点轴开发理论中轴的重要程度高于点，而双核结构模式论中点的重要性明显强于轴线，是先有点再有轴线。

②点轴开发理论中的开发轴线是确定的，但端点城市并不明确。双核结构模式论所揭示的是某一区域内两个不同功能城市之间的空间耦合关系，开发轴线有严格的端点城市限制。

双核结构模式与"T"形空间开发模式的有效结合，对开发我国沿海和沿江地区具有重要的理论与实践价值。双核结构模式论吸收了点轴开发理论的核心思想，但在点的选择上更具科学性，在轴线的配置上更注重效率，推动了点轴开发理论研究的进一步发展。

（2）网络开发模式论

网络开发模式论由魏后凯（1990）在《区域开发理论研究》一文中首先提出，是在点轴开发理论的基础上，吸收增长极理论中的某些有益思想，进一步提出的一种较系统的区域开发阶段论。网络开发模式论强调：处于不同发展阶段的不同类型区域应采取不同的区域开发方式与空间组织形式，落后地区宜采取增长极点开发模式，发展中地区宜采取点轴开发模式，较发达地区宜采取网络开发模式。任何一个地区的开发总是最先从一些点开始，然后沿一定轴线在空间上延伸，点与点之间的经济联系及其相互作用，导致在空间上沿交通线联结成轴线，轴线的经纬交织形成经济网络。网络开发模式论实际上是点轴开发系统的进一步发展，是该理论模式的一种表现形式，两者没有本质上的区别。

2）实践应用

对旅游业来说，空间结构的合理与否，对区域经济的增长和发展有着显著的促进或制约作用。通过运用点轴开发理论，可以在区位选择的基础上，进一步选取一些资源价值高、社会经济发展水平高的旅游中心城市或重点旅游地作为“点”，有意识地选择交通干线作为“轴”，重点开发位于交通线上或附近的“点”，使之形成次一级的旅游中心地。在不断发展的过程中，使交通沿线一些次一级的城镇和旅游风景区、风景点也逐步发展起来，形成交通沿线的轴带发展，从而起到以点带线、以线带面的作用，带动整个地域的旅游发展。

我国是一个旅游资源极其丰富的国家，以往流行的分散型开发模式难以有效地发挥区域旅游资源的整体优势，制约着许多区域旅游业的发展，而点轴开发理论模式的提出，为区域旅游开发提供了强有力的理论支撑。

许多学者运用点轴系统理论探讨了不同区域旅游资源的点轴开发模式。诸如，桂峰等（2001）探讨了江苏如东辐射沙洲沿岸地区海洋旅游资源的点轴开发模式；石培基和李国柱（2003）探讨了西北地区旅游资源的点轴开发战略思路；肖星和王生鹏（2003）探讨了甘肃旅游点轴开发构想；吴丽霞和赵现红（2004）探讨了河南安阳旅游资源的点轴开发思路；邓清南和许虹（2005）探讨了四川成都环城市旅游带的点轴开发方略；董静和郑天然（2006）运用点轴系统理论探讨了京津冀地区旅游开发布局模式等。

4.1.4　可持续发展理论

1）主要内容

可持续发展理论的形成经历了相当长的历史过程。20 世纪 50—60 年代，人们在经济增长、城市化、人口、资源等所形成的环境压力下，对“增长 = 发展”的模式产生怀疑。1962 年，美国女生物学家莱切尔·卡逊（Rachel Carson）发表了一部引起很大轰动的环境科普著作《寂静的春天》，作者描绘了一幅由于农药污染所导致的可怕景象，惊呼人们将会失去“春光明媚的春天”，在世界范围内引发了人类关于发展观念上的争论。10 年后，两位著名美国学者巴巴拉·沃德（Barbara Ward）和雷内·杜博斯（Rene Dubos）的《只有一个地球》问世，将人类生存与环境的认识提升到一个新境界——人类需要可持续地发展。同年，一个非正式国际著名学术团体——罗马俱乐部发表了著名的研究报告《增长的极限》，明确提出“持续增长”和“合理的持久的均衡发展”的概念。1987 年，以挪威首相布伦特兰为主席的联合国世界与环境发展委员会发表了一份报告《我们共同的未来》，正式提出可持续发展概念，并以此为主题对人类共同关心的环境与发展问题进行了全面论述，受到世界各国政府组织和舆论的极大重视。在可持续发展思想形成的历程中，最具国际化意义的是 1992 年 6 月在巴西里约热内卢举行的联合国环境与发展大会。在这次大会上，来自世界 178 个国家和地区的领导人通过了《21 世纪议程》《气候变化框架公约》等一系列文件,明确把发展与环境密切联系在一起,使可持续发展走出了仅仅在理论上探索的阶段,响亮地提出了可持续发展的战略,并将之付诸为全球的行动。

可持续发展自提出以来,被不断地应用到各个领域,由此引出的可持续发展的定义也众说纷纭,至今尚未达成共识。不同学科从不同的角度都对可持续发展进行了诠释。如从哲学角度主张建立以生态文明为基点,以生物圈和人类共存和发展为价值取向,以人类与自然界的相互作用、相互协调为中心,而非以人类自我为中心的生态、生产关系和经济体制,从而保证了人类社会的可持续发展。从地理区域经济角度,强调“人地”关系的协调统一,实现人类与自然的共同繁荣。从系统论的观点出发,可持续发展包含经济发展、社会发展和生态发展 3 个方面,是三者协调构成的复合系统,其功能是有效地调控三者之间的关系和平衡,使人类在保护、节省资源的条件下,促进经济、社会、环境的全面进步,提高人类的生活质量。尽管这些学科的出发点不同,但是它们在阐述中都包含了“协调经济、社会、环境三者关系”的思想,而这一点正是对人类传统发展模式的挑战,是人类谋求新发展模式的基础。

尽管对于可持续发展的概念仍未有一个最具代表性的定义,但目前比较得到国际社会普遍认可的定义是在《我们共同的未来》一书中提出的“既满足当代人的需求,又不损害后代人满足其需要能力的发展”这一概念。可持续发展强调环境与自然的长期承载力对发展的重要性,以及发展对改善生活质量的重要性。它的目标是既要使人类的各种需要得到满足,个人得到充分发展,又要保护资源和生态环境,不对后人的生存和发展构成威胁。

可持续发展的概念包括 3 个要素。

一是人类的需求。发展的主要目的在一定程度上就是为了满足人类不断增长的各种需求,包括人类的基本需求如食物、水、住房、衣物等,以及高层次需求如安全感、自我实现等。

二是资源使用的限制。由于地球上的不可再生资源、可再生资源和自然环境承载力是有限的,因此,要考虑资源和环境的承受能力,达到人地关系的长远协调。

三是公平。要满足人类的需要,就必须实现资源的公平,既要实现同代与代际的公平,也要实现局部与整体的公平,还要努力做到自己发展与后代发展的机会平等。

可持续发展从深层次所包含的意义基本上可以用以下 4 个原则来加以表述:

一是公平性原则。公平性原则是可持续发展理念与人类社会之前的各种发展理念之间的重大区别。可持续发展中的公平性是指人类满足自身需求的机会对每个人来说都是均等的,因为满足自身需求是发展的主要目标。但在现实中,人类满足自身需求的能力却存在许多不公平因素,诸如同代人之间、不同代人之间,以及资源的分配等方面。

二是可持续性原则。可持续性是指生态系统在受到外界的某种干扰时,能够保持其生产率的能力。资源和环境是人类社会赖以存在的基础,因此,保持资源与环境的可持续性是人类社会持续存在的前提。资源和环境的可持续性,要求人们在生活和生产中对环境和资源进行保护式使用,在消耗方式和消耗量上对自己的行为加以约束。具体而言,可持续性原则要求人们放弃传统的高消耗、高增长、高污染的粗放式生产方式和高消费的生活方式,鼓励进行生态化的生产和适度消费,尽可能避免给环境造成破坏。

三是共同性原则。在可持续发展中的共同性包括了两个含义:一是人类社会发展的目标是共同的，即实现公平性和持续性的发展；二是人类拥有共同的环境和资源，为了实现持续发展的目标必须采取全球共同的联合行动。因此，共同性原则需要人们形成一种相同的意识，即在满足自身需求时考虑到对他人和生态环境的影响，切实保证人类共同资源的可持续利用，实现人与人以及人与自然之间的动态平衡。

四是需求性原则。传统发展模式以传统经济学为支柱，所追求的目标是经济的增长，发展效果通过国民生产总值来反映，这种发展模式忽视了资源的代际合理配置，通过市场信息来刺激当代人的生产活动。它不仅使世界资源环境承受了前所未有的压力并不断恶化，而且人类的一切基本物质需要仍然得不到满足。而可持续发展则坚持公平性和长期可持续性原则，以满足所有人的基本需求和向所有人提供实现美好生活愿望的机会。

2）实践应用

旅游业可持续发展理论是随着可持续发展这一新观念的出现而出现的，是可持续发展思想在旅游这一特定领域的延伸。旅游业发展与可持续发展之间存在着天然的耦合关系。从可持续发展的角度评估，任何一个行业的发展都需要环境付出一定的代价，但在各个产业之间比较，旅游业应该是在实施可持续发展战略中最被重视的产业。同样，以环境、生态和生物多样性为主要产品依托的旅游业，也应最重视可持续发展。1990 年，在加拿大举行的旅游业全球会议通过了《旅游业可持续发展行动战略》草案，构筑了可持续旅游的基本理论框架，并阐述了可持续旅游发展的主要目的。

在旅游规划和开发中，要以可持续发展理论作为工作的依据之一，保持人类享受资源的公平性，严格控制急功近利、重开发轻保护，甚至只开发不保护的现象。对于旅游资源的开发，应进行科学的论证，只有在技术和资金到位的前提下才能进行，否则，应继续等待开发时机。旅游开发中还要注重旅游区的环境问题，不能一味追求经济效益。旅游规划开发人员应树立社会效益和生态环境效益的观念，切实保证旅游活动与生态环境的协调，实现旅游的有序发展，走可持续发展的道路。

4.1.5　产品生命周期理论

1）主要内容

美国经济学家雷蒙德・弗农（Raymond Vernon）最早提出了产品生命周期理论。该理论认为，任何产品都有一个生命周期，这一周期可分为创新初期（技术创新阶段）、发展期（技术扩散阶段）、成熟期（技术停滞阶段）3 个阶段，处于不同阶段的产品，生产的优势区域不同。

在创新初期，最有能力提供大量研究与发展投入和高技术素质劳动力的区域将垄断生产。在发展期，产品生产逐渐标准化，大生产方式开始引入，技术开始传播。随着产品逐渐走向成熟，市场逐步打开，销售量不断增加，过去处在高梯度区域的工厂生产的产品远远满足不了需求，于是生产由个别点开始向面上转移，出现了“波浪扩散效应”。在成熟期，经过长期的生产和普及以后，产品成本和价格下降，市场对产品的需求趋于饱和，原来的技术密集型产品已完全沦为劳动密集型产业,那些拥有丰富的廉价劳动力的低工资地区在已高度标准化的产品生产方面取得优势。由于技术要素对区位选择的影响减小,劳动力价格的重要性进而增大,产品生产从创新区域转移至落后地区,这些产业在落后地区出现正增长,而在发达地区出现负增长。产品生命周期理论提示了技术水平差异对区域分工的影响。

2)实践应用

旅游地生命周期理论的起源,最早可追溯到1939年基尔伯特(E. Gilbert)的《英格兰岛屿与海滨疗养胜地的成长》一文。但一般认为,是德国学者瓦尔特·克里斯塔勒在研究欧洲的旅游发展时,首先将产品生命周期理论运用到旅游中。在《对欧洲旅游地的一些思考:外围地区—低开发的乡村—娱乐地》一文中,他阐述了所观察到的旅游地都经历了一个相对一致的演进过程:发现、成长与衰落。1973年,帕洛格(Plog)也提出了另一种获得普遍认可的生命周期模式。他把旅游地的周期与吸引不同类型的旅游者群体的变化联系起来,提出了心理图式假说,并认为旅游地的兴衰取决于不同类型旅游者的旅游活动。同样,1978年美国学者斯坦斯菲尔德(Stansfield)通过对美国大西洋城盛衰变迁的研究,也提出了类似的模式,他认为大西洋城的客源市场部分由精英向大众旅游者的转换伴随着它的衰落。

到目前为止,被学者们公认并广泛应用的旅游地生命周期理论是1980年由加拿大学者巴特勒(Butler)提出的。他在《旅游地生命周期概述》一文中,借用产品生命周期模式来描述旅游地的演进过程。他提出的旅游地的演化要经过6个阶段:探查阶段、参与阶段、发展阶段、巩固阶段、停滞阶段、衰落或复苏阶段。

(1)探查阶段

探查阶段是旅游地发展的初始阶段,特点是旅游地只有零散的游客,没有特别的设施,其自然和社会环境未因旅游的产生而发生变化。

(2)参与阶段

随着游客人数增多,旅游逐渐变得有规律,本地居民开始为游客提供一些简便的设施。随着这个阶段的到来,广告开始出现,旅游市场范围已基本可以被界定出来,旅游季节逐渐形成,一些本地居民为适应旅游季节调整生活方式,有组织的旅游开始出现,迫使地方政府和旅游机构增加、改善旅游设施和交通状况。

(3)发展阶段

在大量广告和游客的宣传下,一个成熟的旅游市场已经形成,外来投资骤增,本地居民提供的简陋膳宿设施逐渐被规模大、现代化的设施取代,旅游地自然面貌的改变已比较显著。

(4)巩固阶段

游客增长率下降,但总游客量继续增加并超过常住居民数量。旅游地大部分经济活动与旅游业紧密联系在一起,为扩大市场范围和延长旅游季节,广告无处不在。常住居民,特别是那些没有参与旅游业的常住居民会对大量游客的到来和为游客服务而修建的设施产生反感和不满,因为这一切会限制他们的正常活动。旅游地在这一阶段有了界线分明的娱乐、商业区，以前的设施有可能成为二级设施而满足不了需要。

(5)停滞阶段

在停滞阶段，游客量达到最大，旅游环境容量已趋饱和或被超过，环境、社会和经济问题随之而至。旅游地在游客中建立起的良好形象已不再时兴，旅游市场在很大程度上依赖于重游游客、会议游客等。接待设施过剩，保持游客规模需要付出很大的努力。自然和文化的吸引物或许被“人造”设施所取代。

(6)衰落或复苏阶段

在衰落阶段，旅游地市场衰落，无论是吸引范围还是游客量，已不能和新的旅游地相竞争。随着旅游业的衰退，房地产转卖率程度很高，旅游设施逐渐被其他设施取代，更多的旅游设施因旅游地对游客的吸引力下降而消失，剩余设施的生存能力也将成问题。这个阶段本地雇员和居民能以相当低的价格购买旅游设施，因此，本地居民介入旅游业的程度大大增加。宾馆可能变为公寓、疗养院或退休住宅，因为旅游地的良好设施无疑会对常住居民有吸引力，特别是对老年人。最终，原来的旅游地可能变为名副其实的“旅游贫民窟”或完全失去旅游功能。

还有一种可能是进入复苏阶段。要进入复苏阶段，旅游地吸引力必须发生根本的变化，为达到这一目标，有两种途径：一是创造一系列新的人造景观；二是发挥未开发的自然旅游资源的优势，重新启动市场。在衰落或复苏阶段有 5 种可能性。

①深度开发卓有成效，游客数量继续增加，市场扩大，旅游区进入复苏阶段。

②限于较小规模的调整和改造，游客量可以较小幅度地增长，复苏幅度缓慢，注重对资源的保护。

③重点放在维持现有容量，遏制游客量下滑的趋势，使之保持在一个稳定的水平。

④过度利用资源，不注重环境保护，导致竞争能力下降，游客量显著下降。

⑤战争、瘟疫或其他灾难性事件的发生会导致游客急剧下降，这时想要游客量再恢复到原有水平极其困难。

4.1.6　游客行为理论

自从美国社会学家马斯洛(A. H. Maslow)提出著名的人类“需求层次理论”后，国内外很多学者将其应用于旅游研究，如旅游与生活的心理学区别、旅游文化差异所引起的心理反应、旅游现象的心理学阐释等。

旅游活动是一种心理行为的外在表现，旅游本质上是一种精神需求，是一种经历和过程，实际上是人们心理、生理等的一种自我完善活动。

游客行为是从游客心理需求出发，研究游客的旅游需求、欲望、动机、旅游决策、旅游选择、文化向往、旅游偏好、旅游认知、旅游满意度、空间选择行为等内在心理期盼和外在行为，以及由游客构成的旅游流的类型、结构、流向、流速、特征及动态规律等。

1)旅游认知

旅游认知是游客在已有感知印象的基础上，根据原有旅游经验或实地旅游体验经历对旅游目的地相关信息主动进行选择、反馈、加工和处理的心理过程。该过程可以发生在游客常住地,也可以发生在旅游目的地,以形成对旅游地相关事物的总体认识和评价为最终目标。

旅游地形象在人脑中阶段性的合成描述为以下3个步骤:

(1)本底感知形象(原生形象)

本底感知形象是指人们在决定旅游消费前,已接受各类信息传媒的影响而沉积在记忆里的信息碎片所构成的对该旅游地的印象,这一印象的形成是潜移默化式的,虽然内涵模糊、外延广泛,却最为基本,也最牢固。在旅游决策时,它往往是人们动机产生和提出选择方案的根本原因。

(2)决策感知形象(引致形象)

一旦有了出游动机和选择目标,游客会主动收集关于目的地的各类信息,并对之加工、比较,形成对目的地较清晰的形象认知,从而形成决策感知形象。

(3)实地感知形象(复合形象)

到目的地实地旅游,通过自己的经历,结合以往的知识所形成的更为完整而综合的知觉形象,是旅游地形象形成的最终结果也是最后阶段。通常经历过实地旅游的消费者能够通过以上3个阶段建立完整的旅游地形象,而潜在游客对旅游地的形象认知停留在前两个阶段,甚至是第一阶段。

2)旅游消费者的购买过程

古典的购买者行为理论认为,旅游消费者的购买过程主要包括5个阶段(图4.1)。

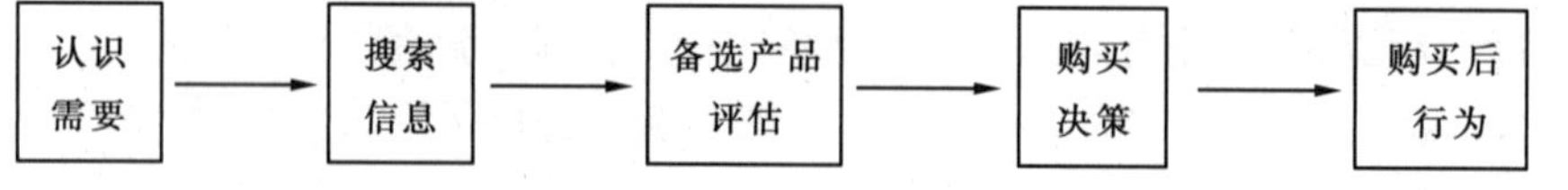

图4.1　旅游消费者的购买过程

第一,游客的购买过程从认识需要开始。游客由于自身和外界刺激作用,产生旅游需要。第二,游客从多种渠道收集信息,如旅行社、新闻媒体、亲朋好友等。第三,游客对收集到的信息进行对比和评估,对旅游目的地、旅游产品等进行全面的比较评估。第四,游客通过对可选方案的评估,产生了初步的购买意图,如果不受到外界影响,将导致购买决策和购买行为。但是当受到外界的影响,如他人意见和突发因素等,游客将可能对决策进行修正、推迟和回避。第五,购买后行为。游客在完成购买行为和消费行为之后,一般会体验到不同程度的满意感。当旅游购买者在消费后感到满意,在下次的消费中,游客将倾向于购买该产品和服务。如果旅游购买者消费后不满意,将出现两种情况:一种是不采取行动;另一种是采取行动,如向旅游企业寻求赔偿、向政府机构、新闻媒体等投诉、避免购买该产品和服务、向他人传播该产品和服务的情况等。

4.2　旅游资源开发模式

模式是指事物的程式化，是对同类事物有共同效应的一种抽象。旅游资源开发模式可以从不同角度、不同方面加以概括：按照资源属性，可以划分为自然风景类旅游资源开发模式、文物古迹类旅游资源开发模式、社会风情类旅游资源开发模式、宗教文化类旅游资源开发模式及消遣类旅游资源开发模式；按照开发主体，可以划分为政府主导开发模式和企业主导开发模式；按照空间结构，可以划分为增长极开发模式、点轴开发模式、地域生产综合体开发模式和网络开发模式；按照旅游资源价值、区位条件、区域经济背景等综合条件，可以划分为以下 4 种区域旅游资源开发模式（表 4.1）。

表 4.1　旅游资源开发模式（按区域综合条件划分）

模　式	旅游资源	区位条件	区位经济背景	案　例
1	优	优	优	北京
2	优	中	差	张家界
3	优	差	差	西双版纳
4	差	优	优	深圳

资料来源：保继刚，1993，有删减。

我国对旅游开发模式的研究始于 20 世纪 80 年代初，在近 30 年的时间里，对旅游开发的认识大体经历了资源导向、市场导向、形象导向、产品导向 4 个阶段。本书对在这 4 个阶段分别占主导地位的 4 种开发模式进行了分析和探讨。

4.2.1　资源导向模式

资源导向模式（图 4.2）产生于旅游业的起步阶段，盛行于 20 世纪 80 年代。当时商品经济和市场观念尚未形成，旅游市场刚刚发育，以观光旅游产品为主，发展旅游的出发点往往根据旅游资源的数量和质量来确定旅游区（点）的建设和有关旅游设施的配套等，追求数量型增长。由于资源导向模式的局限性，使得地理学的一些相关理论成了旅游资源开发初级阶段中最重要的理论基础。以郭来喜和陈传康为代表的地理学者，开展了大规模的旅游资源的调查和评价工作、旅游产品的开发等研究工作，从而奠定了资源导向型模式的基础。

1）主要内容

（1）关注焦点

资源导向模式关注的焦点集中在旅游资源的开发，以旅游资源普查、分类、评价和开发为主要内容，先是考察本地有什么资源，继而对资源进行评价，再分析市场的需要，然后对资源进行功能开发。开发研究对象以传统的风景名胜区、历史文化名城以及文物保护单位等为主，基本上主张进行低度开发和建设，以满足快速增长的旅游市场的需要。该模式比较重视自身资源，往往最后依托的对象会是本地价值最大、本地公认的资源。

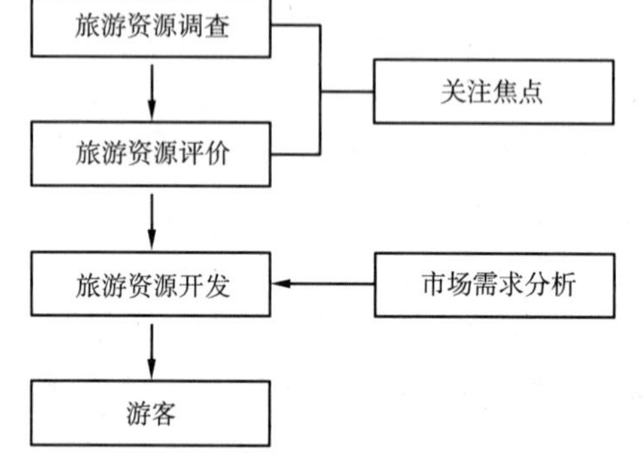

图 4.2　旅游资源开发的资源导向模式

(2)基本特征

①基础性特征。众所周知，旅游资源是旅游业发展的基础性要素，在资源导向开发模式中，旅游资源被置于十分重要的位置，旅游资源开发工作要紧紧围绕旅游资源的分类、评价以及特色分析展开。

②主观性特征。主观性特征是指旅游资源开发仅从本地旅游资源的赋存情况出发，而不考虑旅游市场需求以及周边地区的竞争，实行的是从资源到产品的开发路线而非现在的市场到产品模式，主观性的主体不是旅游资源开发工作者而是旅游地的实际情况。

③局限性特征。主要表现在区域上，即对旅游资源的深入细致研究会导致进行开发时以单个旅游资源类型为出发点来强调旅游产品的优化和组合，而忽略区域内各种类型旅游资源的综合开发以及区域外部的合作开发，缺乏整体开发的观念。

2)开发思路

旅游资源开发在不同类型的旅游区域内，其规划的内容和重点是不同的。对于那些旅游资源赋存丰富、旅游业发展较为成熟或那些具有潜在旅游发展条件的地区，其资源开发中必然会涉及对区域旅游发展战略的研究，必然要包括旅游发展的战略目标和相应对策的研究。毋庸置疑，在制定区域旅游发展战略时，必须以旅游资源结构为基础，充分考虑社会经济条件的影响，从而确定该区域的长期发展规划。因此，该导向模式下的开发思路就是从本地旅游资源的基础情况出发，制订适合本地旅游发展的资源开发计划。

由于资源导向模式是以分析旅游开发地的资源特色和品质为主，而对市场、政策、开发配套条件等方面考虑相对较少，因此，资源导向模式主要适用于对旅游资源品位高，吸引力较强的传统旅游开发地进行深度开发。因为这种区域由于旅游资源的品位较高而吸引了众多慕名而来的游客，即使没有经过开发也往往具备较好的区位条件和基础设施条件，这些旅游目的地的开发重点在于通过何种方式使得旅游资源所蕴含的价值被最大限度地挖掘出来。

4.2.2　市场导向模式

市场导向模式(图 4.3)产生于旅游业的发展时期,盛行于 20 世纪 90 年代。随着旅游业的迅猛发展,人们对旅游业的关注程度逐渐提高,一些旅游资源并不突出的地方凭借优势的客源区位,依然获得了旅游业发展的成功,从而打破了认为旅游资源是旅游发展的唯一依托的固有思维模式。与此同时,市场经济的发展大大提高了人们的市场意识,学术界开始反思原有的资源导向模式,一些学者试图建立市场机制下的旅游资源开发模式。

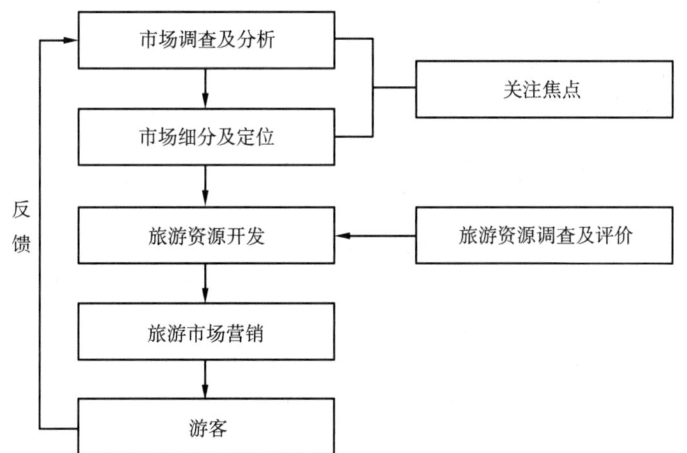

图 4.3　旅游资源开发的市场导向模式

1)主要内容

(1)关注焦点

市场导向模式所关注的内容在于市场调查和分析,强调市场需求在旅游发展中比任何条件都重要,认为旅游资源的开发要以市场为研究的核心,一切开发都要以市场的需求分析为前提。实际上,关注市场分析的基础仍然是注意本地的旅游资源赋存状况和特色,该开发模式是将旅游市场的需求与当地的旅游资源相结合,针对市场上不同的需求类型,开发出相应的旅游产品,以获取最大的经济效益、社会效益和生态效益。该模式最终开发的可能并非该地价值最大的资源。

(2)基本特征

①敏感性特征。市场导向模式是在对本地旅游资源进行科学认识的基础上,兼顾旅游市场需求的一种旅游资源开发模式,旅游市场的变化性就决定该模式不可避免地带上敏感性特征。多变的市场环境及需求决定了不同时期开发的旅游资源是各异的。为了满足游客的多变需求,开发工作者必须对需求的趋势十分敏感。

②客观性特征。该模式的客观性特征是和资源导向模式的主观性特征相对的。这里的客观性包括两层含义:一是该模式下的旅游资源开发工作仍然是在科学评价旅游资源的情况下进行的;二是该模式下的旅游资源开发工作是以客观实际的旅游市场需求为依据的。

③组合性特征。市场导向模式对市场的强力关注决定了旅游资源开发工作者的眼界较资源导向模式更为广阔。市场导向模式下的旅游资源开发不仅注重本地各种旅游资源的组合开发,而且对区域间的经济联动性有了一定的思考,开发时能将区域市场中的竞争与合作有机结合,在竞争中求合作,以合作促竞争。

2)开发思路

以市场导向模式为指导的旅游资源开发的思路:并非有什么资源就开发什么,而是市场需要什么就开发什么。要求首先对旅游市场作深入细致的调查研究,准确定位客源市场,经过分析研究后掌握目标市场需求的特点。再对旅游资源进行评估、分析和筛选,使得旅游资源与市场需求有效对接。然后以此为依据对旅游资源进行设计、组合,制作成适销对路的旅游产品并推向市场。市场导向模式能最大限度地发挥区域的整体优势,通过满足游客的需要,获得最大的经济效益,实现区域旅游的可持续发展。

要真正理解市场导向的含义,必须在实际的旅游资源开发工作中以市场需求为中心。然而,目前不少的旅游资源开发工作往往是以市场导向为标签,在对旅游资源进行评估、分析时,仍然就资源论资源,缺乏对旅游资源的市场价值的评估,游离于市场需求的边缘,甚至是资源开发与市场分析形成两张皮,与市场导向不符。而且,大多数的旅游资源开发对旅游市场的分析过于概念化和简单化,缺乏对本地旅游市场的细分,更缺乏对旅游市场的定位。

4.2.3 形象导向模式

当旅游发展到成熟阶段,大众化旅游的普及度越来越高,可供游客选择的旅游目的地数量也在增多,旅游市场上呈现出异常激烈的竞争态势。在这种竞争激烈的市场环境中,各旅游目的地均遭遇到旅游增长乏力,经济效益不佳的困境。学者也发现,游客对旅游目的地的选择并不总是决定于资源和市场因素,旅游目的地的知名度、美誉度、认知度以及形象等因素可能更为重要。在这种情况下,形象塑造成为旅游地占领市场制高点的关键(图 4.4)。旅游资源的不可移动性,决定了要靠形象的传播,使其为潜在游客所认知,从而产生旅游动机,并最终实现出游计划。

1)主要内容

(1)关注焦点

形象导向模式是从对旅游系统开发的角度,来对旅游目的地进行整体形象策划和旅游要素规划。通过对目的地旅游形象的塑造和提升来实现区域内旅游资源有效整合与可持续开发利用。该模式中关注的焦点问题包括旅游地的综合开发以及旅游地的整体形象塑造与提升两个方面。

①旅游地的综合开发。一般来说,旅游开发是将旅游地系统的各个部分按照其内在的功能联系,组合而成为一个开发的整体,并对该旅游地综合体进行包括市场、资源、产品、形象、营销、环境、人力、资本等内容的全面综合开发,使旅游地的开发和其今后的经营与管理达成一致,促进旅游地产业结构的调整和升级。这是旅游开发地今后能够保持持续稳定发

展的关键所在。

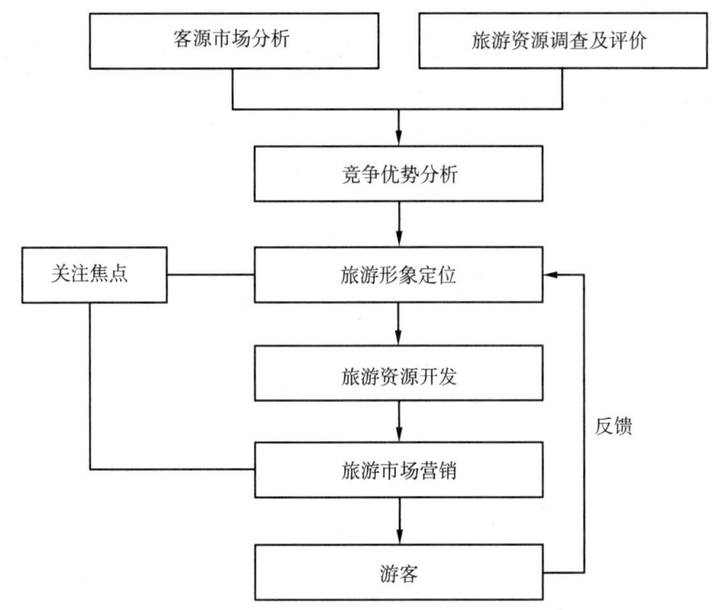

图 4.4　旅游资源开发的形象导向模式

②旅游地的整体形象塑造与提升。从旅游心理学的角度来看，游客对旅游目的地的认识首先要通过感觉器官形成一定的初始印象，然后才有可能进一步进行考察和研究，进而选择其作为旅游的目的地。可见，在旅游地的发展过程中，游客对旅游目的地的选择不是受制于客观环境本身，而是由于旅游地给游客认知形象的影响。因此，旅游资源开发中，要使旅游开发地取得良好的经济效益，就必须对旅游地的旅游主题形象进行统一的设计策划和传播规划，这是形象导向模式条件下开发工作中的另一个关注的焦点。

(2)基本特征

①系统性特征。形象导向模式的系统化特征主要包括如下两层含义：首先，把旅游地的开发作为一个整体系统来看待。开发的对象不仅集中于旅游资源，而且旅游地的企业和人也是开发规划的对象。其次，旅游地形象的塑造也具有较强的系统性。旅游地形象塑造要综合考虑其历史形象、现实形象以及随着旅游地的发展可能出现的未来形象，并且旅游地主题形象需要一系列的辅助形象和活动予以支持，这些均体现了旅游地形象的塑造是一个系统化的工作。

②稳定性特征。该模式下对旅游地形象的塑造是经过综合考虑，在充分分析了区域内外环境之后进行的，因而其设计的形象要在开发期内通过适当的手段不断强化，并在今后的一段时期内努力维持并促进形象的提升。所以，在形象导向模式中，所制定的旅游地形象塑造战略应具有相对的稳定性。

③主题性特征。由于形象导向模式是从旅游地的主题形象塑造入手来进行旅游开发的，因此，主题性特征就成为形象导向模式的重要特征。该特征最为突出的表现就是在塑造旅游地形象时要充分体现该旅游地的主题和特色，并在推广形象时紧紧围绕该主题形象，使

游客能切实感受到其鲜明的旅游形象。

2)开发思路

系统开发理论和综合开发理论作为指导旅游资源开发的重要理念,要求开发工作者从整体的角度对旅游地进行深入的思考。第一,在对当地文脉、特色资源、现代游客旅游消费特点、发展趋势和景区之间的竞合性进行综合分析的基础上,找出自身的优势及特色,提出旅游地在今后较长时间内的发展理念及方向。第二,以形象为核心开发旅游要素,开发出的旅游要素又反过来使旅游总体形象得到进一步强化。第三,在旅游地开发建设及营销的整个过程中,全面塑造和推广主题形象,最终实现打造特色旅游地和在客源市场上树立鲜明旅游形象的目标。

4.2.4 产品导向模式

产品导向模式(图4.5)是旅游业发展到了资源、市场、产品和营销一体化的成熟阶段时出现的一种旅游资源开发模式,实质上是资源导向与市场导向的综合。

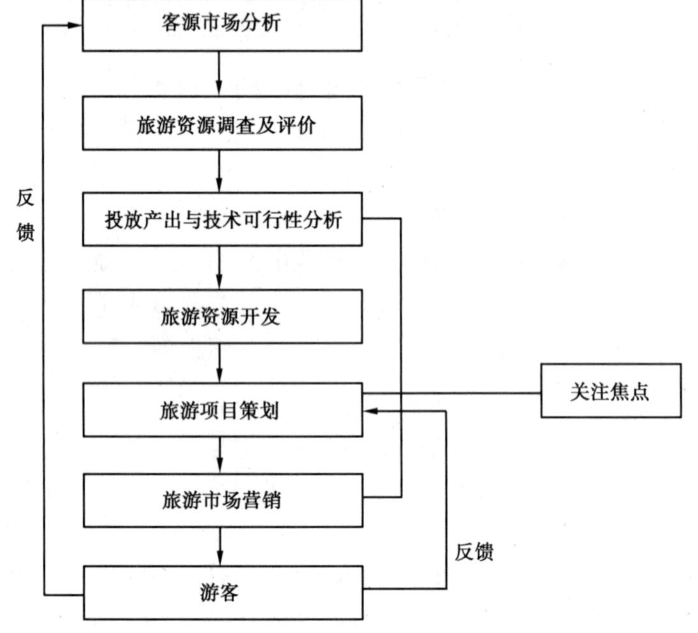

图4.5 旅游资源开发的产品导向模式

1)主要内容

(1)关注焦点

产品导向模式是从旅游资源状况出发,在充分把握市场需求方向和旅游资源现状的前提下,开发适销对路的旅游产品体系,引导游客进行消费的一种资源开发模式。该模式强调资源优势和市场优势“双向”发挥,既避免忽视市场需求,又避免抛开盲目跟随市场而造成的旅游开发成本过高和代价太大。人们对该模式关注的焦点主要有 3 个:一是本地旅游资源的可利用度;二是开发的旅游产品市场推广问题;三是旅游产品及项目投资的投入—产出或经济效益分析。

(2)基本特征

①综合性特征。从游客的需求角度来看,游客对于旅游的经历有各种不同的要求,这就决定了旅游资源的开发在横向和纵向上要有层次。如在横向上,开发者要尽量策划出类型丰富的旅游项目和节庆活动;在纵向上,开发者要注重不同层次旅游项目和活动的有机组合。从供给角度来看,旅游地会开发出主导型、辅助型及支撑型的旅游产品。因此,产品导向模式体现出了较强的综合性特征。

②创新性特征。既然该模式是立足于本地资源实际开发旅游产品,那么,在设计产品时,必定要与其他旅游地的旅游产品形成差异。如果每个旅游地开发出的都是同质旅游产品,则这些同质产品在市场上的认可度一定不高。因此,开发者在进行开发时必须注重创新性,不断推出差异性的旅游产品,展现旅游开发地所独有的个性特征。

③经济性特征。产品导向模式由于是与具体的旅游产品或项目相关联的,因此,必然会具有较其他开发导向模式更明显的经济性。该经济性主要是通过对旅游项目的投资分析来体现的。在具体的规划开发文本中,会包括各个具体旅游项目的投资年限、回收期、建设规模、预期收益等经济指标,并且会附带旅游项目的投资可行性分析报告。

④动态性特征。由于产品导向模式是通过旅游项目和旅游节庆活动的策划来达到吸引游客的目的,因此,开发工作者在进行旅游项目和节庆活动设计时创意要富有前瞻性、产品形式要不断变化,从而体现出旅游产品常新常异的特点,达到创造旅游需求、吸引游客的目的。

2)开发思路

产品导向模式从分析、研究市场出发,对市场进行细分,确定目标市场,针对市场需求。有资源则对资源进行筛选、加工或再创造,没有资源也可根据市场和本地的经济技术实力进行策划和创意,然后设计、制作、组合成适销对路的旅游产品,并通过各种营销手段推向市场。

上述模式是在旅游资源开发的过程中不断产生的理念,是在人们的旅游思想由“小旅游”向“大旅游”逐渐转化过程中逐步演进、不断成熟和发展的。我们强调旅游发展的某个环节或因素,只是考虑问题切入点的差异,在具体分析处理区域旅游发展问题时,应因地制宜地采用不同的发展模式。详见旅游资源 4 种开发模式的比较(表 4.2)。

随着经济全球化进程的推进,各地区均把旅游业作为支柱产业加以重点扶持和优先发展。但是,由于各地区在资源禀赋、区位优势、基础设施、经济发展等条件上的地域差异,决定了它们不可能按照相同的模式去统一开发,必须在综合分析区域旅游资源、旅游市场、旅游产品以及旅游形象等诸项特征的基础上,因地制宜、科学开发、逐步实施,实现旅游业的健康、持续发展。

表 4.2　旅游资源 4 种开发模式的比较

模　式	资源导向模式	市场导向模式	形象导向模式	产品导向模式
关注焦点	旅游资源	旅游需求	旅游形象	旅游产品
主要思路	有什么资源开发什么	市场需要什么才开发什么	塑造独具特色的旅游形象	旅游产品和项目
学科基础	地理学	地理学、市场学	地理学、市场学、系统科学、工程学	地理学、市场学、系统科学
基本分异点	注重旅游资源分类与评价	注重旅游市场分析与定位	注重企业形象设计方法与技术的综合方法	注重旅游产品与项目的策划
方法技术	各种旅游资源评价模型,定性方法为主	抽样调查技术、客源市场预测,定性与定量方法相结合	借用企业形象设计方法与技术的综合的方法	系统工程的方法
发展阶段	起步阶段	发展阶段	成熟阶段	成熟发展阶段

4.3　旅游资源开发程序

4.3.1　旅游资源开发的方法

1)新建

新建是一种常见的旅游资源开发方法,具体是指创造性地建设新的旅游资源,以增强旅游目的地的整体吸引力。该方法重在创新和出奇制胜,只有在综合考虑各方面条件的基础上创造出具有鲜明个性和独特风格的旅游资源,才能获得真正的成功。

2)利用

利用是指对原本非用于旅游用途的资源进行整理和组织,进而使其发展为新的旅游资源或旅游设施的一种开发方式。随着社会的进步和人们生活水平的提高,人们的旅游需求及其旅游行为特征也发生了明显的变化,这直接导致在一些已经开发的旅游目的地或从未进行过旅游开发的区域内,可以根据人们的旅游偏好,将一些以前未被认识或被认为并非旅游资源的东西改造成旅游资源或旅游设施。

3)修复

在漫长的岁月中,往往有一些旅游资源由于种种原因出现衰败或遭到破坏,尤其是历史古迹。但对于旅游业来说,由于这些资源在人们心目中仍拥有一定的知名度和影响力,应充分利用这种优势，本着“修旧如旧”的原则对其进行必要的修复或重建，使其重新成为可供游客游览的景点。

4）改造

改造就是投入一定数量的人力、物力和财力对那些原先利用率不高的旅游资源、旅游设施或者其他设施进行局部或全部的改造，使其重新成为可供游客游览的景点。

5）提高

当一些现有的旅游目的地由于配套设施的不足无法满足旅游业发展的需要或因其他一些客观原因而出现暂时的停滞时，往往有必要采取一些适当的措施以更新乃至再生其吸引力。

在旅游开发的实践中，以上 5 种具体的开发方法是很难截然分开的。在大多数情况下，往往综合考虑各方面条件和因素，才能最终确定具体的开发方法组合。如 1986 年南京开发的“秦淮河—夫子庙风光带”就是通过利用夫子庙，修复乌衣巷、媚香楼，改造文化用品、小商品、花鸟鱼虫、风味饮食和春节华灯五大市场等一系列方式，从而形成一个具有浓郁南京地方文化风味的特色旅游产品。

4.3.2　旅游资源开发程序

旅游资源的开发工作一般有以下几道程序：

1）确定开发项目

确定开发项目，即根据当地旅游资源特色、旅游市场需求特点和经济发展水平等，选择要开发的旅游资源项目，对之后的工作有一个初步的设想。选择要开发的旅游资源项目的基本依据是：旅游市场需求趋势、区域旅游资源特色、地方经济发展水平、区域旅游业发展形象等。

2）可行性分析

可行性分析的结论直接影响旅游资源开发的成功与否。认真、细致地进行可行性分析是旅游资源开发必不可少的一个环节。

旅游资源开发的可行性分析主要包括以下 5 个方面：

（1）资源调查与评价

资源调查与评价的主要内容包括：旅游资源的种类、性质、数量、特色、结构与空间分布等。资源调查与评价的结果将对旅游资源开发利用的方向产生直接影响，是判断项目可行与否的重要依据。

（2）社会经济环境分析

区域的社会经济环境是旅游资源开发的宏观条件，不仅反映了进行资源开发的能力、实力和条件，也反映了资源开发提供保障的能力。没有一定的社会经济基础，旅游资源开发工作很难顺利进行。所以，在旅游资源开发之前对该区域社会经济环境进行科学的分析是非常重要的。

资源所在地的社会环境分析主要内容包括：当地居民对旅游开发的观念和态度，当地政府对旅游开发的支持力度，有关法律政策对旅游活动的规定，旅游业可能带来的文化冲击和社会影响，旅游资源的脆弱性，生态环境的敏感性，旅游环境容量等。经济环境分析的主要内容包括：当地经济现状和发展潜力，对资源开发的经济支持、保障能力，经济影响和控制。

（3）客源市场分析

客源市场分析主要是分析市场需求方向和需求量。资源优势转化为开发优势取决于市场需求前景，旅游市场分析是旅游资源开发的前提。主要内容包括：客源地的地理位置及特征，客源地的社会与经济发展概况，公众对旅游活动的态度和参与兴趣，每年的出游人数和人均消费，主要旅游动机，客流量的季节性变化，游客的文化层次和经济收入基本水平，游客的年龄等人口统计学特征，旅游客源地的风俗习惯、宗教信仰、民族特征和大多数人的爱好等。

（4）环境影响分析

旅游资源开发必然会对资源地周围环境带来两方面的影响：一是因为资源开发项目的实施而修建的各类设施必然会对当地环境产生不可避免的开发性影响；二是项目建成后游客群体性进入旅游地，其活动也会对当地环境产生影响。必须要分析和评估这两种影响的大小、程度、范围，为补偿措施提供依据。如果对环境影响太大或可能造成不能挽回的损失，则应从可行性方面提出质疑，停止项目开发或另选方案。

（5）投资效益分析

进行投资效益评估时，要利用从客源市场分析获得的年游客预测人次规模、人次消费金额、年人均消费水平等资料，根据预算投资额、资金流动周期，从中核算出旅游收入总额、投资回收期限、投资回收率和盈利水平。

3）总体规划

（1）确定发展目标

不同开发项目往往有不同的发展目标，或几种目标兼而有之，或各有侧重。在制定总体规划时，可以对不同的目标进行排序，各个目标逐一落实，最终使每个目标都能得以实现。

（2）旅游资源开发定位

旅游资源的开发定位主要包括以下 4 个方面：

①形象定位。形象包括原生形象和次生形象。原生形象既是游客在个人经历和所受长期教育的影响下，产生的对旅游地的基本认识。次生形象，即在旅游促销机构的形象推广和公关活动影响下产生的形象。

在开发初期，旅游资源的形象是游客心目中的基础形象，目标市场的选择和市场定位是形成形象的主要因素。在开发后期，应根据旅游资源的价值、声誉、市场份额及受游客青睐程度进一步完善旅游资源。

②功能定位。旅游活动行为可由低级到高级分为基本层次、提高层次和专门层次。基本层级是游览观光，客源市场需求最广。游乐和购物旅游是旅游活动的提高层次，客源市场需求面次之。专门层次的旅游活动包括多种多样的特种旅游，市场面相对较窄，但非常专一。从旅游需求角度来说，基本、提高和专门三层旅游需求构成了一种金字塔结构。由于旅游资源的性质、类别、价值不同及客源市场的消费水平、偏好各异，不同旅游地的旅游行为层次各有侧重。这一点体现在旅游资源开发的功能定位上，即开发是侧重于文化旅游型、商务旅游型，还是休闲度假型。

③市场定位。旅游区的目标市场一般分为三层：境外市场、全国市场和地方市场。对多数旅游区来说，目标市场的三层结构经常是相互重叠的，因此，在进行旅游资源开发市场定位时，既要兼顾三层客源市场，又不能面面俱到，要重点考虑一种主要目标市场。

④模式定位。根据区域特点和所处发展阶段，选择资源导向、市场导向、形象导向或产品导向模式（表 4.2）。

(3) 确定规划区范围、规模和性质

确定旅游资源开发规划区的范围和规模，即决定旅游区的空间尺度。只有明确了范围，才能进行具体、全面的开发、管理和保护。范围界定和开发规模的确定，要从有利于开发和保护的角度出发，注意保持景观的完整性、连续性和方便于开展旅游活动，且不受行政区的限制。

规划区的性质主要根据旅游资源的性质、旅游产品的定位来确定。

(4) 进行项目总体布局

总体布局是非常关键的一步，主要是确定各种规划要素的分布位置及功能区的布局。不仅是对景点、资源的定位，而且包括交通线路的规划和服务设施的布局，同时，还要涉及规划区的旅游线路，要给未来的旅游区扩展计划留有余地。几个方面要平衡协调，形成一个统一、完善的布局。

(5) 决定开发顺序和步骤

由于人力、物力、财力的限制，旅游资源开发项目一般不能同时全面进行开发，而应有选择、有重点、有时序地分期建设。在保证重点项目开发的基础上，不断增加新项目、新产品，逐步形成完善的旅游服务配套体系。

4) 具体项目设计

具体项目设计，即旅游详细规划和旅游修建规划。与总体规划相比，具体项目设计更复杂、精细，任务也更繁重。从设计对象看，具体项目设计可分为景点景物设计和旅游设施设计，其内容包括每个具体项目的选址、建设规模、等级、式样、完成期限及所需的投资额等。

5) 项目实施与监控

在进行了总体规划和具体项目设计，按照法定程序得到上级相关部门审批后，旅游资源开发工作就可以付诸实施。在建设过程中,需要解决的是资金筹措和部门分工的问题。筹措资金的方式多种多样,可以采取政府融资、集体融资、私企融资或国际融资等方式。为了保证项目的顺利实施,应成立一个专门的组织机构,负责整个项目的领导、指挥、协调和监管,以保证各部门能合理分工,劳动力资源能有效配置。

在实施过程中,应随时对开发的工程质量、经济支出进行统计监督,将统计结果与预定目标和财政预算进行比较,找出偏差及原因,从而调整实施方案或预期目标(图4.6)。

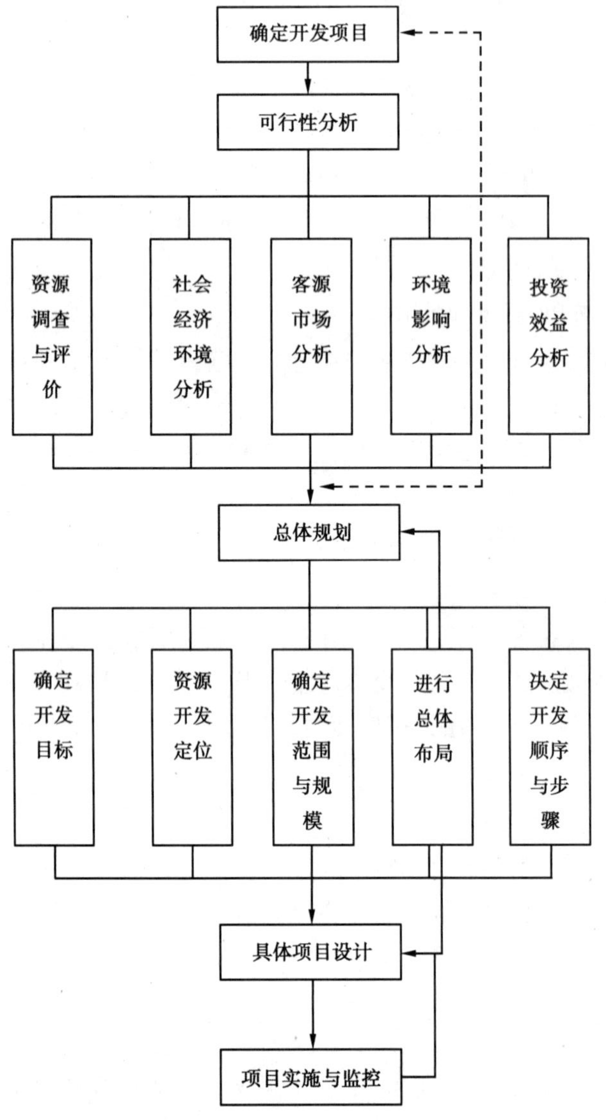

图4.6　旅游资源开发程序

复习思考题

1. 旅游资源开发理论有哪些？
2. 旅游资源开发应遵循哪些原则？
3. 旅游资源开发模式有哪几种？
4. 旅游资源开发方法有哪些？
5. 旅游资源开发程序是什么？

第5章 旅游资源开发规划

【学习导引】

随着我国旅游业的快速发展,旅游业逐渐成为很多地方经济的支柱产业,越来越受到管理者的重视。同时,人们的旅游观念有了深刻的变化,旅游需求更加突出了多元化、个性化、休闲化的特征。于是要求旅游业必须作出相应的变化来适应新的环境,旅游资源作为旅游业的基础保障,必须在开发规划上作出相应的调整。本章介绍了旅游资源的规划的效用、原则和理论,并详细说明旅游资源规划的编制,包括编制主体、编制程序、编制内容和编制方法。

【教学目标】

1. 掌握旅游资源规划的效用和原则。
2. 熟悉旅游资源规划的编制主体。
3. 明确旅游资源规划的编制内容。
4. 了解旅游资源规划的编制方法。

【学习重点】

旅游资源规划意义与原则　旅游资源规划编制内容　旅游资源规划经典理论

我国古代先哲"凡事预则立,不预则废"的规划思想告诉我们:进行旅游开发,规划必须先行,否则,随意式、跟风式的盲目开发将带来不堪设想的严重后果。旅游资源的开发与规划之间存在着逻辑的先后顺序,只有先做好旅游资源开发的规划工作,才能使旅游资源得到合理、有效的开发利用,实现旅游资源的可持续发展。

5.1　旅游资源开发规划原理

5.1.1　旅游资源开发规划含义

对“旅游资源开发规划”含义的认识遵循“规划—旅游规划—旅游资源开发规划”语义理解的逻辑顺序。因此,首先要弄清楚什么是规划,“规划”一词有狭义和广义之分。狭义的理解是指制订或实施某种计划的过程;广义的理解是指人类对研究对象变化规律的认识。《辞海》解释,规划亦作“规画”,谋划,筹划,后亦指较全面或长远的计划。朗文大词典是这样定义规划的:规划是制订和实施计划的过程,尤其是作为一个社会或经济单元(企业、社区)确立目标、政策与程序的过程。

根据对规划的理解,旅游规划可以理解为对未来旅游发展的构想和安排,以追求最佳的经济效益、社会效益和环境效益的过程。从旅游系统的视角,旅游规划是指在旅游系统要素发展现状调查评价的基础上,针对旅游系统的属性、特色和发展规律,并根据社会、经济和文化发展的趋势,以综合协调旅游系统的总体布局、系统内容要素功能结构以及旅游系统与外部系统发展为目的的战略策划和具体实施(马勇等,2004)。《旅游规划通则》(GB/T 18971—2003)中指出:“旅游发展规划是根据旅游业的历史、现状和市场要素的变化所制定的目标体系,以及为实现目标体系在特定的发展条件下对旅游发展的要素所作的安排。”“旅游区规划是指为了保护、开发、利用和经营管理旅游区,使其发挥多种功能和作用而进行的各项旅游要素的统筹部署和具体安排。”

旅游资源开发规划不属于现有的法定规划编制体系,但是从学术的角度看,它是旅游资源学的重要组成部分。同时,旅游资源开发规划的内容往往也是各类型法定规划的核心内容。按照前述旅游规划含义的解读,结合旅游资源学的特点,旅游资源开发规划是指在旅游资源调查、评价基础上,针对旅游资源的属性、特色和旅游地发展规律,按社会、经济、文化发展趋势和要求,根据全局性社会经济发展规划和旅游业结构体系的要求,对拟订进行旅游开发的区域作出全面安排与总体部署,借以规划旅游资源开发的总体布局、项目技术方案和具体实施方案。

5.1.2　旅游资源开发规划意义

旅游资源开发规划具有战略性的指导意义,它明确提出了旅游资源开发的规模、速度、布局、模式、方法与目标,为旅游资源开发提供科学依据,实现旅游资源的有序开发和可持续发展。其意义具体体现在以下 4 个方面:

1)论证旅游资源可利用性

旅游资源是广泛存在的,但一个区域的旅游资源开发的时机、次序、程度、定位等问题都需要科学的把握。旅游规划是在对旅游资源严格调查、评价与科学预测的基础上,对拟订进行旅游开发区域的未来进行合理的构想和谋划。因此,避免了将低俗事物划归到旅游资源开发范畴内,避免了将那些吸引力低的旅游资源超量开发,避免了将生态脆弱的旅游资源过度开发等问题。旅游资源开发规划的重要意义首先体现在论证了旅游资源的可利用性,并据此提出旅游资源开发利用的科学手段与方案。

2)提高旅游资源吸引力

旅游资源被开发前往往带有潜在性和原始性,当然这本身也对一些旅游者构成吸引力,如探险旅游者喜欢那些未被开发的人迹罕至的地方。但在大多数情况下,旅游资源通过一定的规划和开发予以发掘,加以修饰,才能凸显出其独特之处并提高旅游资源吸引力,获得更好的旅游综合效益。另外,旅游资源的吸引力在很大程度上受旅游者心理的影响。随着社会的不断进步,旅游者的需求品位越来越高,旅游资源要保持持久的吸引力,就必须把握资源与市场的有机结合,因此,旅游资源开发规划就显得尤为重要。

3)保证旅游资源综合效益

在旅游开发的过程中,普遍存在未经认真考察和科学分析便匆匆实施开发的现象,这往往容易导致对旅游资源的破坏性开发。旅游资源开发规划通过对旅游资源本体及其开发条件的科学分析,合理设定旅游容量,提出可持续的开发策略,很大程度上协调了旅游资源开发的经济效益、社会效益和生态效益,促进了旅游业的健康可持续发展。

4)确定旅游发展合理目标

旅游资源是旅游发展的前提和基础,因此,旅游资源开发规划目标的合理性对于一个区域的旅游发展至关重要。旅游资源开发规划通过大量科学性调研和预测,确定一个区域合理的旅游资源开发总规模、总水平和总方向,既寻求目标的最优化,又保证目标的可达性,准确地把握旅游发展的客观规律。旅游资源开发规划目标的确定过程是一个寻求理想与可达之平衡点的过程,是区域旅游发展目标最重要的组成部分。

5.1.3　旅游资源开发的规划原则

1)以人为本原则

旅游活动是用来满足人们的精神和文化需求的,应该能够有效地促使人们身心愉悦,提高生命质量。因此,旅游资源开发规划应该将“以人为本”作为根本原则,通过对旅游资源科学系统的规划、引导与开发,使游人在亲近自然山水、接触社会人文、享受美食、休闲购物的旅游过程中,能够充分地体会到旅游所提供的审美价值、文化价值、健康价值、知识价值、精神价值等人们所期望的体验和收获。

2)整体优化原则

旅游资源开发规划的对象通常不是一个单一的旅游景点,而是一个复杂多元的地域系统。这个系统是由相互作用的各种类型的旅游资源及其相关的经济社会人文因素构成的。因此,旅游资源开发规划不可能将其中的旅游资源单独割裂开进行规划开发,而应该是以旅游资源为核心,以整体优化原则为指导,对系统整体的组合、平衡和协调进行规划,进而建成一个功能完善、稳定、可持续的旅游地域系统。

3)市场导向原则

市场导向原则是市场经济体制下的一条基本原则,旅游资源开发应该注重旅游市场信息的调研,把握旅游市场需求的趋向,从而确定旅游资源开发的主题、规模、速度和层次。这样,既能够有效实现旅游资源开发的经济效益,又能够极大地满足游客需求而实现旅游资源开发的社会效益与生态效益。

4)环境保护原则

大多数旅游资源具有不可再生性,尤其是那些环境敏感、生态脆弱的区域极易受到影响。大量旅游资源过度开发、无序开发的反例已经为我们敲响了警钟,不适当的开发行为往往导致环境负效应。因此,环境保护原则是旅游资源开发过程中需要时刻牢记的一条重要原则,规划中,应妥善处理旅游资源开发与保护的关系,坚持保护与开发并重,科学划分旅游资源开发的区域、类型、等级与次序,采取切实有效措施使旅游资源保护工作落到实处。

5)特色制胜原则

在旅游资源开发规划中,挖掘旅游资源特色,巧妙设计包装旅游资源,从而形成重点突出、内涵丰富、形象鲜明、独具特色的旅游产品,才能够对游客形成巨大持久的吸引力。因此,规划中切忌模仿、抄袭、跟风,否则缺乏新意,旅游规划区域将不具备竞争力和生命力。

5.1.4　旅游资源开发规划理论

1)经典理论

(1)区位理论

区位论始创于 19 世纪初,它是产业布局、城镇聚落和区域的空间组织优化的理论,主要包括工业区位论、农业区位论、空间相互作用理论、中心地理论、城市地域结构理论以及一般区位论等。因此,迄今它的研究范围遍及农业、工业、商业、贸易、城市等领域。旅游业作为国民经济的一项产业,其空间布局与项目选址、旅游线路安排等都存在区位优化的问题。

利用区位理论进行旅游资源开发分析和规划设计,是旅游专家学者和旅游规划单位习惯使用的。黄羊山、王建萍(1999)最早讨论了区位论在区域旅游规划中的应用意义,包括确定旅游空间组织层次与规划层次、制定旅游发展战略、寻求区位优势、集聚效应、旅游线路设计与场所选择。王瑛、王铮(2000)分析了传统的农业区位论和工业区位论在旅游业中的适用性问题,发现一成不变地运用传统区位理论来解释旅游业区位存在困难和问题,于是结合旅游业特点,尝试性构建了旅游业区位模型并对云南作了实证研究。卞显红(2003)认为区位条件是城市旅游空间规划布局的重要影响因素，并分析了区位屏蔽现象。柴彦威、林涛、刘志林等(2003)将中心地理论应用于旅游空间规划，划分旅游功能区和分析旅游空间结构。10多年来，区位理论应用于旅游规划研究和实践的成果较为丰硕，成为进行旅游规划的重要理论根基。

综合来看，区位理论在指导我国旅游资源开发规划中，主要在以下几个方面有着重要意义：旅游资源开发的区位分析与选择、旅游资源空间组合与旅游线路设计、旅游资源开发级别与序列、旅游交通与服务设施布局等。

(2)系统理论

系统思想源远流长，但作为一门科学的系统理论，人们公认是加拿大籍奥地利人、理论生物学家 L. V. 贝塔朗菲(L. Von. Bertalanffy)创立的。他在1924—1928年多次发表文章阐述系统论思想，1937年提出了一般系统论原理，1949年发表《关于一般系统论》，但是确立这门学科学术地位的是1968年贝塔朗菲出版的专著《一般系统理论——基础、发展和应用》，此后系统论思想才真正受到人们的重视，这本书被公认为这门学科的代表作。通常把系统定义为：由若干要素以一定结构形式联结构成的具有某种功能的有机整体。系统论认为：整体性、关联性、等级结构性、动态平衡性、时序性等是所有系统共同的基本特征。

从全球范围来看，系统理论运用于旅游研究不过20余年的时间，但获得了广泛认可与应用。在我国，陈安泽、卢云亭等(1991)最早提出了旅游系统框架由供给系统和需求系统两部分组成。其中，供给系统又包括旅游地域系统、旅游服务系统、旅游教育系统、旅游商品系统4个子系统。其中，旅游地域系统又被认为是主要部分，包含旅游资源、旅游区或旅游地结构、旅游生态环境、旅游路线、旅游中心城镇5个物质性内容。吴必虎(2001)在前人工作的基础上，完成了系统理论应用于旅游规划的系统分析。其中，提出了区域旅游规划系统性的3层含义，即规划对象的系统性、规划类型本身的系统性和规划的系统方法，还提出了5个方面的内容，即阐述系统的目标、调查系统的环境、了解系统的资源、研究系统的要素、实行系统的管理。文中重点阐释了旅游规划的对象为旅游系统，包括目的地系统、出行系统、市场系统、支持系统，并构建了旅游系统的结构模型。郭舒、丁培毅、曹宁(2008)将旅游地域系统看作是旅游规划的对象系统，并重点解读了旅游地域系统的特征与旅游规划的关系。一共包含5层关系：一是旅游地域系统的"可开发性"是旅游规划思想的逻辑起点，其特征构成了旅游规划实践的基础和前提条件；二是旅游地域系统发展的"协调性"要求，成为旅游规划必要性的基本解释之一；三是旅游地域系统的"自组织性"依赖于旅游流在各要素之间的维系功能，成为旅游规划的主要任务之一；四是旅游地域系统的"人性"特征，为判断旅游规划的合理性提供了价值标准；五是旅游地域系统的"开放性"为旅游规划的后效评价提出了更高的要求。

系统理论不仅为正确认识旅游规划的对象即旅游系统提供了科学的理论支撑，同时，系统思想即整体性观点、相关性观点、结构性观点、层次性观点等渗透于各类旅游规划中，系统方法如演绎法、归纳法、关联分析等广泛的运用于旅游规划中。由此可见，系统理论已经成为旅游规划的重要理论基石。系统理论体现在旅游资源开发规划中的基本思想是：以旅游目的地(资源)系统为规划主体对象，在对系统内诸因子及相关系统进行调查研究与评价的基础上，制定出全面的、高适应的、可操作的旅游资源开发战略与方案，达到整体最佳且实现旅游资源开发的综合效益与可持续发展。

(3)景观生态学理论

景观生态学是生态学与地理学交叉融合产生的一个新兴学科。20 世纪 60 年代中后期，景观生态学理论在欧洲大陆迅速发展,20 世纪 80 年代它被北美学者接受。景观生态学以整个景观作为研究对象。在景观生态学中把景观定义为以相似的形式在整体上重复出现的、由一系列相互作用的生态系统组成的异质性区域。景观由景观要素或景观组分组成,而景观组分是相对均质的生态系统。每一个景观单元可以被认为是由不同生态系统或景观组分组成的镶嵌体。因此,不同的景观具有显著的差异,但是所有景观又具有共性,即景观总是由斑块、廊道和基质等景观组分组成的。景观生态学特别关注 4 个问题:空间异质性的发展与动态、异质性景观之间的相互作用和交换、空间异质性对生物和非生物过程的影响、空间异质性的管理。因此,景观生态学的理论核心也可以说就是生态空间理论,聚焦为研究景观空间异质性的保持和发展。

景观生态学既适合旅游资源开发的空间研究与规划,又与旅游尤为强调的生态内涵相一致,因此是旅游资源开发规划的理论基础之一。该理论在旅游资源开发规划中的作用集中表现为:一是为实践者提供了科学的指导思想和理论框架,更加有利于实现旅游资源的可持续发展;二是为规划设计者提供了一系列的方法、技术,如景观结构分析、景观功能分区等。景观生态学的主要原理及其在旅游资源开发规划中的应用见表 5.1。从我国具体规划实践看,目前在一些旅游资源开发规划中融入了景观生态学思路和方法(俞孔坚,1992,1997,2005,2008;钟林生,2000;刘滨谊,2000,2003;赵青,2005;王永华,2006;徐小波,2008 等)取得了较为不错的效果。在我国积极建设生态文明社会、人们热衷生态旅游的背景下,景观生态学理论对于旅游资源开发规划有着更加重要的指导意义。

表 5.1　景观生态学的主要原理及其在旅游资源开发规划中的应用

主要原理	原理表述	在规划中的应用
结构原理	①景观结构,即斑、廊、基及其比例组成的不同,将直接影响物种、能量、物质流等功能特征的变化。 ②景观异质性可强化物种共生,但可能减少稀有物种的种类。	①维持景观异质性,促进景观多样性,获取景观间最大关联性。 ②适应旅游资源(景观)单体生态需求设计斑和廊。 ③为景观单元提供并接受景观单元的能量、物质及信息的环境。 ④功能分区与生态分区相结合。 ⑤自然生态系统与人文生态系统相协调。 ⑥游憩项目和设施的生态化处理。 ⑦采用现代化的生态环境保护技术。 ⑧进行承载力分析和游客规模控制。
功能原理	①景观空间元素间物种的扩散与集聚与景观结构相互影响。 ②景观空间元素间物质营养成分的再分配速率随其所受干扰强度的加大而增加。 ③穿越斑、廊、基及其边缘的能量与生物流随景观异质性的增大而增强。	
时间原理	无任何干扰时,景观水平结构趋于均值化,而垂直结构异质性加强。	

资料来源:王仰麟,1998;张琳,2007。有修改。

(4)市场学理论

市场学是研究企业市场营销活动规律的经济管理学科分支,其经典理论为美国学者麦卡锡教授在20世纪60年代提出的4P概念,即产品(Product)、价格(Price)、营销渠道(Place)、促销(Promotion)。市场学理论应用于旅游资源开发规划中,就是强调旅游资源开发与旅游者需求的有效对接。旅游需求与供给是旅游经济活动中两个最主要的环节,它们既相互依存又相互独立,既相互适应又相互矛盾,是对立统一的关系。旅游资源开发正是为旅游市场供给旅游产品,所以,旅游资源开发规划必须运用市场学理论方法,进行旅游市场调研,掌握客源的社会经济、心理特征、需求特征与现状、客源地与规划区的空间相互关系、客流量大小及时空分布规律和发展趋势、资源互补性和替代威胁等信息。在上述资料基础上综合分析和研究,对旅游资源开发的市场前景准确定位,包括市场的分级及制定开拓策略等。市场学理论使得制定的旅游资源开发规划减少了盲目性和主观性,有利于达到旅游供求的动态平衡,保证了旅游资源开发活动的综合效益尤其是经济效益。

(5)旅游人类学理论

人类学作为一门研究人类体质和社会文化的独立学科,自19世纪中期形成以来,在国际上已逐步发展成为一门关心人类生存与发展的决策性学科。经过100多年的发展,人类学的理论积累日渐丰厚,理论流派与分支学科趋于多元化,主要分支为体质人类学、考古人类学、语言人类学和文化人类学。20世纪60年代,西方人类学家开始用人类学的理论和方法研究旅游现象,历经40余年的发展,形成了多种观点,积累了一定的研究成果,促使文化人类学与旅游学交叉而形成了新的分支学科——旅游人类学。

旅游人类学应用于旅游资源开发规划上,意义重大,具体体现在:一是为旅游规划师提供了一种"以人为先""以人为本"的规划哲学,将旅游资源的开发首先聚焦于人,即旅游者、当地社区居民和旅游开发商等的权益及其相互关系,然后才是景点、基础设施、旅游线路等物质规划的考虑。二是人类学的文化变迁理论和影响分析方法,有利于建立包含社会文化综合目标的旅游资源开发规划,为促进当地文化的保护和旅游开发及目的地经济、环境、社会文化目标的协调发展提供了理论支撑和技术工具。三是旅游引起的大规模人口流动,在客观上造成了某种特殊的跨文化交流,旅游人类学强调规划应构建充满人文关怀、和谐共处的旅游社区,从而避免负面的文化碰撞,并能够为在出现不可避免的冲突时寻找合乎大多数人意愿的解决途径提供理论依据。

(6)旅游地生命周期理论

旅游地生命周期理论是描述旅游地演进过程的一种理论,最早是由W. Christaller(1963)在研究欧洲旅游发展时提出的。C. Stanfield(1978)在研究美国大西洋城旅游发展时也提出了类似的概念。到目前为止,被学者公认并广泛应用的旅游地生命周期理论是由加拿大学者Butler(1980)提出的。Butler根据产品生命周期理论和其他人文地理学家的研究成果,提出S形旅游地生命周期演化模型,认为旅游地生命周期一般经历探索阶段、参与阶段、发展阶段、巩固阶段、停滞阶段、衰落阶段或复苏阶段,同时,总结出各阶段的特征。此后,学者多以Butler旅游地生命周期理论为根基,分析、验证、探索不同类型旅游地生命周期模式及其影响因素，推动了该理论的研究。

旅游地生命周期理论说明了旅游地在演化的不同阶段呈现出不同的特征性和规律性，这在客观上要求旅游资源开发规划要注意分析旅游地所处的发展阶段及其特点，提高规划的适用性和可行性。关于旅游地生命周期影响因素的分析，有利于旅游资源开发规划抓住影响旅游地发展的主要因子进行规划。同时，旅游地生命周期演化方法对于规划中开发的阶段划分及其目标设计都有很重要的理论指导意义。

除上述经典理论外，区域经济理论、闲暇游憩理论、门槛理论、耗散结构理论、可持续发展理论、社区理论等在旅游资源开发规划中都有一定程度的运用，限于篇幅，本书就不赘述了。

2）国内学者创新理论

（1）“4P”模型

吴人韦（2000）为了整合已有的空间、技术对旅游规划类型的划分，并同其他规划类型进行衔接，提出了旅游规划的“4P”模型，即 Planning-Planner-Place-Plans 的整合模型，以此构成旅游规划的结构类型。其技术路线是在 Planning，Planner，Place，Plans 4 种逻辑形成的 4 套不同类群集合之中寻求交集；按交集所指示的类群划分旅游规划的结构类型；形成的类型结构同时包含 4 条逻辑原则，因此得以集四大方面的优点于一体。吴人韦的“4P”模型有效地将现有的旅游规划同其他规划类型进行了衔接，如社会经济发展规划、可行性研究、项目策划创意等，从而很好地解释了旅游规划同其他形式的规划研究之间的内在联系，扩展了旅游规划的内容。

（2）三元论

刘滨谊（2001）提出旅游规划“三元论”。他认为，首先，全面的旅游规划应包括“旅游”“景观”“生态”这三元的规划，并以这三元作为基本侧重；其次，旅游规划在层面、重点、阶段、支撑专业等方面都具有三元的特征；一是旅游规划的 3 个层面：区域—景区—景点；二是旅游规划的 3 个重点：资源（区域上）—布局（总体上）—选择（景点与项目策划）；三是旅游规划的 3 个阶段：发展阶段（阶段 1）—总体规划阶段（阶段 2）—详细规划阶段（阶段 3）；四是旅游规划的全过程：策划—规划设计—管理；五是支撑学科领域：旅游游憩学、景观园林（包括建筑、规划、园林）学、环境艺术学。

（3）地格理论和剧场理论

2004—2005 年邹统钎在《中国旅游报》上发表了有关旅游目的地管理新思维的系列论文，即“旅游目的地管理新思维：持续的人文关怀”“旅游目的地可持续发展”“旅游目的地形象塑造”“建设旅游目的地营销系统（DMS）”“旅游目的地营销要找准立基市场”“把脉娱乐商业区建设与开发”。继而，邹统钎又在《中国旅游景区管理模式》（2006）中提出目的地整合阶段的旅游规划理论由两大支柱构成，分别是资源经济学（可持续发展理论）和体验经济理论；在继承 Sauer 的文化景观理论与陈传康的文脉理论后，整合段义孚的地方（Place）学说、哈维的场所感（Sense of Place）理论，提出了地格（Placeality）理论，强调旅游开发要体现地方风格;指出旅游开发过程中地格维系真实性、完整性与多样性的原则,提出了“地格”解读与展示的“123456”法则;提出遗产型旅游目的地应该依据地格理论来指导开发规划,而对于人造旅游目的地主要应该按照体验经济理论来塑造游客畅爽体验。地格理论认为,旅游开发的基础是目的地长期积累形成的地方精神,同时在开发过程中要体现与保护这种地格的完整性、真实性与多样性。

(4)“反规划”理论

在《论反规划与城市生态基础设施建设》一文中,俞孔坚提出“反规划”(Anti-planning)理念,这是城市规划与设计的一种新的工作方法,即城市规划和设计应该首先从规划和设计非建设用地入手。“反规划”理论(Anti-planning Methodology)是相对于传统城市规划理论而言的,如果把“城市与环境”比作“图与底”的关系的话,传统规划理论是将城市当作“图”,将环境当作“底”来设计的;而“反规划”理论则是“图”“底”换位,将环境作为“图”先行设计,即先作“底”后画“图”。“反规划”是一种景观规划途径,不是不规划,也不是反对规划,而是一种强调通过对不建设区域的控制来进行城市空间规划的方法论,是针对城市快速超载扩张的一种应对。

“反规划”理论同样可以应用在旅游资源开发规划中,安永刚(2004)、俞孔坚(2007)、何昌新等(2007)、张文香(2008)、叶舒娟等(2009)分别对“反规划”理论在森林旅游规划、城市旅游景观规划、林场旅游规划、滨海旅游度假区规划、乡村旅游规划中的应用作了探索性研究。综合来看,“反规划”是在市场经济条件下应对旅游开发建设各种弊端的有效的空间规划途径。“反规划”在旅游资源开发规划中的应用价值主要体现为3点:

①反思传统规划存在的问题和面临的挑战。20多年来,我国实行的旅游规划在发展和运作中存在诸多问题,如旅游规划在技术标准、技术规范和规划方法上与风景园林规划、城市规划等相关行业存在很多的重叠与交叉、经验主义与旅游资源开发的思维定式、旅游规划市场不成熟与规划售后服务意识缺乏等。“反规划”理论虽然不能完全解决现在的所有问题,但是它如一股清新之风,带给旅游规划界深刻的反思,注重旅游规划的独特性、创新性和科学性,提供了逆向规划的技术方法。

②应对景区开发的现实问题。在传统的旅游规划指导下开展的旅游景区开发产生了大量问题,如对自然生物过程不尊重、套用城市规划模式(重“硬”开发、轻“软开发”),环境保护内容单薄与措施不力(重经济效益、轻生态社会效益),旅游地民俗资源被同化,旅游规划中社区参与的缺失或形式化等。“反规划”对这些问题都有所关注,试图提供一套完备的理论方法体系解决这些问题。

③提供逆向的规划方法。传统旅游规划中有关不建设区域(如生态保护区)规划是被动的、滞后的,是在确定开发建设项目之后的规划,是专项规划。传统规划强调的是人工的基础服务设施而没有意识到生态基础设施在旅游景区中的重要作用。“反规划”则通过确定合理的环境容量、系统的生态基础设施和人文设施为前提,以景区资源的可持续利用为根本目标。由过去“资源+市场—产品”的开发思路转变成“环境保护+资源+市场—产品”的开发思路,彻底改变过去先开发后保护,边建设边保护的资源掠夺型旅游资源开发模式,逆向规划的具体流程(图5.1)。

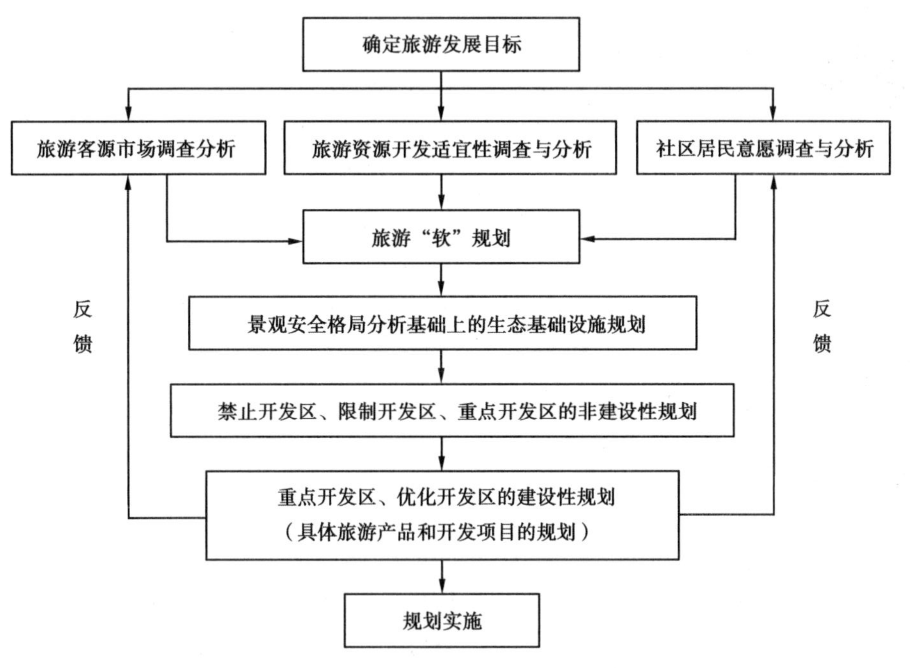

图 5.1　逆向规划方法流程图

资料来源：黄万鹏，方仁，2007。

5.2　旅游资源开发规划编制

5.2.1　旅游资源开发规划编制主体

国家旅游局发布的《旅游规划通则》规定，从事旅游规划编制的单位，即旅游规划的制定主体，必须通过国家旅游行政主管部门的资质认定。这一要求也同样适用于旅游资源开发规划的编制主体。

1）规划编制主体的类型

根据国家旅游局发布的《旅游发展规划管理办法》，国家旅游局于 2000 年 11 月 22 日发布了《旅游规划设计单位资质认定暂行办法》，明确了旅游规划设计单位的资质等级划分与认定标准。2005 年 8 月 5 日，国家旅游局又对该暂行办法进行了修订，颁布了《旅游规划设计单位资质认定办法》。

该办法规定，旅游规划设计单位资质分为甲级、乙级和丙级认定条件（表 5.2）。申请甲级、乙级资质的旅游规划设计单位经所在地省级旅游规划设计单位资质认定委员会推荐，由全国旅游规划设计单位资质认定委员会认定。丙级旅游规划设计单位的资质经全国旅游规划设计单位资质认定委员会授权,由省级旅游规划设计单位资质认定委员会直接认定,并报全国旅游规划设计单位资质认定委员会备案。

表 5.2　旅游规划设计单位资质等级认定条件

认定条件＼等级	甲级旅游规划设计单位	乙级旅游规划设计单位	丙级旅游规划设计单位
资历条件	获得乙级资质 1 年以上,且从事旅游规划设计 3 年以上	从事旅游规划设计 1 年以上	从事旅游规划设计 1 年以上
基础条件要求	规划设计机构为企业法人的,其注册资金不少于 100 万元人民币;规划设计单位为非企业法人的,其开办资金不少于 100 万元人民币	规划设计机构为企业法人的,其注册资金不少于 50 万元人民币;规划设计单位为非企业法人的,其开办资金不少于 50 万元人民币	规划设计机构为企业法人的,其注册资金不少于 10 万元人民币;规划设计单位为非企业法人的,其开办资金不少于 10 万元人民币
技术力量要求	具备旅游经济、市场营销、文化历史、资源与环境、城市规划、建筑设计等方面的专职规划设计人员,至少有 5 名从业经历不低于 3 年	具备旅游经济、市场营销、文化历史、资源与环境、城市规划、建筑设计等方面的专职规划设计人员,至少有 3 名从业经历不低于 3 年	具备旅游经济、市场营销、文化历史、资源与环境、城市规划、建筑设计等方面的专职规划设计人员,至少有 1 名从业经历不低于 3 年
业绩要求	完成过省级以上(含省级)旅游发展规划,或至少完成过 5 个具有影响力的其他旅游规划设计项目	至少完成过 3 个具有影响力的旅游规划设计项目	至少完成过 1 个具有影响力的旅游规划设计项目
信誉要求	项目委托方对其成果和信誉普遍评价优秀	项目委托方对其成果和信誉普遍评价良好	项目委托方对其成果和信誉普遍评价好

资料来源:根据《旅游规划设计单位资质认定办法》整理。

2) 规划编制主体的确定

确定旅游资源开发规划编制单位的方式通常有公开招标、邀请招标、直接委托等。公开招标是指委托方以招标公告的方式邀请不特定的旅游规划设计单位投标。邀请招标是指委托方以投标邀请书的方式邀请特定的旅游规划设计单位投标。直接委托是指委托方直接委托某一特定旅游规划设计单位进行旅游资源开发规划的编制工作。

当规划编制单位确定下来以后,委托方应制订详细的项目计划书并与规划编制单位签订旅游资源开发规划编制合同。

3) 旅游规划资质单位的分布情况

截至目前,全国一共有甲级旅游规划资质单位 100 家、乙级 270 家、丙级数量不详(因为丙级由各省级主管部门认定,尚未见到精确统计公报)。甲级旅游规划资质单位分布于 13

个省区中，数量位居前三的是北京、广东、浙江；乙级旅游规划资质单位分布于 26 个省区中，数量位居前三的是北京、云南、广东；除港澳台地区外，内蒙古、青海、西藏 3 个省区没有甲、乙级旅游规划资质单位（表 5.3）。

表 5.3　我国旅游规划设计单位分布情况

省　区	甲级数量	甲级旅游规划设计单位名称
北京	29	中国科学院地理科学与资源研究所、北京清华同衡规划设计研究院有限公司、中国城市规划设计研究院旅游规划研究中心、北京中科景元城乡规划设计研究院、北京达沃斯巅峰旅游规划设计院、北京大地风景旅游景观规划设计院、北京同和时代旅游规划设计院、北京土人景观与建筑规划设计研究院、北京绿维创景规划设计院、北京中景园旅游规划设计研究院、中国旅游研究院、北京开思九州旅游发展研究中心有限责任公司、北京博雅方略旅游景观设计院有限责任公司、北京京师天成旅游规划设计咨询有限公司、北京世纪唐人旅游发展有限公司、北京天道蓝图规划设计院、北京江山多娇规划院、北京华汉旅规划设计研究院、北京市建筑设计研究院、北京大衍致用旅游规划设计院、北京天一和恒景观规划设计院、北京来也旅游规划设计有限公司、优山美地（北京）国际城市规划设计公司、北京创意村营销策划有限公司、北京都市筑景设计研究院、北京清美同创景观工程有限公司、北京天创智业城市规划院有限公司、北京主题纬度城市规划设计院有限公司、北京中交四海邮轮游艇发展中心
天津	1	天津大学城市规划设计研究院
河北	1	河北省地理科学研究所
辽宁	1	辽宁省城乡建设规划设计院
黑龙江	1	哈尔滨工业大学城市规划设计研究院
山西	1	山西风光旅游规划研究中心
上海	6	上海同济城市规划设计研究院风景科学研究所、上海科学院旅游研究中心、上海奇创旅游景观设计有限公司、上海同异城市设计有限公司、上海师范大学旅游规划与发展中心、上海红东规划建筑设计有限公司
江苏	5	江苏省旅游局发展咨询中心、江苏东方景观设计研究院有限公司、南京必得旅游策划设计有限公司、南京智博旅游设计有限公司、江苏省城市规划设计研究院
安徽	1	安徽师范大学旅游发展与规划研究中心
浙江	4	浙江大学风景旅游规划设计有限公司、浙江工商大学旅游规划设计院有限公司、浙江旅游科学研究院有限公司、浙江远见旅游规划设计研究院
吉林	1	东北师范大学旅游科学研究所
山东	1	山东省旅游规划设计研究院
湖北	3	湖北大学旅游发展规划研究院、武汉大学景园规划设计研究院、湖北世旅规划设计有限公司

续表

省　区	甲级数量	甲级旅游规划设计单位名称
湖南	1	中南生态旅游规划设计责任有限公司
福建	2	福州市规划设计研究院、泉州市融景规划设计院有限公司
江西	1	江西省旅游规划研究院
河南	3	河南省科学院地理研究所、河南九鼎德盛投资顾问有限公司、旅游创意规划中心
重庆	1	重庆浩鉴旅游规划设计有限公司
四川	3	四川省旅游规划设计研究院、成都聚合旅游策划咨询有限公司、成都来也旅游策划管理有限责任公司
新疆	1	新疆生产建设兵团勘测规划设计研究院
广西	1	广西旅游规划设计院
广东	9	广东省旅游发展研究中心、广州中大旅游规划设计研究院有限公司、深圳市麟德旅游规划顾问有限公司、广东新空间旅游规划有限公司、深圳市多彩旅游策划顾问有限公司、广州海森旅游策划设计有限公司、深圳市榜样旅游项目设计有限公司、广州智景旅游规划设计有限公司、深圳市花都环境景观工程有限公司
贵州	1	贵州省旅游规划设计院有限公司
云南	3	云南省旅游规划研究院(中国旅游研究院昆明分院)、云南省城乡规划设计研究院、昆明艺嘉旅游规划设计有限公司
陕西	3	西安建大城市规划设计研究院、陕西省旅游设计院有限责任公司、西安陕西师范大学旅游规划设计研究院
甘肃	1	甘肃省林业调查规划院
宁夏	1	宁夏景元旅游规划设计院

资料来源:根据2002—2016年历年国家旅游局相关公报整理。

5.2.2　旅游资源开发规划编制程序

世界旅游组织将旅游规划编制程序分为6个步骤:研究准备阶段、目标确定阶段、实地调查阶段、分析和综合阶段、政策和规划的形成阶段、实施与调整阶段。我国政府发布的《旅游规划通则》(GB/T 18971—2003)规定了旅游规划的编制程序为任务确定阶段、前期准备阶段、规划编制阶段与征求意见阶段。在《旅游规划通则》指导下,结合旅游资源开发规划特点,参照实践通行做法,本书认为旅游资源开发规划的编制程序分为6个步骤(图5.2)。

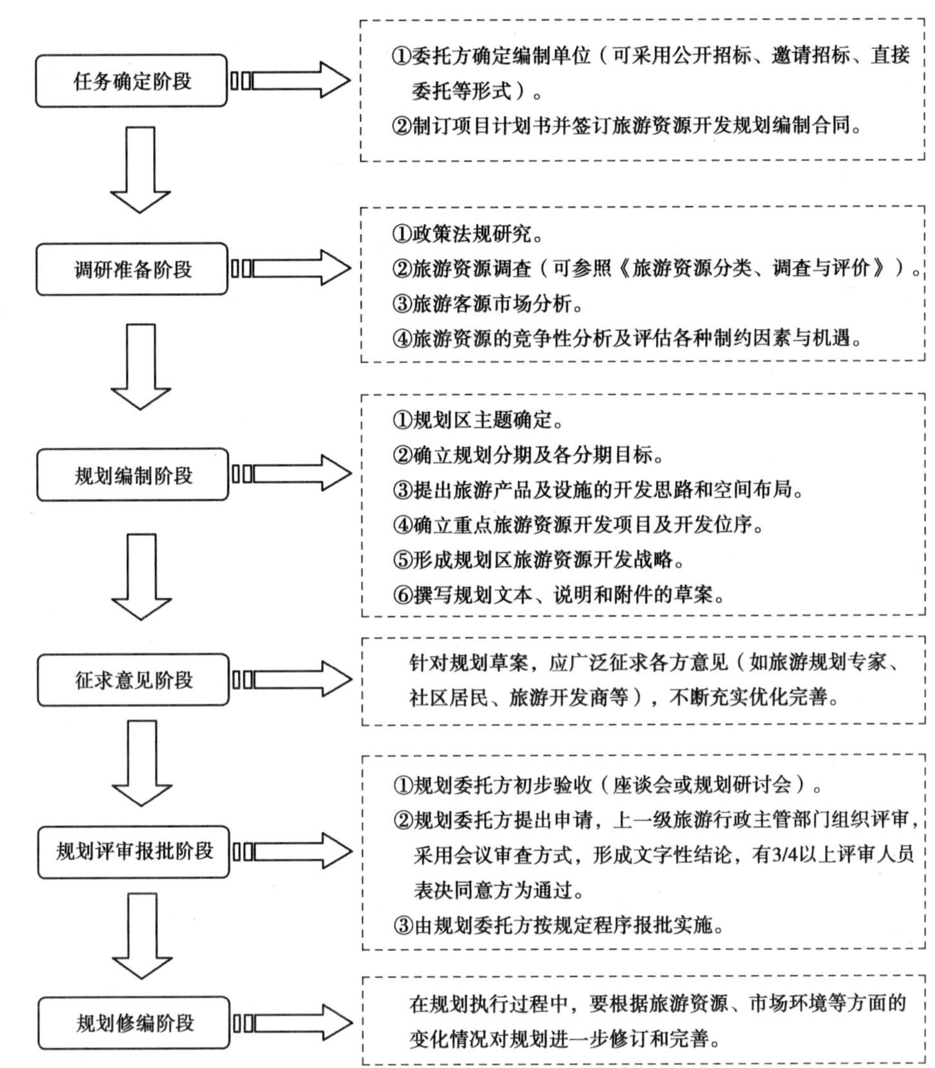
任务确定阶段
①委托方确定编制单位（可采用公开招标、邀请招标、直接委托等形式）。
②制订项目计划书并签订旅游资源开发规划编制合同。
调研准备阶段
①政策法规研究。
②旅游资源调查（可参照《旅游资源分类、调查与评价》）。
③旅游客源市场分析。
④旅游资源的竞争性分析及评估各种制约因素与机遇。
规划编制阶段
①规划区主题确定。
②确立规划分期及各分期目标。
③提出旅游产品及设施的开发思路和空间布局。
④确立重点旅游资源开发项目及开发位序。
⑤形成规划区旅游资源开发战略。
⑥撰写规划文本、说明和附件的草案。
征求意见阶段
针对规划草案，应广泛征求各方意见（如旅游规划专家、社区居民、旅游开发商等），不断充实优化完善。
规划评审报批阶段
①规划委托方初步验收（座谈会或规划研讨会）。
②规划委托方提出申请，上一级旅游行政主管部门组织评审，采用会议审查方式，形成文字性结论，有3/4以上评审人员表决同意方为通过。
③由规划委托方按规定程序报批实施。
规划修编阶段
在规划执行过程中，要根据旅游资源、市场环境等方面的变化情况对规划进一步修订和完善。

图 5.2　旅游资源开发规划的编制程序

5.2.3　旅游资源开发规划编制内容

按照旅游资源类型和空间尺度差异，旅游资源开发规划包含风景名胜区规划、旅游度假区规划、自然保护区规划、（地质、森林、主题）公园规划、世界遗产地规划、特色旅游街区规划、历史文化名城规划、旅游城市（镇）规划以及旅游资源开发的项目用地规划等类型。这些类型的规划主要包含以下 12 项内容：

1）规划依据和原则的提出

规划依据包括中央及地方制定的各种有关的法律、政策、决定（特别是与该地区旅游规划相关的管理办法或条例)。同时,规划者应充分考虑旅游资源开发的利益相关者权益,结合旅游资源自身特点,制定旅游资源开发规划的基本原则(如本书前述5个原则),以此为规划的准则。

2)规划区域概况

在规划时,必须对旅游规划对象有一个大致清晰的了解,否则就失去了规划的基础,容易脱离实际,导致可操作性差。规划区域概况一般包括自然地理状况和社会人文状况。前者包括当地的自然条件、环境质量、自然灾害、气候、植被等;后者包括历史变革、民族成分、社会经济、民风民俗等。在规划中,应对主要的特征部分加以详细的阐述,甚至掌握某些方面的详尽材料。例如,民俗文化旅游区的开发规划,除了解基本的自然社会状况外,还必须掌握各个民族具体的人口数目、民俗节事情况、民族生活方式与禁忌等。

3)旅游资源调查和评价

旅游资源调查和评价是编制旅游资源开发规划的前提条件和基础工作。首先,要确定规划范围,即被规划区域的占地面积和边界。规划范围的大小多由委托方提出,必要时受托方可以与委托方协商,提出合理的规划范围。然后,主要参照《旅游资源分类、调查与评价》(GB/T 18972—2003),建立拟开发区域旅游资源数据库,分析评估旅游资源的种类、数量和分布等,确定当地旅游资源的特色和优势,初步确立旅游资源的开发方向与开发时序。具体原理和方法可参考本书第3章。

4)区域旅游资源竞争状况分析

旅游资源开发规划还应考虑本地区或邻近区域正在兴建或已经建成的旅游资源开发项目,包括旅游资源的级别、规模、种类、替代性、互补性、关联性等,分析未来可能出现的竞争与合作情况。习惯采用的方法为SWOT分析法、旅游空间竞合分析法等。

5)旅游客源市场分析、定位与预测

根据旅游资源的特点、区域旅游资源竞争态势、旅游者偏好等旅游资源开发主客观条件分析,预测拟规划区旅游客源市场未来的总量、结构和水平,明确规划区的主要客源市场,包括客源市场范围、客源地、客源规模及结构、市场目标体系,制定相应的扩大客源地和开拓各种旅游市场的营销策略。客源市场分析将直接涉及旅游资源的开发程度、旅游接待服务设施的容量设定等问题,同时,对于旅游项目的创意设计产生重要影响。

6)空间布局和功能分区

旅游空间布局解决的是如何在旅游开发区域范围内合理地安排各类旅游景点、接待服务设施、旅游基础设施、游览交通设施以及其他设施,确定用地结构,并限定各项设施的体量、风格、高度、容量、用途及其他要求等。功能分区是指根据用地条件、旅游资源特色和旅游活动安排等要素,把旅游区划分为以满足旅游者某种需要为主的若干个区域,如景观观赏

区、休闲娱乐区、野外活动区、服务中心区、专业园区、后勤工作区、康体度假区、自然保护区等。划分功能区的目的是为了合理地用地，科学地安排旅游活动，有效地保护旅游区资源和环境。

7）旅游项目设计与安排

旅游项目设计是旅游资源开发规划的核心，它最能体现出规划者的水平，直接影响旅游开发区域的生存与发展。旅游项目设计的主要内容：旅游项目的特色和主题；旅游项目的内容编排；各项目的重要程度、先后次序、建设年限和标准；投资规模和筹资渠道等。

8）旅游交通与线路组织

旅游交通包括对外交通系统和区内交通系统。对外交通系统规划一般依靠原有的交通条件，故其不是规划的重点，但应保证游客在景区能够“进得来，散得开，出得去”。同时，在与外部联系的线路组织过程中要考虑游览的组织方式、游览的交通工具选择、游览时间安排等。区内交通系统规划包括游览线路布局和交通方式。景区的游览线路应尽量避免平直、垂直路线，要充分利用小山、河流等景物，使得道路适当弯曲，让游人获得移步换景的感觉。同时，游览线路要尽量避免让游客走回头路。交通方式要力争多样化，并互相配合，步行道、登山道、索道、缆车、游船、自行车等方式均可以采用，让游客有尽可能多的选择。

9）旅游开发支持保障体系规划

旅游开发支持保障体系规划是旅游规划不可或缺的内容，主要涉及住宿设施、餐饮设施、商贸设施、邮电通信、医疗卫生等方面。这些旅游基础设施、配套设施，一是要与旅游开发区域主题风格一致，尤其避免“建筑垃圾”和城市化倾向；二是要充分考虑游客需求，体现人文关怀。服务项目种类应该齐全并丰富多彩，在服务方式上可考虑地方特色，从而给游客留下深刻的印象。

10）旅游资源环境保护

环境保护是当今世界发展的主题。投资任何项目，生产任何产品，也只有和环境保护联系起来才有持久的生命力。旅游资源开发规划同样要注意环境保护，从而提高旅游资源的天然性、原真性、生态化，使其更具品位和吸引力，同时实现可持续发展。这部分内容往往基于各种旅游容量（或环境承载力）指标的测算，从而制定科学系统的旅游资源开发环境保护措施。具体原理和方法可参见本书第 8 章、第 9 章相关内容。

11）旅游资源开发效益分析

旅游资源开发规划效益分析是指运用资金的时间价值理论、投入产出法、生态足迹分析法、层次分析法（AHP）和德尔菲法等手段综合评估旅游资源开发的社会效益、经济效益和生态效益。旅游资源开发效益分析是编制旅游资源开发规划的重要技术部分，是全面反映资源开发的数字化规划，也是规划可行性研究的重要参考。

12)规划图件或附录

规划图件一般包括旅游资源分布图、交通位置图、开发现状图、用地规划图、保护规划图、旅游线路图、旅游服务设施图、分期规划图等。附录则包括重要的表格和规划中尚待说明的问题。

5.2.4 旅游资源开发规划技术方法

旅游资源开发规划技术方法是应用于规划实践中最为具体的方法及技术,是旅游规划的实用工具,如数学方法、调查方法、社会学方法等,它们都被灵活地运用于旅游资源开发规划中的多个方面和多个阶段。目前实践运用中最常用的方法有旅游卫星账户技术、旅游资源评价技术、客源市场分析技术、GIS 技术、环境容量测算方法等,并不断地有其他学科领域的方法和先进技术被引入进来。旅游规划技术方法总体上是一个由不同层次、不同类型方法构成的综合体系。限于篇幅,本书主要介绍旅游地功能分区的基本方法、旅游项目创意的思维方法、GIS 应用技术 3 部分内容。

1)旅游地功能分区的基本方法

在实际的旅游地功能分区过程中,需要借助于一定的科学操作方法,目前大致有认知绘图法、降解分区法、聚类分区法 3 种。

(1)认知绘图法

认知绘图法由弗里根(1983)等人提出,主要通过综合旅游者对旅游地形象的认识,算出旅游位置分数来进行分区。其基本步骤为:

①选择一种抽样调查方法,以确保能获得一个具有代表性的随机样本。

②向受访者提供一张画好的地图,要求他们在认为是旅游地"心脏"的地方填上"×",并画出 3~5 个旅游分区范围。

③算出每个旅游位置的分数(TIS),$TIS = \frac{(A+B+C)\times(A+B)}{1+C}$,其中 A 为一个分区所得"×"的次数,B 为该区被划归为旅游分区的次数,C 为一个地区部分被划入旅游分区的次数。

④将 TIS 分数汇总起来,标在新地图上,高积分处即为旅游分区的位置中心,然后沿低谷处划线可得出各区之间的界线。

(2)降解分区法

降解分区法,或称"降序分区法",由史密斯(Smith,1986)提出,是一种从较大地域单位入手,逐渐按照不同层次的标准将其分解成越来越小的区域的逻辑划分方法(图 5.3)。

(3)聚类分区法

聚类分区法,或称"升序分区法",是降解分区法的逆向过程,指从小的地域系统(旅游点或村镇)入手,逐渐合并为数量较少的大区域的逻辑划分方法(图 5.4)。其具体步骤如下：

①设定 N 个地域样本（即 N 类）。

②计算样本之间的空间距离，并按相邻样本之间的共性形成（$N-X$）类。

③进行同类、相邻样本的合并，如此往复。

④最终形成（$N-X-Y$）个数量有限的几个大区域。

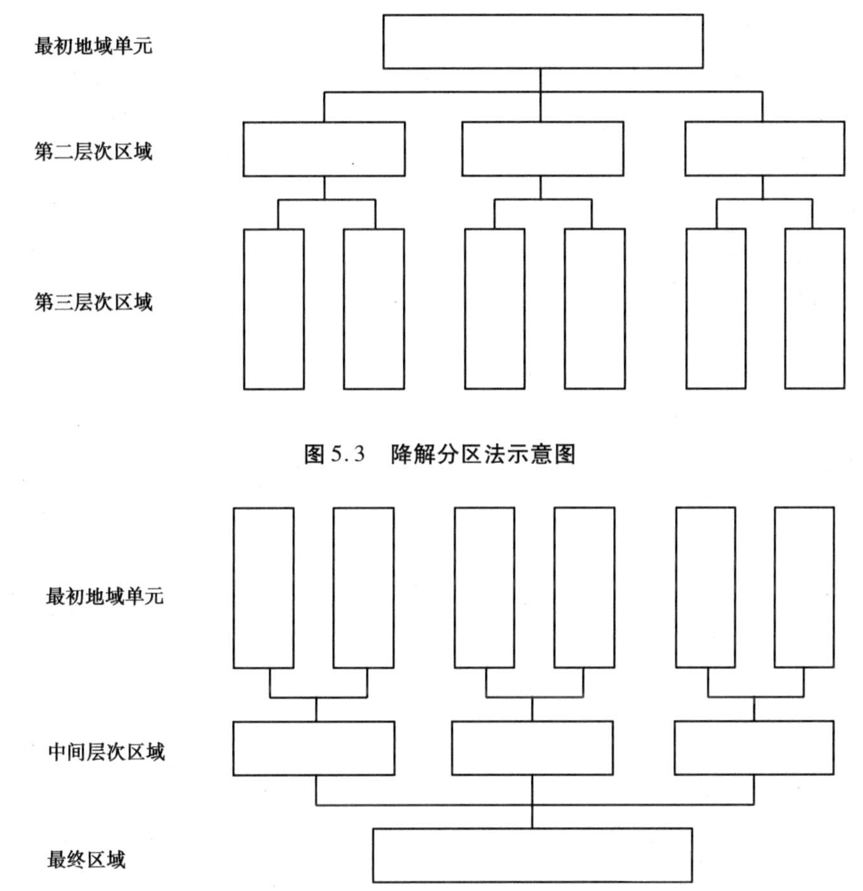

图 5.3　降解分区法示意图

图 5.4　聚类分区法示意图

2）旅游项目创意的思维方法

成功的旅游开发项目得益于独到的创意。这在交通日益便捷、旅游市场竞争日趋激烈、消费需求日趋苛刻的发展态势下，显得更为重要。创意是一个旅游开发项目的灵魂，决定其生命力和竞争力。旅游开发项目的创意要有专门的设计部门及其工作人员承担，甚至有时只靠规划设计单位也远远不够，要邀请“外脑”。旅游开发项目创意的形成具有一定的规律性和技巧性，其具体方法超过 100 种，可大致划分为 4 种类型（表 5.4）。

表 5.4 旅游项目创意的思维方法

类型名称	操作思路	具体方法
关联分析法	通过对旅游资源开发条件、旅游资源竞争性和组合性的分析，确定旅游资源开发的影响因素，找出资源自身特色与优势，明确旅游资源开发主题与形象。	二维矩阵分析法、形态学分析法、联想分析法、类推分析法、类比分析法、灰色系统法、SWOT 分析法、优势组合法、综合分析法、空间竞合分析法等。
品质分析法	通过对已有旅游资源开发项目的分析，找出既有项目通过实践检验的优缺点，形成不同于原有项目的新概念、新内涵。	检测表分析法、属性列举法、功能分析法、效益分析法、多维分析法、SWOT 分析法、系统分析法、优势组合法、逆向思维法。
趋势分析法	通过对市场需求分析，预测旅游市场未来发展态势，寻找潜在的市场机会，构思适应旅游发展趋势的旅游开发创意。	综合列表分析法、市场细分法、趋势预测法、竞争力分析法、情境模拟法、假设方案优选法、技术预测法等。
群体创造法	通过运用专家、开发设计人员、社区居民等群体讨论方法，来进行旅游资源开发的创意构思与项目设计。	头脑风暴法、德尔菲法、倾向思考法、创造性刺激法、多学科小组法、集体讨论分析法、集思广益法等。

资料来源：李庆雷，明庆忠，2008，有修改。

上述各种方法各有其优缺点，其使用效果因人、因条件变化而有差别。因此，这些方法在实践中往往不是孤立地使用，而是多种方法综合使用，相互印证，从而提高旅游资源开发项目创意的新颖性、现实性和可能性。

3）GIS 应用技术

从技术和应用的角度，GIS 是解决空间问题的工具、方法和技术；从学科的角度，GIS 是在地理学、地图学、测量学和计算机科学等学科基础上发展起来的一门学科，具有独立的学科体系；从功能的角度，GIS 具有空间数据的获取、存储、显示、编辑、处理、分析、输出和应用等功能；从系统学的角度，GIS 具有一定的结构和功能，是一个完整的系统。GIS 技术把一般的数据库操作（如查询和统计分析等）、独特的视觉化效果、地理分析功能有效地集成在一起，使其具备了解释事件、预测结果、动态模拟等实用价值。在旅游规划中，常用的 GIS 软件有 Mapinfo，ArcView，ArcInfo 等，其主要应用体现在以下 3 个方面：

（1）定量化的旅游规划

GIS 系统支持对任意评价单元的各种空间分析，如坡度、坡向、单元公路网长度、各类用地面积的测算等，并将所有评价值加权汇总，使评价分析和规划定量化，更加科学精确。

（2）可视化的分析评价过程和规划过程

GIS 为分析、评价和规划提供了一个可视化的环境，系统地把空间位置信息与有关属性建立起逻辑上的关系，大大扩展了空间查询、分析和评价等功能。系统不仅可以显示出规划对象在图像上的二维空间分布，而且可以通过图形叠加和属性查询功能，透视某一个区域某一点的任何图像及其相应的属性，包括文字、音像等多媒体信息。

(3)可模拟的动态规划

在 GIS 的辅助下,各种规划方案可以在计算机上进行模拟显示,使人们可以预先获得对规划结果的认识。对于 GIS 支持下的分析、评价和规划,当因时间或数据变化或其他原因需要调整时,只需要修改相应的数据指标或规划目标或相应的分析、评价和规划的模型即可,不必全部重来,规划图件的修改也只需要修改相应部位的符号或内容,其他部分可保持原样,这样不仅节省了大量的人力物力,而且实现了规划的动态模拟和科学预测。

5.3　旅游资源开发规划发展趋势

改革开放 30 多年以来,尤其是进入 21 世纪以后,我国的旅游规划管理制度逐步规范、理论基础逐步完善、技术水平逐步提高,其在中国旅游业发展中的作用日益凸显。吴承照(2009)在回顾总结中国旅游规划 30 年经验与教训的基础上,认为中国旅游规划未来的学术前沿有 4 个领域:旅游规划基础理论研究,各类旅游行为及旅游区发展规律的研究,旅游规划新方法与新技术的应用研究,旅游业可持续发展与资源的可持续利用研究。本书在梳理前人研究成果的基础上,从旅游规划实践的角度出发,以“指导思想—技术方法—运作机制”为逻辑结构,分别探讨旅游资源开发规划的规划思想、规划技术、规划机制的发展趋势。

5.3.1　规划思想:科学发展观

任何一个旅游规划文本都必然体现着规划师或规划团队的某种思想。规划思想贯穿于旅游规划的全过程,大到拟开发区域旅游发展目标的确立,小到一个景点的布局设计,它是旅游规划的灵魂。规划思想缺失或混乱的旅游规划,通常不具有生命力。邹再进(2008)总结了近 30 年来中国旅游规划思想的演进过程,认为经历了 6 个阶段:资源导向型旅游规划思想、市场导向型旅游规划思想、形象导向型旅游规划思想、产品导向型旅游规划思想、经济导向型旅游规划思想、科学发展导向型旅游规划思想。科学发展导向型旅游规划思想包含深刻的哲学思想,对我国旅游规划事业走上正确的发展道路具有至关重要的作用。

科学发展观强调“以人为本,全面、协调、可持续发展”,这符合社会自然发展规律,对旅游规划思想影响巨大。旅游规划的核心应该是在充分考虑人的基础上,进行旅游系统综合规划。科学发展导向型旅游规划更趋向于将旅游视为一个包含众多因素且相互关联的复杂系统来规划。在以人为本的思想指引下,充分挖掘旅游系统的潜力,整合优化旅游系统的内外部条件,使旅游系统全面满足各旅游主体的需要。旅游规划不应该成为旅游投资商过分追求经济利益和政府提高政绩的工具,而应该是充满科学思想、人文关怀、自然规律的旅游开发的“航标”。

我国的旅游资源开发和旅游规划管理曾经走过一些弯路,在某种程度上就是由于规划思想的偏差和混乱。科学发展导向的旅游规划思想就像一盏明灯,有利于解决目前存在的问题,并指明了未来的发展方向。这种思想主要强调旅游规划目标的科学性、旅游规划技术方法的科学性、旅游规划内容设计的科学性、旅游规划管理制度体制的科学性。以旅游规划目标为例,单一的资源导向、市场导向、产品导向等或某几个导向结合的规划目标都不是全面可持续的。旅游规划目标应该是一个综合体系,包含旅游经济的可持续、生态环境的可持续、社会文化的可持续等分总目标。在这些分总目标的下面应该形成一个多层次、多阶段的目标体系,并且要分析这些目标的关联性,平衡目标之间的关系。如果提出旅游接待人数和旅游收入等经济指标,就必须考虑各种旅游容量(环境承载力)的指标。从总体上看,科学发展导向的旅游规划思想尚处于萌芽阶段,其本身仍然需要不断地丰富和完善,但是它代表了旅游规划思想的发展趋势。

5.3.2 规划方法:综合集成

1990 年初,钱学森等首次把处理开放的复杂巨系统的方法定名为从定性到定量的综合集成方法。综合集成是从整体上考虑并解决问题的方法论,其基本观点是对于自然界和人类社会中一些极其复杂的事物。从系统学的观点来看,可以用开放的复杂巨系统来描述,解决这类系统的问题是从定量到定性的综合集成方法,以及在此基础上上升的综合集成体系,该体系由 3 个部分组成:专家体系、知识(信息)体系和机器体系。该方法的实质是将专家群体、数据和各种信息与计算机有机地结合起来,构成一个系统。综合集成是人用计算机来综合专家群体的定性认识及专家系统、决策支持系统等信息系统所提供的结论及各种数据与信息,经过加工处理从而使之上升为对总体的定量的认识。本质上,从定性到定量综合集成方法不是一门具体技术,而是一种研究问题的思想,是一种指导分析复杂巨系统问题的总体规划、分步实施的方法和策略。

自钱学森提出综合集成方法以后,起初主要集中应用于地球、环境、医学、军事、工程系统等方面,近年来向社会经济系统扩展,但将综合集成方法应用于旅游规划方面尚属起步阶段,研究成果十分匮乏。旅游规划的对象是旅游系统,而旅游系统是开放的复杂巨系统,这在客观上要求旅游规划必须运用与旅游系统特质相匹配的技术方法,才能做出高质量的规划成果。国内旅游规划实践中,只重视旅游有形因素的规划、客源市场调研不充分、旅游产品设计无特色、不重视旅游规划的运行机制与保障系统等问题仍然普遍存在,往往造成旅游规划的可操作性差、生命力弱。仔细分析目前存在的问题,旅游规划人员采用的技术方法不到位、不健全是重要原因之一。正是在这种情况下,综合集成的方法应用于旅游规划中具有重大的现实意义和理论价值,代表了旅游规划技术方法的发展趋势。

(1)旅游规划综合集成方法的内涵

旅游规划的综合集成方法主要是指从实践经验(特别是旅游规划专家的经验和不成文的感受及判断)出发直接研究旅游规划,在研究过程中将这些经验知识与现代旅游科学结合起来。充分利用旅游规划专家的经验,并运用计算机仿真、实验和计算,把这些定性知识和各种观测数据、统计资料结合起来,得出定量的结果,从而使旅游规划从局部定性的认识达到整体定量的认识,并通过多次反馈 ,逐步实现旅游规划的系统性、科学性以及可操作性。

(2)旅游规划综合集成方法的特征

综合集成方法作为研究面向开放的复杂旅游巨系统的旅游规划之方法论,与其他旅游规划方法相比,有其独具的特征。

①提倡理论与经验相结合。与追求纯定量化描述相呼应,现代科学的认识论轻视经验知识。钱学森抛弃了这种认识论观点,肯定经验判断的因素,提出复杂行为系统的定量方法学,认定它“是科学理论、经验和专家判断力的结合”“是半经验半理论的”。这种认识经过进一步发展,最终定型为定性定量相结合的综合集成法,指出“本质上它是科学和经验的结合”,把经验知识、实际数据、对它们综合集成视为应用此方法的 3 个要素。后来又改进表述,命名为从定性到定量综合集成法。在这里强调的是,旅游规划综合集成方法摒弃以往的以长官意志、专家经验来作为制定旅游规划的主导,但并不忽视旅游规划中经验的重要性,以免走向另一个极端——片面地追求定量化。

②走人机结合道路。随着计算机技术和人工智能的发展,采用人机结合方法处理大型复杂问题的技术路线已被国际学术界广泛接受。国外学者采取的是人机结合、以机器为主的技术路线,人处于伺候机器的地位。钱学森则主张采取人机结合、以人为主的技术路线,要机器为人服务,充分发挥人脑的创造性思维。综合集成方法应用在旅游规划领域:一方面,使得旅游规划借助于计算机的先进技术,以解决复杂的计算、建模问题。另一方面,综合集成方法克服了以往“以机器为主的技术路线”,更加体现人脑的创造性,利用计算机的先进技术以完善旅游规划。

③多方法融合。从定性到定量综合集成法还吸收了德尔菲法、软系统方法论、学术活动的研讨班形式(Seminar)等方法的精髓,融会了系统科学、信息科学、思维科学的新原理。一般来说,从定性到定量综合集成法是以钱学森倡导的现代科学技术体系学说为依据建立,充分利用人工智能、信息技术和计算机辅助设备,通过建模、计算机仿真、计算,能精确地完成各种观测数据、统计资料的存储、传输和处理,保证了研究成果的科学性。旅游规划综合集成方法就是针对旅游系统是开放的复杂巨系统这个基本特点,吸收了上述方法的精髓,实现从定性到定量的上升。

(3)旅游规划综合集成方法的运行机制

综合集成方法应用于旅游规划必须有一套完备的运行机制,才能完成综合集成方法与旅游规划的融合,目前这方面的探索较少,仍需要不断充实和完善。张述林(2008)结合旅游规划的理论与实践,试图建立旅游规划综合集成方法的运作机制(图 5.5),具体如下:

①形成经验性判断。由旅游学家、地理学家、经济学家、城市规划学家、营销学专家等依据他们掌握的科学理论、经验知识和对规划区域的考察了解,共同对其旅游发展机制(运行机制和管理机制)进行讨论和研究,明确问题的关键所在,对其发展旅游的途径和方法作出定性判断(经验性假设),并从系统思想和观点把上述问题纳入系统框架,界定系统边界,明确哪些是状态变量、环境变量、控制变量(政策变量)和输出变量(观测变量)。这一步对确定系统建模思想、模型要求和功能具有重要意义。在这一过程中,主要完成对其旅游业发展的背景条件、综合现状以及旅游资源的调查与评价。

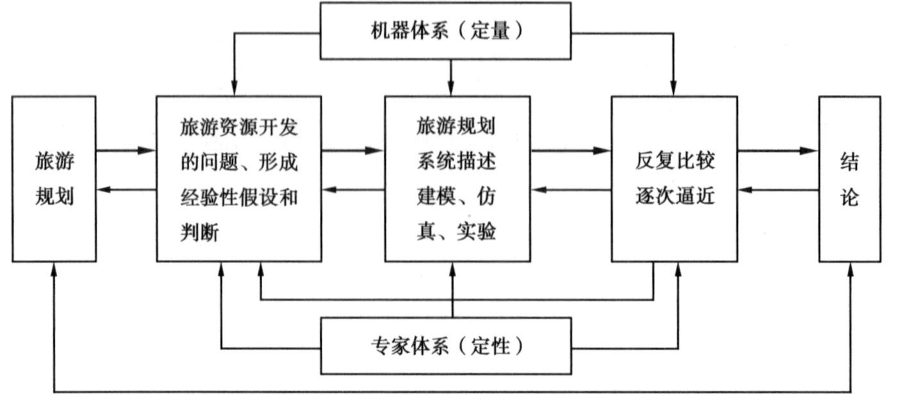

图 5.5　旅游规划综合集成方法的运作机制

资料来源:张述林,2008。

②系统描述、建模、仿真、实验。系统建模是指将一个实际系统的结构、功能、输入—输出关系用数字模型、逻辑模型等描述出来,用对模型的研究来反映对实际系统的研究。建模过程既需要理论方法,又需要经验知识,还要有真实的统计数据和有关资料,即市场调研。如在对旅游市场的分析中,应用系统建模将宾馆的入住率、景区淡旺季分布数据等录入此系统之中,以完成对市场的系统分析。有了系统模型,再借助计算机,就可以模拟系统和功能,这就是系统仿真。通过系统仿真,可以研究系统在不同输入下的反应、系统的动态特性以及未来行为的预测等,这就是系统分析。这一步骤利用计算机的模拟功能,完成了对旅游市场未来趋势的模拟来达到预测市场容量的相对准确性,完成系统决策,以及决策实施后的系统审计。

③反复比较,逐次逼近。经过以上步骤获得的定量结果,由专家们共同分析、讨论和判断,这里包括了理性的、感性的、科学的和经验的知识的相互补充。其结果可能是可信的,也可能是不可信的。在后一种情况下,还要修正模型,调整参数,重复上述工作。这样的重复可能有很多次,直到各方面专家都认为这些结果是可信的,再作出结论和政策建议。这时,既有定性描述,又有数量根据,已不再是先验的判断和猜想,而是有足够科学根据的结论。

5.3.3　规划机制:社区参与

旅游开发活动不可避免地会对旅游开发区域的社区居民产生影响,社区参与机制为当地居民在旅游资源开发与管理过程中体现自身价值与实现自身利益提供了良好途径,有利于实现生态环境保护、社区发展与社会发展共赢,维护社会公平,达到旅游开发区域的可持续发展。20 世纪 70 年代初,一些西方学者在早期旅游度假区规划研究的基础上,针对大众旅游的背景,提出了支撑旅游地社区发展的规划范式。20 世纪 80 年代中期,墨菲系统地提出社区生态旅游规划方法,揭示了社区旅游规划与社区发展之间互动的内在规律性,凸显了社区居民参与旅游规划与开发的重要性,随后掀起了社区参与旅游规划的研究热潮。如今,西方的旅游规划将社区参与作为衡量旅游可持续发展的一个重要内容和评判依据。旅游规划过程中不仅重视社区旅游发展中的利益均衡分配，同时关注社区旅游发展过程中的“参与”机会平等。在旅游规划实践中，初步形成了旅游规划社区参与的模式与机制，取得了一定成效。本书介绍了德雷克提出的生态旅游开发项目社区参与的程序模型。

第 1 阶段：确定当地参与者在项目中的作用。包括评价当地人如何能帮助进行目标设定，提高项目的实施效果，确定获益能力，分担项目成本。

第 2 阶段：选择研究团队。团队中应包括多学科研究人员、社会科学研究人员和媒体人员。

第 3 阶段：进行初步研究。应在当地环境的背景下根据现有资料，通过相关调查了解社区的政治、经济和社会情况。对以下几个方面进行了解和评估：需求、当地主要领导人、媒体、社区对项目的支持程度，各部门的介入情况、传统的土地使用方式、对项目感兴趣的人及为什么会感兴趣、妇女的作用、谁会管理和资助项目、土地所用权及文化价值观。

第 4 阶段：确定当地人的参与程度。当地人的介入程度可以在低密度到高密度的两极之间。必须确定是否有特殊的参与者介入，如有时当地政府不很支持，可以利用中介（非政府组织）号召当地人参与。

第 5 阶段：选择适当的参与机制。这种机制受当地人参与的密度和现行体制的性质（如政府、非政府组织、公民团体），以及当地人的特征（他们是否很愿意声张）影响。在这个阶段一般由社区内的各个团体选出代表组成公民顾问委员会，开发人员要向委员会介绍项目的有关信息并听取委员会的意见。委员会负责对项目的目的和目标，以及其他项目相关方面提出意见和建议。

第 6 阶段：对话和教育方面的努力。在这一阶段媒体的使用非常重要，可以通过媒体使公众的认识达成一致。在这个过程中，可以利用主要的社区代表做工作。生态旅游开发人员应向公众说明项目的主要目标和目的、项目将如何使社区受益、开发地区的价值、相关物种受到威胁的历史，以及项目的收益。应使用各种视听设备对以上观点进行说明，可以组织研讨会或公众听证会向公众说明项目的优势和劣势。

第 7 阶段：集体决策。这是将所有的研究结果和关于当地人口的相关信息进行综合分析的重要阶段。生态旅游项目人员要向社区说明他们的研究结果以及行动计划。社区成员对计划提出意见，很可能需要组织一次座谈，由项目人员和当地居民共同协商，最后就项目及其影响达成一致看法。

第 8 阶段：制订一个行动计划和实施方案。在这一阶段，项目人员和社区共同制订一个行动计划，针对相关的实施问题提出解决方案。例如，如果社区成员认为需要提高社区生活水平，项目人员的解决方案可以是以市场价或双方协议价购买当地人的农产品。项目还可以为当地人创造一些工作岗位，包括纪念品商店、研究工作、公园管理岗位，以及私营野外用品公司。这个地方行动计划必须与整个项目的宏观规划相结合。

第 9 阶段：监督和评估。监督和评估经常被忽视，其实这应该是在项目实施过程中长期、多次进行的。评估的重点是看项目开始之初设定的目的和目标是否实现。

在应用上述社区参与程序模型的时候，避免形式主义非常重要。管理者不应只简单地告诉那些利益相关者需要他们的参与，并且仅仅计划很短的时间让他们参与，这样将使项目失去可信性。

我国学者自20世纪90年代以来，为了实现旅游业可持续发展，开始关注从社区的角度进行旅游开发与规划，但大多只是在宏观上探讨社区参与旅游规划的内涵、意义、限制性因素及对策，远未在理论和实践运用上达到系统化。尽管西方的旅游规划社区参与机制已经较为完备，但有学者特别指出，每个参与程序都必须根据具体情况进行设计，强行照搬一个曾经在其他地方有效的方法可能并不适合本区域。因此，目前适应我国国情的本土化社区参与方式和机制创新问题是一个亟待研究的方向。

复习思考题

1. 旅游资源规划意义是什么？
2. 旅游资源规划原则有哪些？
3. 旅游资源规划理论有哪些？
4. 旅游资源规划编制主体、程序、内容和方法分别是什么？
5. 简述旅游资源规划发展趋势。

第 6 章
旅游产品开发

【学习导引】

旅游产品是整个旅游开发活动的核心,是旅游业一切经营活动的主体。在旅游学的研究体系中,旅游产品是重要的概念之一。旅游产品开发是根据市场需求,对旅游资源、旅游设施、旅游人力资源及旅游景点等进行规划、设计、开发和组合的活动。由于旅游产品的生命周期客观存在,为保持旅游企业的可持续发展,应该有处于成熟期的一代旅游产品,也有处于成长阶段的一代产品,同时还有正在开发当中的一代产品。只有这样,才能保持旅游企业的可持续发展。本章首先介绍了旅游产品的整体概念、基本构成和特征,重点阐述旅游产品设计和旅游产品营销组合。

【教学目标】

1. 了解旅游产品的含义及特征。
2. 明确旅游产品设计内容、过程及方法。
3. 掌握旅游产品设计原则、流程和方法。
4. 熟悉旅游产品营销组合策略和应用。

【学习重点】

旅游产品概念与特征　旅游产品设计　旅游产品营销组合

旅游产品是旅游学研究体系中最重要的概念之一。同时,旅游产品开发也是整个旅游开发活动的核心。旅游资源不断地商品化、市场化的过程中,学者们、旅游产品的供给者和经营者对市场研究的重视程度有了新的认识和重大转变。他们发现,拥有良好的旅游资源并不是在旅游市场上取胜的充分条件,从而逐步形成了市场—资源—产品—市场的基本思路,即从分析研究市场出发,针对市场需求,对资源进行筛选、加工或再创造,然后设计、制作组合成适销对路的旅游产品,通过市场营销策划推向市场。这个时候,旅游产品成了沟通旅游资源与旅游市场的重要一环,旅游产品开发设计研究变得十分重要。

6.1 旅游产品构成与特征

6.1.1 旅游产品的概念

旅游产品是整个旅游开发活动的核心，是旅游业一切经营活动的主体。在旅游学的研究体系中，旅游产品是重要的概念之一。与对旅游的认识一样，由于人们从不同的学科基础、研究方法、研究目的出发，对旅游产品概念的认识有所不同。

1）从旅游产品需求和供给的角度

旅游业同其他行业尤其是物质生产行业相比，有一个显著特点，就是旅游产品交换的双方即旅游者与旅游经营者对旅游产品的看法和感受不同。

从旅游者的角度出发，在对旅游产品进行定义时格外重视旅游者的旅游体验，形成了旅游产品的“旅游体验说”。旅游产品是指旅游者花费一定的时间、精力和费用所获得的经历和感受，是一次旅游经历。

从旅游经营者和提供者的角度出发，强调旅游产品是一种服务或服务和实体的结合，形成了“旅游服务说”和“服务实体组合说”两种观点。前者是指在市场经济条件下，旅游服务诸行业为旅游者满足游程中生活和旅游目的需要所提供各类服务的总称；后者是指旅游经营者凭借一定的旅游资源、旅游设施和其他媒体，向旅游者提供的、以满足旅游者需求的各种物质产品和劳务的总和。在此基础上又产生出旅游产品的“双态说”，即旅游产品是涵盖“单纯服务形态”和“服务与物质实体的组合形态”两层含义在内的定义。

2）从旅游产品整体构成与要素结构的角度

国内外学者从其整体构成与要素结构的研究上认为旅游产品是一个整体概念。Medlik和Middleton（1973）认为，构成总体旅游经历的服务、活动与利益综合体包括了目的地吸引物、目的地设施、可进入性、形象与价格五大要素。Smith（1994）提出了一种圈层解释模型，认为旅游产品的核心为物质基础，依次向外为服务、接待业、旅游者的选择自由、旅游者的参与机会。国内学者引入市场学的产品概念，认为旅游产品由3个层次构成：一是核心层次（Core Product），即旅游产品满足旅游者生理需要和精神需要的效用（Utility），主要表现为旅游吸引物的功能；二是形式层次（Tangible Product），即以旅游设施和旅游线路为综合形态的“实物（Object）”；三是延伸层次（Augmented Product），即为旅游者的旅游活动所提供的各种基础设施、社会化服务和旅行便利。这3个层次共同组成整体的旅游产品。

3）从旅游产品表现形式的角度

从其表现形式考察旅游产品认为，旅游产品可以包括综合旅游产品、单项旅游产品等表现形式。综合旅游产品是指各种旅游线路、旅游目的地,包括住、食、行、游、娱、购等内容;单项旅游产品是指餐饮、住宿等单项旅游产品。

总之,旅游产品具有丰富而广泛的内涵,作为一个科学的定义,既要概括出事物的本质属性,又要准确给出其外延范畴。鉴于此原则,旅游产品是指以旅游吸引物为前提,以旅游基础设施为保障,由旅游产品经营者为满足旅游者需求和实现旅游目的所提供的全部实物和劳务服务。

6.1.2　旅游产品基本构成

旅游产品是一个复杂而综合的整体,既有有形的物质产品,也有无形的服务产品,或是两者组合;既有人为生产的,也有自然赋存的,等等。

1)旅游产品的要素构成

旅游产品依据要素构成划分,可将其分为旅游吸引物、旅游设施、旅游服务和可进入性等。

(1)旅游吸引物

旅游吸引物是指在自然界和人类社会中能对旅游者产生吸引力,可以为旅游开发所利用,并产生经济效益、社会效益和环境效益的各种事物和因素,可以理解为:旅游资源或旅游景区是吸引旅游者离开生活常住地进行旅游活动的任何实物与现象、劳务。旅游者购买并消费某种旅游产品的主要目的就是为了游览和体验旅游吸引物,旅游吸引物是旅游者选购旅游产品的决定性因素,是旅游线路(旅游产品)涉及的基础条件。旅游吸引物可以是物质实体,也可以是各种自然和社会文化现象,还可以是具有影响力的事件,同样可以是智力、劳务等抽象的内容。

(2)旅游设施

旅游设施是完成旅游活动必须具备的各种设施、设备和相关的物质条件的综合。一般分为旅游服务设施和旅游基础设施两大类。旅游服务设施是指旅游经营者用来直接服务于旅游者的凭借物,主要包括住宿、餐饮、交通、娱乐等设施,它是旅游者选择旅游产品的重要影响因素之一。旅游基础设施是指旅游活动有效开展必不可少的各种公共设施,包括交通运输、供水供电、邮电通信、安全卫生、城市环境等。这些设施虽然不是直接为旅游者建设的,但却是实现旅游者空间位移的保证,是向旅游者提供服务活动的物质条件,直接影响了旅游者的旅游活动能否顺利实现,也影响了旅游服务质量的高低。

(3)旅游服务

旅游服务以有形物质产品、自然物和社会现象为载体,是实现旅游产品价值和使用价值的手段。在整个旅游过程中,旅游者很大程度上需要购买和享受的是旅游服务,因此,旅游服务在旅游产品构成中占据着无法替代的地位。旅游服务不仅是指在旅游过程中直接向旅游者提供的服务(狭义理解),而且包括向旅游企业提供物质和非物质产品的部门的服务,如食品、卫生、环保、文化、教育、建筑等部门提供的服务,是旅游企业向旅游者提供服务的载体

(广义理解)。

(4)可进入性

旅游可进入性是指旅游者在居住地与旅游目的地之间以及在多个旅游目的地之间来回移动的方便、快捷、通畅的程度,具体表现为进出旅游目的地的难易程度和时效标准。主要可从3个方面加以考察:第一是是否有完善、发达的交通网络;第二是是否有方便的通信条件;第三是出入境签证的手续、出入境验关程序、服务效率和信息咨询等的便捷与否。旅游可进入性是连接旅游者需求与各种具体旅游产品的纽带,是旅游产品成功组合的前提条件,同时,也是衡量旅游产品是否成熟的重要标志,对旅游产品的成本、质量、吸引力等有较大的影响。

2)旅游产品的整体构成

现代市场营销理论认为,整体产品都是由3个部分组成,即产品的核心部分、形式部分和延伸部分。核心部分是指产品满足消费者的基本效用和核心价值;形式部分是指构成产品的实体和外形,包括款式、商标、包装等;延伸部分是指随产品销售和使用而给消费者带来的附加利益。就旅游产品而言也如此(图6.1)。

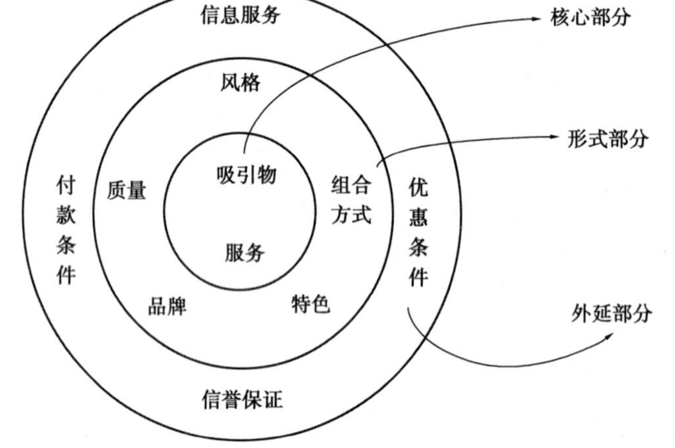

图6.1　旅游产品的整体构成

(1)旅游产品的核心部分

旅游产品的核心部分一般是指旅游吸引物和旅游服务,它是旅游产品的最基本层次,也是满足旅游者进行旅游活动最主要的对象和内容。

(2)旅游产品的形式部分

旅游产品的形式部分是旅游者在旅游过程中所接触到的实物或劳务的外观,是提升旅游产品核心价值,满足旅游者生理需求或向心理效应转化的部分,包括旅游产品的载体、质量、特色、风格、声誉及组合方式。旅游产品的载体,主要指各种旅游接待设施、景区景点、娱乐项目等,是以物化劳动表现出来的具有物质属性的实体。而旅游产品的质量、特色、风格、声誉以及组合方式,是依托载体反映出来的外在价值,是激发旅游者的旅游动机、吸引旅游者进行旅游活动的具体形式。旅游产品的形式部分使旅游产品的开发具有可操作性。

(3) 延伸部分

旅游产品的延伸部分,是指旅游者购买旅游产品时获得的优惠条件、付款条件及旅游产品的推销方式等,是旅游者进行旅游活动时所得到的各种附加利益的综合。对一般产品来说,核心部分要有形式部分与之匹配,但不一定必须要有延伸部分。但是,在旅游业中,旅游产品作为一种以服务为主体的产品,延伸部分的地位则相当重要,它是旅游者对旅游产品进行购买评价和决策的重要促进因素,能起到与其他竞争产品相区别的作用。

总体来说,旅游产品的核心部分是旅游产品的本质和灵魂,是旅游产品之所以存在的基础;形式部分是旅游产品中核心产品的外在体现,使核心产品变得更加具体和形象;延伸部分是增加旅游产品竞争力的"额外附加品",提高旅游产品的吸引力,赢得更大的市场竞争优势。

6.1.3　旅游产品基本特征

由于对旅游产品的认识存在分歧,因此,对于旅游产品的特点,在学术界也存在不同的看法。目前,旅游学界广泛认同的旅游产品特点有综合性、无形性、不可转移性、同步性、不可储存性和敏感性六大特点。

1) 综合性

旅游产品的综合性是由旅游活动的综合性和旅游需求的复杂性决定的。旅游活动是一种综合性的社会、经济、文化活动。旅游者在整个旅游活动中的需求是多层次、多方面的,从而要求旅游产品的内涵也必须是丰富多样的。旅游产品的综合性主要表现在 3 个方面。

①旅游产品是由旅游吸引物、旅游基础设施、旅游服务和可进入性组成的整体产品,既包括有形的物质产品和无形的服务,也包括非劳动产品和自然物,可以满足旅游者在旅游活动中食、住、行、游、购、娱等各方面的需求。

②旅游产品涉及行业部门众多,除了直接向旅游者提供产品与服务的旅游部门或行业外,还涉及间接向旅游者提供产品和服务的其他国民经济部门和行业,前者包括旅行社、餐饮业、住宿业、游览点等行业,后者包括治安、文化、卫生、交通等部门。

③旅游产品涉及的要素众多,包括旅游目的地的自然与社会因素,如旅游目的地国家和地区的民情风俗、生活方式和当地居民对旅游者的态度等。旅游产品的这一基本特征表明在旅游产品开发、生产、管理过程中必须协调好相关各部门和旅游各要素之间的关系。

2) 无形性

无形性是服务性产品的共同特征,因为服务是一种活动,一种行为,无法被人们触摸或以数量衡量,因此,许多服务产品在消费者心目中只是一种感受。在旅游产品中,大量的是接待服务和导游服务,有形物品占少量,服务是旅游产品的核心,因此,旅游产品具有无形性的特点。当旅游者在购买旅游产品时,在旅游者心目中只有一个通过媒体宣传和相关群体介绍获得的印象,只有当旅游者到达旅游目的地享受旅游服务时,才能感受到旅游产品的使用价值。这就是旅游产品无形性的反映。其次,旅游产品的无形性表现在其价值和使用价值不是凝结在具体的物上的,而是凝结在无形的劳务活动中,只有当旅游者享受了服务后,才能体会到旅游产品的价值和使用价值。旅游产品的这一基本特征表明,在大体相同的旅游基础设施条件下,旅游产品的生产供应可以有很大的差异。因此,旅游产品的深层开发和对市场需求的满足较多地依赖于无形产品的开发,也就是不断提高旅游服务的质量和水平。

3)不可转移性

旅游产品的不可转移性是相对于物质产品而言的。一般意义的物质产品可以通过一定的运输方式从一个地方转移到另一个地方,达到物流和商流的统一。而旅游产品作为服务产品,它所凭借的旅游资源和旅游设施无法从旅游目的地被运输到客源所在地供旅游者消费,只有通过旅游信息的传递,通过旅游中间商的促销活动将旅游者组织到目的地进行消费。因此,旅游产品的不可转移性首先表现为旅游产品的生产要素,即资源、设施、服务都在目的地进行结合,不存在产品运输问题,只表现为旅游者的空间转移。另一方面,不可转移性还表现为旅游产品在交换时不发生所有权的变更。旅游者购买旅游产品时,只是获得旅游产品在一段时间内的暂时使用权,其所有权仍然属于目的地和旅游经营企业。旅游产品的消费在空间上的不可转移性和在所有权上的不可转移性的特点都说明旅游产品的流通是以旅游信息的传递并引起旅游者的流动表现出来的。因此,大力开展旅游宣传和促销活动,吸引更多旅游者到旅游目的地,对提高旅游企业的经济效益至关重要。

4)同步性

一般的物质产品通常是先生产、销售,然后消费,这种相互独立性表现为时间和空间上的差异性。而旅游产品则是先销售,然后同时进行生产和消费,其生产、交换与消费在空间、时间上同时发生,同时结束。这是因为旅游产品是通过旅游服务形式表现出来的特殊商品,由于它的不可转移性,只有当旅游者到达旅游目的地,旅游服务的提供才会发生。也只有当旅游者接受旅游服务时,旅游消费才开始。在此之前,虽然旅游者通过预定方式对某旅游产品进行了交换,但对服务性行业来说并不意味着真正的购买行为的发生;当旅游者离开旅游目的地时,旅游活动结束,旅游者的购买行为、消费过程结束,旅游产品的生产者、经营者也就结束旅游服务的提供。因此,旅游产品的生产过程就是消费过程,消费过程就是生产过程,两者在时空上具有一致性。旅游产品生产和消费的同步性和不可分割性表现为生产过程与消费过程同时发生,两者具有高度的时空一致性。因此,旅游经营者应努力提高旅游服务水平,加强旅游产品的各要素的配套,保证旅游者在旅游活动中获得最佳感受,以增强旅游目的地的吸引力。

5)不可储存性

旅游产品具有时空上的不可分割性,任何时间、任何地点的旅游产品都不可能首先生产出来等待旅游者前来购买。只有当旅游者购买并消费时,以服务为主体的旅游产品才会生产出来。一般产品暂时无法销售出去时可以储存下来,并不会因为暂时无人购买而影响其使用价值和价值。因为有形产品具有可储存性,构成有形产品价值的固定资产折旧和变动成本会随着产品日后的销售而逐步收回。但旅游产品价值回收的过程与有形产品则不同,虽然旅游服务凭借的有形产品的价值补偿和服务的价格孕育于每单位的旅游产品中,也会随着旅游服务的实现而逐渐回收,但旅游产品的时间性很强,如果客房当天没有售出,其当天应分摊的价值就得不到实现和补偿,次日的出租也无法补偿前日的损失,不能以任何其他有形产品的形式将其储存下来。同样,旅游产品的无形服务也是如此。只有当旅游者来到并消费时,服务才能创造使用价值和价值,否则当天创造的服务价值就会失去,不能像有形产品那样存储起来。旅游经营者应在此特点中认识到"顾客是上帝"的真谛,在旅游经营过程中应努力加强旅游市场的调查研究与预测,选用灵活多变的经营方式,提供适销对路的旅游产品,增添富有吸引力的旅游服务项目,提高旅游设施设备的使用率。

6)敏感性

旅游产品的敏感性是指旅游产品的使用价值和价值的实现要受到多种因素的作用和影响,这些因素既有旅游产品内部各组成部分之间的相互影响,也受外部环境不可控制因素的制约。旅游产品的敏感性主要表现在以下 3 个方面:

①旅游产品是满足人们在旅游过程中住、食、行、游、购、娱等多方面需求的综合性产品。这六大要素之间存在一定的比例关系,一旦各要素之间比例失调或任何一部分的供给脱节,就会影响旅游产品的整体效能,从而影响旅游产品的使用价值和价值的实现。

②由于旅游消费的季节性特点十分明显,因此在淡旺季之间的消费差异很大。比如某海滨旅游度假村在夏季的时候,产品可能出现供不应求,但冬季几乎没有销售,使得大量的旅游设施及设备处于闲置状态。

③旅游消费是旅游者亲身前往旅游地的异地消费,旅游地的自然、政治、经济和社会等因素都可能对旅游产品价值的实现产生影响。如经济因素中的国际性金融危机、汇率变化等,自然因素中的各种灾害、环境污染等,政治因素中的国际政治关系恶化、国内政局动荡、恐怖活动猖獗等,都会导致旅游的发展停滞。旅游经营者应认识到旅游产品这一特点,寻找旅游产品波动的规律,有针对性地在不同的"敏感期"采取不同的营销策略。

6.2　旅游产品开发设计

6.2.1　旅游产品开发原则

如何使旅游产品的开发取得较好的经济效益和社会效益,一般以最有效地利用旅游资源、最大限度地满足市场需要和最有利于发挥竞争优势为标准,因此,必须遵守以下 4 个原则:

1)市场导向原则

旅游业具有典型的市场经济特征,旅游需求是旅游产品产生和发展方向的直接决定性因素。因此,旅游产品的开发和设计,必须以旅游者需求为中心,遵循市场导向原则。市场导向原则要求:一方面,在市场分析和市场定位时遵循市场经济规律;另一方面,要根据市场的变化和旅游产品的生命周期理论,不断开发新产品和增加现有产品的新功能来满足旅游者的需求。

2)突出特色原则

特色是旅游产品的灵魂,是旅游产品差别竞争和旅游吸引力的主要源泉。突出特色原则要求旅游经营者深入研究旅游产品的文脉,去除一般普遍性特征,提取独特性特征。

3)系统开发原则

旅游产品具有显著的综合性特点,旅游产品的功能不同于一般的产品,包含了多种要素,涉及多个部门,其生产的过程相当复杂。因此,旅游产品的开发和设计必须综合、系统规划,全面、协调发展。

4)可持续发展原则

旅游产品的开发大都是依托旅游资源进行的,旅游资源大多具有不可再生的特性,因此,旅游产品的开发要遵循可持续发展的原则。具体表现在两个方面:一是尊重旅游产品生命周期规律,在开发过程中,针对不同阶段的特征有效地进行开发和设计;二是旅游产品的开发要与环境和资源保护相协调。

6.2.2 旅游产品开发内容

旅游产品是一个综合性的产品,旅游产品开发要根据市场需要,对旅游资源、旅游设施、旅游人力资源以及旅游商品等进行规划、设计、开发和组合,主要可以落实到两个方面:一是对旅游地的规划和开发;二是对旅游线路的设计和组合。

1)旅游地的开发

旅游地是旅游产品的地域载体,旅游者对旅游产品满意与否,主要取决于旅游者在旅游地所能参加的一系列旅游活动以及能够得到的一切旅游服务。这些都需要对旅游地景区景点的建设、接待设施的完善、人力资源的培养、环保措施的制定等作出统一的安排和部署。由于开发历史和开发程度的不同,旅游地在开发的重点和方向上也不相同。

(1)全新旅游地的开发

对于一个新兴旅游地来说,明确自己在竞争中所处的地位是十分重要的。首先,旅游地要了解自己的旅游资源基础,查明旅游资源的总量、种类、密度、丰度、品位等,对旅游资源基础的优劣作出判断。其次,要分析潜在的竞争对手,并根据当前旅游市场竞争的状况,确定合适的旅游目标市场,制定出明确的旅游发展目标。再考虑建设哪些景区景点,开发哪些旅游项目,挖掘哪些旅游商品,增加多少旅游车船、宾馆、饭店等。最后,还要与旅游业从业人员需求总量的发展速度相匹配。值得注意的是,无论什么类型的旅游产品或旅游目的地的开发,都要有切实可行的旅游环境保护措施,保证旅游地的开发是科学的、可持续的。

(2)发展中旅游地的开发

对于发展中的旅游目的地,旅游产品的开发已有一定的基础,开发的重点是利用原有旅游产品的声誉和开发优势,进一步扩大和增加新的旅游活动、新的旅游项目,突出旅游产品特色,加大旅游市场营销,进一步提高旅游产品的吸引力。

(3)发达旅游地的开发

对于发达旅游地的开发,主要是继续巩固和提升旅游地的市场形象,不断提高旅游地的管理水平和服务水平,积极创新,充分运用现代科学技术所取得的一切成就,改造和改进原有的老产品,提高原有产品的科技含量。通过精心的构思和设计,创新出一批对市场有引导作用的旅游项目。

2)旅游线路的设计

旅游线路作为旅游产品的销售形式,是旅游产品组合的典型代表,科学合理地组织与设计旅游线路,是旅游开发的重点工作。

旅游线路的开发必须考虑 5 个方面的因素:旅游资源、旅游基础设施、旅游专门设施、旅游成本因子(费用、时间、距离)和旅游服务,它的开发实质上是综合旅游产品的开发。旅游线路的设计与组合大致可以分为 4 个阶段:第一阶段,分析目标市场的旅游成本,确定旅游线路的性质和类型;第二阶段,根据旅游市场需求组织相关的旅游资源,确定旅游资源的空间格局;第三阶段,结合上述背景资料,分析相关的旅游设施,计算出若干可供选择的线路;第四阶段,选择最优的旅游线路(可以有几条)。

(1)团体旅游线路和散客旅游线路

按旅游线路使用对象的不同性质来分,可以将旅游线路分为团体旅游线路和散客旅游线路。团体旅游线路的设计主要是面向包价旅游的整体设计,散客旅游线路又可细分为拼合选择式线路和跳跃式线路。前者是指整个旅程设计有几种分段组合线路,旅游者可以自己选择和拼合,并且在旅游过程中可以改变原有的选择;后者是指旅行社只提供整个旅游中的几小段线路或几段服务,其余皆由旅游者自己设计。

(2)长线旅游线路、中程旅游线路、中短旅游线路和小尺度游览线路

按旅游线路跨越的空间尺度来分,可以分为跨区域的旅游长线,如长江三峡旅游线路,贯穿了江苏、湖北、湖南、四川、重庆。省际的中程旅游线路和省内的中短旅游线路。至于小尺度的景区游览线路,它主要与旅游地的开发规划有关。

(3)周游型旅游线路和逗留型旅游线路

按旅游者的行为和意愿特征来分,可分为周游型旅游线路和逗留型旅游线路。周游型旅游线路的游客,其旅游活动主要以观光为主,线路中包含的旅游目的地数量相对较多。逗

留型旅游线路,其包含的旅游目的地数量相对较少,旅游者的活动主要不只是为了观赏风景,还包含重复地使用一些资源和设施。

此外,旅游线路还可以根据旅程的不同天数划分为一日游旅游线路与多日游旅游线路;按旅游者使用的交通工具划分为不同交通工具的旅游线路。

6.2.3 旅游产品开发流程

旅游产品的开发不仅包含新产品的开发和设计,而且包含对现有产品的诊断和改良。旅游产品开发不是一个线性的过程,产品开发出来后要适时进行检测和反馈。因此,旅游产品的开发是一个循环的流程,一般包括以下 10 个步骤(图 6.2):市场调查与分析、市场细分、目标市场选择、产品构思、意念筛选、概念测试、效益分析、产品开发设计、产品上市、市场反馈。

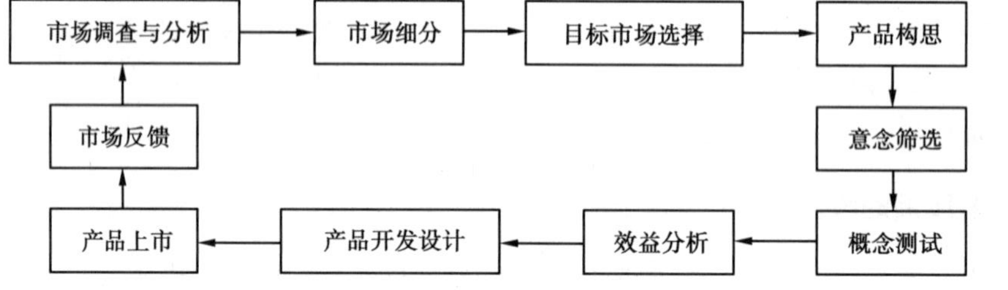

图 6.2 旅游产品开发的流程

(1)市场调查与分析

通过市场调查对旅游市场进行分析,发觉未被满足的市场需求,对其进行进一步筛选,选出具有市场价值的有效需求,再根据其特征开发新的旅游产品。

(2)市场细分

进行市场调查分析后,根据影响旅游者需求特点的明显标志,把整体有效需求市场划分为若干个具有不同需求差别的旅游者群体,为旅游市场定位做好细分基础。

(3)目标市场选择

市场定位就是对市场细分后的各个细分市场进行评估评价,评价细分市场的发展潜力,找出最具有开发价值的目标市场,以此决定旅游产品开发的具体事项。

(4)产品构思

根据旅游目标市场的特定需求,对旅游产品的基本轮廓架构进行设想。构思来源既可能来自企业内部,也可能来自企业外部,如竞争对手、旅游者、科研机构等。

(5)意念筛选

根据企业自身的条件、资源、经营实力、市场状况、技术水平和管理能力等对得出的构思进行综合评价,排除不可行的意念,留下可开发的构思方案。

(6)概念测试

将经过筛选后的旅游产品构思发展成为具体的产品概念,并让此产品概念接受目标市场的测试,从中获得顾客对产品概念的反应和意见,将产品概念与竞争对手、顾客的需求进行比较,找出差异之处,从而进一步对旅游产品进行产品定位和制订营销计划。

(7)效益分析

对新的旅游产品进行可行性和收益率的评估,以决定是否对旅游产品概念进行产品开发和投入市场。

(8)产品开发设计

产品开发设计是旅游产品开发的实际运作,旅游企业将有开发价值的旅游产品概念投入实际开发设计,对产品开发项目引入资金流,召集、调配、招聘合适的工作人员,采购必要的设施,建立各种沟通关系、网络渠道,与其他旅游供应商商谈有关合作事宜等。

(9)产品上市

将开发成功的旅游产品正式投向市场进行产品销售。旅游企业应随时注意市场变化动态,根据市场的反馈信息对旅游产品进行更新和改进,以更好地满足市场需求。

(10)市场反馈

新旅游产品投入市场后,旅游者对其评价是旅游企业提高产品质量的重要依据。因此,旅游企业要注重对市场中信息的反馈,及时收集信息并进行意见分析,以便更好地优化和提高产品质量与服务水平。

6.2.4　旅游产品开发方法

1)市场调查法

市场调查法是指运用科学的方法和手段,有计划、有目的、系统地收集、记录、整理、分析和总结旅游市场信息,以了解现实客源市场和潜在客源市场,为科学地进行旅游产品开发提供客观依据的方法。

(1)间接调查法

间接调查法是指通过收集旅游区内部和外部各种现有的信息数据和情报资料,从中选取相关信息进行分析研究的一种调查方法。间接调查可以为直接调查提供背景资料,因此,大多数的市场调查都始于间接调查,然后再通过直接调查收集第一手资料来满足第二手资料所不能满足的信息要求。间接调查法主要包括内部资料收集和外部资料收集两种方法。

(2)直接调查法

直接调查法又称实地调查法,是指在周密的调查设计和组织下,由调查人员直接向被调查者收集原始资料的一种调查方法。直接调查的针对性和实效性很强,但调查成本较高。直接调查主要有调查法和观察法。

调查法是指调查人员将事先拟订好的调查问题以各种方式向被调查者提出,从而收集相关资料的方法,一般适用于描述性研究。通过调查法,可以了解旅游者的认知、偏好和满意程度等。按调查人员接触被调查者的方式不同,调查法可分为实地问卷调查法、网上调查法、访谈法、电话法等。调查法的成功与否,取决于被调查者的配合以及调查者的准备工作和访谈技巧的掌握。

观察法是指旅游调查人员直接到现场观察调研对象的行为的研究方法。例如,旅游调研人员可以在餐厅、酒吧等消费场所观察游客的消费行为,从而间接了解旅游目的地服务设施、娱乐设施的现状。

2)创意激发法

创意激发法是指产品开发者对自身创意思维的激发和唤醒方法,即在创意思维的过程中充分调动想象、直觉、灵感、审美等诸多因子,以促使创意思维的发散。创意激发法最大的一个特点是它的通用性,即在所有与创造力相关的领域和行业中,创意激发法都会起到至关重要的作用。随着旅游者旅游需求的多样化,旅游产品的开发需要各种各样的创新构思。旅游产品由多种要素组合,涉及多个部门,具有极强的综合性,在其开发的过程中使用创意激发法进行开发构思、形象设计等能获得较好的效果。创意激发法有想象法与联想法、类比法、移植法、德尔菲法、头脑风暴法等,其中使用最多的是头脑风暴法和德尔菲法。

(1)头脑风暴法

头脑风暴法,又称智力激励法、BS 法、自由思考法,是由美国创造学家 A. F. Osborn 在 1953 年正式发表的一种激发性思维的方法,其中心意思是指就有关问题召开专家座谈会,让专家畅谈自己的观点,对问题进行分析解读,然后由产品开发者对专家意见进行梳理组织,形成统一的结论,最终在此基础上,找出各种问题的症结所在,提出有针对性的开发创意。

(2)德尔菲法

德尔菲法是 20 世纪 60 年代由美国兰德公司首创和使用的一种特殊的策划方法,它以问卷的形式对一组选定的专家进行征询。经过几轮征询,使专家的意见趋于一致,从而获得预测结果,直至得出比较统一的方案。德尔菲法自问世以来,在软科学领域获得了广泛的应用。德尔菲法预测的成功与否取决于研究者问卷的设计和所选专家的合格程度。另外,在几轮征询中,保持被询问专家的稳定是最重要的。在旅游产品开发中某一产品的历史资料或数据不够充分时,可以采用德尔菲法进行产品开发预测。

3)成本决策法

成本决策法是指用决策理论,根据成本预测及有关成本资料,运用定性与定量的方法,抉择最佳成本方案的过程。成本决策可分为宏观成本决策和微观成本决策。它贯穿于整个生产经营过程,涉及面广。因此,在每个环节都应选择最优的成本决策方案,才能达到总体的最优。

成本决策的方法很多,因成本决策的内容及目的不同,采用的方法也不同,这里主要介绍差量损益分析法和相关成本分析法。

(1)差量损益分析法

所谓差量,是指两个不同方案的差异额。差量损益分析法是以差量损益作为最终的评价指标,由差量损益决定方案取舍的一种决策方法。计算的差量损益如果大于零,则前一方案优于后一方案,接受前一方案;如果差量损益小于零,则后一方案为优,舍弃前一方案。差量成本以及差量损益必须坚持相关性原则,凡与决策无关的收入、成本、损益均应予以剔除。差量损益的计算有两个途径:一是依据定义计算,二是用差量收入减去差量成本计算,决策中多采用后一方式计算求得。差量损益分析法适用于同时涉及成本和收入的两个不同方案的决策分析，常常通过编制差量损益分析表进行分析评价。

(2)相关成本分析法

相关成本分析法是以相关成本作为最终的评价指标，由相关成本决定方案取舍的一种决策方法。相关成本越小，说明企业所花费的成本越低。因此，决策时应选择相关成本最低的方案为优选方案。相关成本分析法适用于只涉及成本的方案决策。如果不同方案的收入相等，也可以视为此类问题的决策。这种方法可以通过编制相关成本分析表进行分析评价。

4)产品竞争组合分析法

对一特定地区来说，不可能开发出所有种类的旅游产品。这就需要对当地的资源、市场和竞争态势进行分析，提出最适合本地情况的若干种优势产品，构成产品组合。旅游产品组合是旅游产品开发的重要环节。

组合分析是很多行业都在运用的一种产品开发方法。在旅游产品开发管理中，组合战略形成了区域整体的产品概念，有利于旅游营销和面向市场的开发管理。产品组合效应有赖于旅游产品的结构效应，包括基本需求结构、产品品类结构、消费档次结构、时间分配结构、串联路线结构等效应。Heath 和 Wall 曾总结了一些常用的产品组合方法，这里简要介绍如下：

(1)波士顿咨询公司产品组合法

波士顿咨询公司产品组合法(Boston Consulting Group Portfolio Approach)由波士顿咨询公司提出。其基本做法是：利用波士顿咨询公司矩阵对每一种旅游产品进行打分评价，该矩阵(图6.3)纵横两轴的标准：一是市场增长率；二是市场份额态势。前者是指最近几年来热衷于某种产品的旅游者的增长率；后者是指选择某种产品的游客数量与其最大的竞争者所占的市场份额的比值。根据产品在增长率和份额态势矩阵中的具体位置，可以将产品定位为以下4种情况中的一种(图6.3)。

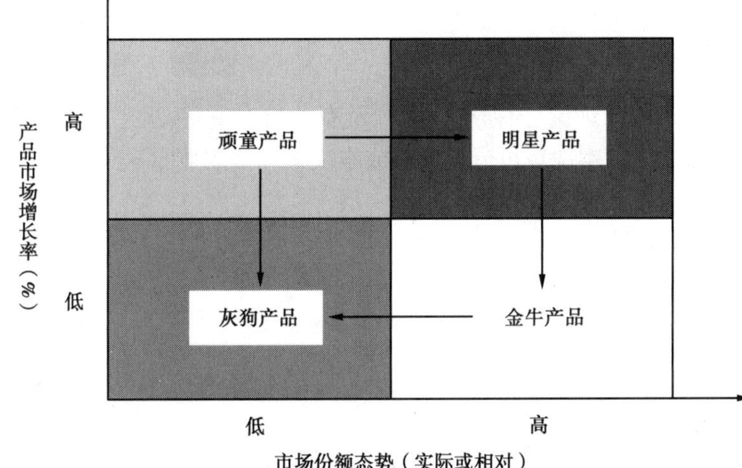

图6.3　波士顿咨询公司矩阵

资料来源：DAY，1977，有改动。

4 种情况的旅游产品所占有的市场份额和增长率不同,其特征也不相同(表 6.1)。

表 6.1　波士顿咨询公司产品分类及特征

类　型	市场增长率、市场份额态势	特　征
明星产品	高增长、高份额	市场中的领导者,企业竞争的王牌;不意味着能产生大量现实利润;旅游经营者必须投入大量资金维持其高增长率
金牛产品	低增长、高份额	具有规模经济效益和较高边际利润,为经营者提供大量的现金收益,其利润可用于支撑明星产品、顽童产品的营销投入,对衰退产品的更新
顽童产品	高增长、低份额	需要大量的资金投入,可能转化为明星产品,也可能因为开发潜力不大或营销不当转化为灰狗产品
灰狗产品	低增长、低份额	尽管投入大量资金进行营销仍不能提高市场增长率或扩大市场份额,需要考虑是放弃还是改造,或发起新的营销攻势

(2)一般选举组合法

一般选举组合法(The General Electric Portfolio Approach)以市场引力和组织(区域)强度为两个基本尺度,评价产品的地位。而两者都是由多种因素综合形成的,如市场引力包含了市场规模、市场增长率以及竞争强度等;组织强度(或区域强度)则由产品质量、市场知识、市场有效性等共同决定。每一种尺度又分为 3 种情况,其中,市场引力分为高、中、低 3 种水平,区域强度分为强、中、弱 3 种水平。根据产品在该矩阵(图 6.4)中的位置,组合为综合强引力型、综合中等引力型以及综合低引力型三大类。

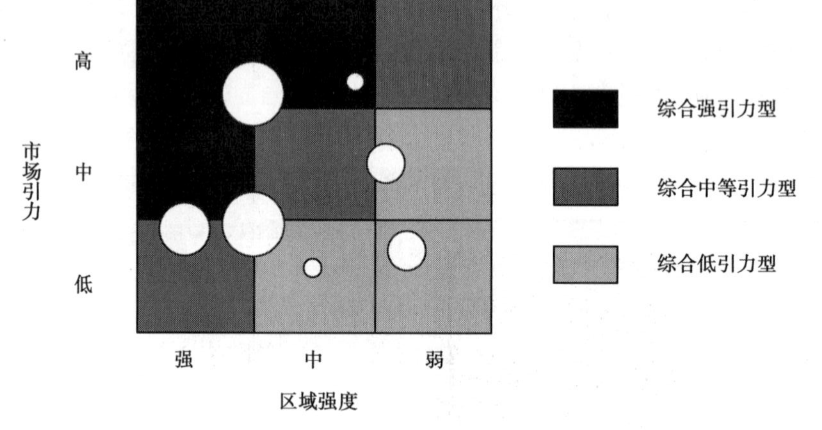

图 6.4　一般选举组合法

资料来源:Abell and Hammond,1979。

(3)区域旅游组合模型

区域旅游组合模型(The Regional Tourism Portfolio Model)由 3 个要素组成判断矩阵,来对区域旅游产品进行评价:一是产品是否接近区域的目标;二是旅游产品的质量;三是市场发育能力。每一评价尺度都可分为高、中、低三级水平。图 6.5 的案例显示的是一个以水上运动和户外活动为发展目标的情况,在这种情况下,需要对产品进行分析评价。划船和自然公园最符合发展目标,但自然公园的质量和它的市场发育能力却不是很高,因此,这种产品需要改善。当地的文化景点虽然与发展目标不太吻合,但它们的质量和市场潜力却较大,所以,应对此加以维护并集中规模开发。

质量			
高	划船（MV-H）决策：扩大规模，提高质量		文化景点（MV-H）决策：扩大规模，提高质量
中		会议设施（MV-M）决策：维持规模 维持质量	
低	自然公园（MV-L）决策：压缩规模，提高质量		考古景点（MV-L）决策：压缩规模或取消

MV=市场发育能力　H=高　M=中　L=低

图6.5　区域旅游产品组合模型

资料来源:Kotler and Fox,1985。

(4)产业—吸引力分析矩阵

产业—吸引力分析矩阵(The Industry-Attractiveness Analysis Matrix)由波士顿咨询公司模型改造而成,用原来客源地区吸引力来代替原来的市场增长率,用目的地的竞争地位代替市场份额。这种新的分析方法便于对某一特定目的地的不同客源市场进行比较,也可以对游客接待地(目的地)所处的竞争地位加以评价。这些因素不仅可以反映区域旅游预算支出中那些最有吸引力的客源市场,而且还可以体现其可能的成本—效用。在该分析矩阵(图6.6)中,客源地市场引力为纵轴,目的地的竞争地位为横轴。每一轴都可以分为高、中、低3种等级,这样矩轴共有9个板块,分别显示目的地与客源地构成的总体吸引力大小。

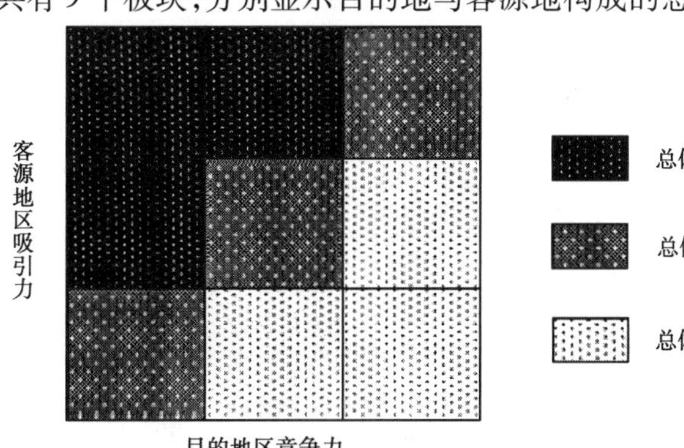

图6.6　产业—吸引力分析矩阵

资料来源:Henshall and Poberts,1985。

6.3 旅游产品生命周期及其调控

旅游产品一经开发出来就要提供给旅游市场去销售,接受旅游者的选择和消费。尽管旅游产品明显区别于一般消费品,但也同样会经历一个从产生到衰亡的过程,这一过程所经历的时间可长可短,其具体情况随着旅游产品的不同而不同。这种旅游产品必然经历某种时间性的演变过程,也就是旅游产品的生命周期。因此,旅游产品生命周期就是指旅游产品从投入市场直到被市场淘汰,再无生产的可能和有必要为止的全部持续时间。

6.3.1 旅游产品生命周期理论

旅游产品生命周期理论(PLC,Product Life Cycle),也有学者称之为旅游地生命周期(RLC,Resort Life Cycle),是指旅游产品从进入市场到最后被市场淘汰、退出市场的整个过程。旅游产品生命周期理论从时间尺度来研究和评价产品,为分析旅游产品的演化过程、预测旅游产品的发展和指导旅游产品的市场营销提供了理论框架。

1)旅游产品生命周期的阶段划分及特征

旅游产品生命周期的概念最早是由德国学者克里斯塔勒(1963)在研究欧洲旅游发展时提出。目前,旅游界较为公认的是加拿大学者巴特勒(1980)提出的旅游地生命周期理论,其主要观点为一个旅游地的发展变化过程,一般要经历探索、起步、发展、稳固、停滞、衰落或复兴6个阶段。除此之外,4个阶段(图6.7)的划分也被广泛接受,即分为导入期、成长期、成熟期和复兴期或衰退期(表6.2)。

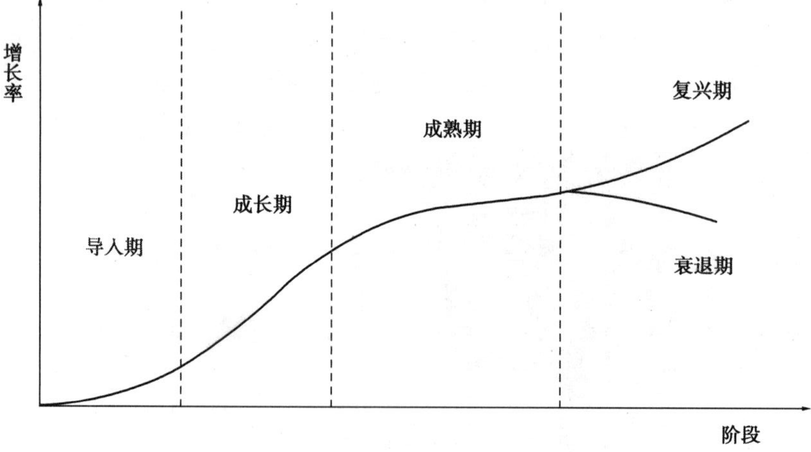

图6.7 旅游产品生命周期典型模型

表6.2　旅游产品各阶段的基本特征

		导入期	成长期	成熟期		衰退期
				前　期	后　期	
特征	旅游人数	少	快速增长	缓慢增长	稳定或下降	下降
	企业利润	亏损	增加	最高	盈利减少	低或亏损
	市场占有率	低	扩大	最大	饱和	下降
	单位成本	高	下降	最低	增加	增加
	竞争	少	兴起	增加	最多	减少

资料来源:张运生,2006,有修改。

(1)旅游产品的导入期

在导入期,正是新的旅游产品推向旅游市场的时期,具体表现为新旅游景点、旅游娱乐设施的建成、新旅游线路开通、新旅游项目的推出等。在这一阶段,产品尚未被旅游者了解和接受,销售量增长缓慢而无规律。旅游企业的接待量很少,投入费用较大,经营单位成本高。企业为了使旅游者了解和认识产品,需要做大量的广告和促销工作,产品的销售费用较大。在这一阶段内,旅游者的购买很多是试验性的,几乎没有重复购买。企业通常采用试销态度,因此企业往往销售水平低,利润极小,甚至亏损。但在这个阶段,市场上一般还没有同行竞争。

(2)旅游产品的成长期

在这一阶段,旅游景点、旅游地开发初具规模,旅游设施、旅游服务逐步配套,旅游产品基本定型并形成一定的特色,前期宣传促销开始体现效果。这时,旅游产品在市场上拥有一定的知名度,产品销量迅速增长。旅游者对产品有所熟悉,越来越多的人试用这一产品,重复购买的也逐步增多。企业的广告费用相对减少,销售成本大幅度下降,利润迅速上升。在这一阶段,其他旅游企业看到产品销售很好,就可能组合相同的产品进入,市场上开始出现竞争。

(3)旅游产品的成熟期

在产品的成熟期内,潜在顾客逐步减少,大多属于重复购买的市场。旅游产品的市场需求量已经达到饱和状态,销售量达到最高点。前期销售量可能持续增加,中期处于不增不减的平稳状态,后期的销售量增长率趋于零,甚至可能会出现负增长。利润增长也将达到最高点,并有逐渐下降的趋势。很多同类旅游产品和仿制品都已进入市场,扩大了旅游者对旅游产品的选择范围,市场竞争十分激烈,而且还有来自更新产品的替代性竞争,差异化成为竞争的核心。

(4)旅游产品的衰退期

旅游产品所处的衰退期一般是指产品的更新换代阶段。在这一阶段,新的旅游产品已经进入市场,正在逐渐替代老产品。旅游者丧失了对老产品的兴趣,或由对新产品的兴趣取代了对老产品的兴趣。原来的产品,除少数品牌产品外,市场销售量日益下降。市场竞争突出地表现为价格竞争,价格不断下跌,利润迅速减少,甚至出现亏损。

2)旅游产品生命周期的影响因素

一种产品在市场上的发展变化是多种因素影响与制约的结果,有时甚至会出现各种非典型或非正常的变化现象,称为产品生命周期的变异。旅游产品的周期是客观存在的,但不是固定不变的,其变化受到许多因素的影响(图 6.8)。

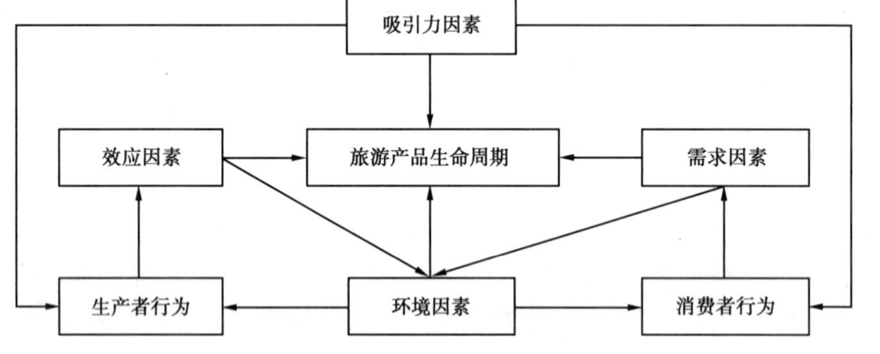

图 6.8　旅游产品生命周期影响因素的相互关系

资料来源:张运生,2006。

(1)旅游产品吸引力因素

旅游吸引物的吸引力是旅游产品生死存亡的关键因素,主要体现在旅游核心产品的旅游吸引物的两大功能上:一是旅游吸引物的吸引功能,它决定了旅游产品对旅游者的吸引力的大小。一般来说,吸引力越大,其旅游产品的生命周期就越长。二是旅游吸引物的效益功能,旅游吸引物的经济、社会、生态效益越高,旅游业就越发达,旅游地生命周期也就越长。

(2)旅游市场需求因素

①旅游市场对旅游产品认识的影响。从旅游市场需求方的角度讲,新开发的旅游产品在向潜在的市场扩散信息时有一个信息传递的过程,这个过程必然经历信息扩散范围由近到远,然后到整个潜在市场基本被信息覆盖的过程,从而导致旅游产品的销售量由少到多,逐渐达到高峰而后又趋于减少,对旅游产品生命周期产生影响。

②旅游市场需求变化的影响。这主要是指消费者需求的变化。消费者的需求可能因时尚潮流的变化而发生兴趣转移,从而引起客源市场的变化,导致某地旅游资源吸引力的衰减。消费观念的变化、收入的增加、新的旅游景点的出现、目的地的环境污染或服务质量下降等原因,都会影响消费需求的变化。

(3)综合效应因素

综合效应因素对旅游产品生命周期的影响,主要表现在:由旅游活动(包括旅游者活动和旅游产业活动)所引发的对旅游目的地的经济、环境和社会文化效应。

①经济效应。它对旅游目的地旅游发展的影响,可以集中反映在:持续、积极的经济效

应，不仅可以增强旅游地维持繁荣期的能力，还可以促进旅游地的深度旅游开发。相反，任何消极的经济效应，会加速一个旅游目的地走向衰退。

②环境效应。越来越多的事实表明，旅游对环境的影响是非常广泛而深刻的，而环境又是旅游产品的一个重要载体。一个为满足旅游者消费需求而开发出来的旅游地，如果因管理不善而带来严重的环境问题，就意味着旅游者购买该旅游产品的初衷事实上已无法实现，加之环境问题引起的社区各种利益集团的负面反应，必然加速旅游产品的衰亡。

③社会文化效应。从西方旅游发达国家走过的历程来看，旅游社会文化效应在某些情况下确实足以影响旅游目的地的旅游发展。一般而言，在旅游地的早期发展阶段，旅游者对旅游地旅游发展的影响主要是正面的积极影响。而在旅游地发展后期，由于旅游的大众化对地方文化的冲击趋于激烈，由此引发的种种社会摩擦，可能潜在地或现实地加速旅游地旅游产业的衰亡。

(4)旅游企业决策因素

旅游企业的正确决策是有效开发旅游产品各生命周期阶段效益的关键。在旅游业市场竞争日趋激烈的今天，科学合理的经营观念、适应市场实际情况的促销与宣传方式、正确的产品组合策略和市场细分战略，是保持和扩展客源市场、延长旅游产品生命周期的必然条件。

6.3.2　旅游产品生命周期调控

为了保证旅游产品带来的最大经济效益和社会效益，旅游企业必须针对产品生命周期各阶段的不同特点，采取不同的市场营销策略。旅游产品生命周期的阶段特点与对策见表6.3。

1)导入期的调控政策

在这一时期，旅游企业必须围绕以下几个方面采取相应的调控措施：

①采取各种措施使新产品快速进入市场，扩大市场占有率。

②提高企业声誉，树立企业市场形象。

③尽可能提高产品利润率，争取在较短的时间内收回新产品开发成本。

2)成长期的调控政策

①根据市场信息反馈，不断完善旅游产品，保证产品的高质量和社会满意程度。

②不断开拓并采用新的营销渠道和销售方式，竭尽所能开拓新市场。

③采取各种手段尽可能杜绝竞争对手进入同类产品市场。如撇脂营销方法，即在高价位进入市场快速收回产品开发成本，一旦有竞争者进入同类市场则降低价格。

3)成熟期的调控政策

(1)改进产品

在现有产品的基础上，根据市场需求的变化，通过产品改进，不断给旅游产品增加新的吸引力因素。

(2)改进市场营销组合

根据市场竞争状况,对市场营销组合情况进行改进,从产品、价格、销售渠道、促销方式等方面入手,尽可能推迟旅游产品衰退期的到来。

(3)研制、开发新的旅游产品

在旅游产品成熟期,企业的决策者要预见到衰退期的到来,尽早准备,其中,研制、开发新产品无疑是一项重要工作。

4)衰退期的调控政策

对于没有经营价值的产品应尽早予以放弃。

对于尚有一定经营价值的产品,比如该产品在市场仍有一定的知名度或占有率,应该继续经营,然后逐步进行放弃。

表 6.3 旅游产品生命周期的阶段特点与对策

		导入期	成长期	成熟期		衰退期
				前期	后期	
对策	策略重点	进入市场	扩大市场	保持市场份额		选择撤退时期
	生产策略	少量生产	扩大生产能力	增加产品特色		转移生产方向
	产品策略	试销本产品	完善产品	产品与市场改革		开发新产品
	促销策略	宣传以增加了解	强调品质、品牌	服务促销		发展新顾客
	价格策略	一般较高	较低	更低		最低
	营销策略	树立形象	建立偏好	建立品牌忠诚		保护品牌忠诚

资料来源:吴剑豪,2008,有修改。

复习思考题

1. 如何定义旅游产品?
2. 旅游产品的基本构成有哪些?
3. 旅游产品的基本特征有哪些?
4. 旅游产品开发的原则是什么?
5. 旅游产品开发的流程和方法分别是什么?

第 7 章 旅游资源整合

【学习导引】

有效的旅游资源整合能够促进资源的合理分配,提高旅游资源利用率,避免资源浪费。旅游资源是有限的,甚至是不可再生的,旅游资源的整合需要根据实际情况采取相应的模式,各种资源在整合中注重相互协调,共同发展,达到更好的效果。本章首先介绍了旅游资源整合的内涵与意义,以及原则和理论基础,并说明旅游资源的整合内容,包括空间整合、主题整合、文化整合等不同的形式,重点阐述了旅游资源整合的驱动机制与模式。

【教学目标】

1. 了解旅游资源整合相关概念、意义以及相关理论。
2. 明确旅游资源整合原则和内容。
3. 了解旅游资源整合形式,并结合实例进行分析。
4. 掌握旅游资源整合机制与模式。

【学习重点】

旅游资源整合理论　旅游资源整合形式　旅游资源整合机制　旅游资源整合模式

旅游资源整合(系统)作为旅游目的地系统的重要组成部分,涉及空间配置、形态组合、文化融合等相关问题。旅游资源整合就是采取系列手段,使系统各部分、各要素协调统一,从无序走上有序,实现旅游资源系统的优化升级。

7.1 旅游资源整合原理

7.1.1 旅游资源整合

“整合”一词最早是地质学名词,后来被广泛应用到企业管理、经济科技、社会人文各领域,出现了诸如营销整合、产业整合、知识整合、文化整合等许多新兴词汇。关于“整合”的含义,1999 年版《辞海》的解释为“整理、组合”。徐国志(2000)从系统论出发,认为除了上述释义,还有结合、耦合、融合等词义,以及把诸多差异的东西整理、安排、集成为一个统一体的含义。王正新(2007)认为,“整合”更突出的是互动的过程(Process)与可能的发展(Possible Development),以协商或协议为工具来达成某些共识,并且在此共识下承认并接受个体的个别性存在。综合来看,“整”是一个调整、协调、适应的过程,是手段方法,是“合”的前提和实现途径;“合”是一种匹配、融合、协同的状态,是“整”的目的和预期结果。旅游资源整合一般是指旅游资源的管理者和经营者根据区域旅游发展的总体目标和旅游市场供求情况,借助法律、行政、经济和技术等手段,使各种旅游资源要素结构合理、功能统一,从而实现区域旅游资源综合效益最大化的过程。

1)旅游资源整合有利于实现旅游产业升级

旅游资源是旅游产业升级的基础。改革开放以来,我国开发建设了大量各种类型的旅游景区(点),但目前存在着旅游资源空间结构相对松散,同类旅游资源重复开发,旅游资源产业链条单一,特定区域旅游资源缺乏主题,“门票经济”现象严重等诸多问题。要实现旅游产业升级,势必要解决上述问题,而旅游资源整合提供了有效的思路和手段。旅游资源整合能够集合单体旅游资源优势,合理分工、有效互补、容易实现规模优势与集群优势,从而夯实旅游产业升级的资源基础。

2)旅游资源整合有利于促进区域协调发展

在世界经济全球化与区域化的背景下,旅游业的竞争已经从景点竞争、旅游线路竞争、旅游目的地竞争发展到区域竞争。随着人们可支配收入的提高和闲暇时间的增多,旅游者更倾向于进行深度旅游、个性旅游,这对于旅游资源的品级、丰度等提出了更高的要求。如果一定区域范围内旅游资源重复开发、恶性竞争,显然不利于区域旅游的全面、协调、可持续发展。旅游资源整合要求打破地域限制、行政分割,更加科学合理地对旅游资源点和资源区进行划分和布局,使区域旅游活动内容丰富、层次多元,满足各类旅游者的需求。目前,我国各区域开展的区域旅游合作都已经充分认识到旅游资源整合的必要性和重要意义,一些区域提出了明确的整合目标和策略,初见成效。例如,2006 年长江三角洲旅游城市高峰论坛通过的《金华宣言》提出:“建立长三角区域旅游产品开发、宣传促销、信息发布、目的地环境营造等联动机制,逐步形成沿江(长江)、环湖(太湖)、沿海(东海)、沿河(大运河)、沿线(高速公路、铁路)的十大长三角旅游精品线路及子区域的 50 条旅游精品线路,整体形成长三角旅游产品体系。”实质上运用的正是旅游资源整合的思想和方法。

3)旅游资源整合有利于形成区域品牌形象

在旅游供给极大丰富、信息传媒日益发达的社会里,内涵丰富、鲜明生动的旅游形象会对旅游者产生巨大的吸引力。在一定区域范围内,往往存在着若干个旅游资源单体,其旅游形象千差万别,带给旅游者的印象通常是碎片式的。旅游资源整合就是要在全面分析各种旅游资源特点的基础上，寻找共性，设定主题，重组资源，集合优势，塑造区域形象，形成品牌优势。例如，截至 2009 年 6 月底，山东省共有 2 处世界遗产，33 个 AAAA 级以上旅游区，5 个国家级风景名胜区，100 个全国文物保护单位，36 个国家级森林公园，7 个中国历史文化名城，29 个中国优秀旅游城市，旅游资源种类繁多、各具特色。如何定位山东省旅游形象，着实具有难度。山东省旅游主管部门在不断调查、评价、整合旅游资源的过程中，先后提出“一山一水一圣人”和“走近孔子，扬帆青岛”等口号。2007 年，山东省旅游局推出了“文化圣地，度假天堂”的形象宣传口号和“好客山东”的旅游品牌标识，这些品牌形象产生了良好的市场效应，山东的旅游总收入已经从很多年前的全国第十，跻身到 2008 年的全国第五。山东旅游形象的定位，正是在对全省旅游资源整合评价的过程中，不断改进提高，真正形象生动地凸显了山东省旅游资源的特点和优势。

7.1.2　旅游资源整合原则

1）整体优化原则

整体优化原则强调在整合过程中，要重视各旅游资源要素之间相互依存、相生相养、共同发展的关系，避免区域内各旅游资源主管单位或开发主体受利益的诱导而使旅游资源人为分割，整体吸引力和竞争力削弱。本着各要素或各景区之间为一个利益共同体的原则，划分内部开发小空间，从各要素与各景区之间的差异中找出共性，作为开发的基础，进行资源的合理配置。但需要注意的是，整体优化原则并不是各旅游资源单体平起平坐，在开发时序上也不是齐头并进。整合的过程可能要牺牲一些局部的利益，尤其是在开发初期的整合，往往实施“重点优先，分步开发”，逐步形成整体优势。区域旅游资源整合开发应站在战略高度上把握区域旅游资源的整体特点、主导优势、内部差异与互补、周边环境状态、与他域之间的比较优势等，进行区域整合的整体运作，实现旅游资源经济、社会与环境效应的最大化。

2）协调互补原则

协调互补原则强调整合过程中要促成同类旅游资源的错位开发与异类旅游资源的优势互补，形成品种丰富、层次多样、功能完善、适应多种不同需求的旅游产品体系，提高区域旅游的核心竞争力。同类旅游资源一般具有天然的竞争性，保继刚（1999）等学者对旅游资源空间竞争的研究，证明了同类旅游资源间存在着替代性竞争现象。旅游资源整合要从全局出发，探索有被替代可能性的旅游资源的发展路径，从而避免恶性竞争对区域旅游形象和利益的影响。异类旅游资源一般具有天然的互补性，整合就要在不同类型旅游资源中寻找共性，设计共同的开发主题，进行有效的衔接和串联，形成游客心目中整体的旅游形象，促进各旅游景区（点）高效互动，塑造区域旅游品牌，保障区域旅游发展的良性循环。

3）市场导向原则

市场导向原则强调整合过程中要不断根据市场需求变化，调整旅游资源构成、主题和层次，提高旅游资源效用值，最大限度地满足游客的需求。在旅游资源整合开发之前，要进行市场调查,准确掌握市场动向,包括目标市场的规模、结构、消费者特征等。在初次开发后,要关注市场的变化,及时调整旅游资源构成进行再开发,从而保证区域旅游竞争力。旅游资源整合是一个优化提升区域旅游产业的基础性工作,市场需求为其指明了方向和目标,所以,旅游资源整合要坚持市场导向原则。

4)以人为本原则

新时期旅游发展倡导“以人为本,和谐旅游”,旅游资源整合也要做到以人为本,统筹兼顾,持续发展。因此,旅游资源的整合既要把握整合中各要素的内在联系,又要体现旅游资源开发的地域组织规律;既要统筹区域旅游的当前利益与长远利益,又要兼顾局部利益与全局利益;既要满足旅游者的旅游需求,又要尊重社区居民的感受。在需要牺牲个体利益换取区域整体利益的情况下,要建立利益补偿机制。坚持以人为本的原则,才能保证区域旅游整合开发沿着科学的轨道发展。

5)政府主导原则

参与旅游资源开发的有各地方政府、行业主管部门、交通能源部门、景区经营者、酒店、宾馆、旅行社、当地居民等,其中,政府发挥主导作用。旅游资源整合的主体是资源的所有者、管理者或经营者, 由于旅游资源的实际所有权掌握在负责管理的各级地方政府手中,即各行政区“主宰”旅游资源的所有权和开发权,因此,对边界共生旅游资源进行整合的核心主体应是相关的行政区政府, 它们应在资源整合中扮演倡导者和组织者的重要角色。归纳起来,政府的职责主要有:转变观念,倡导整合;建立模式,引导整合;制定政策, 保障整合;组织协调, 促进整合。

7.1.3 旅游资源整合理论

1)系统理论

系统理论在第4章、第5章中已有详细介绍,本章重点介绍其在旅游资源整合中的指导意义和应用价值。首先,系统理论是旅游资源整合重要的思想渊源。系统理论强调,在研究和处理问题时,把研究对象当成一个“系统”,从整体上考虑问题。在注意局部的同时,还要特别注意各部分之间的有机联系。把系统内部的各个环节、各个部分以及系统内部和外部环境等因素,看成是互相联系、互相影响、互相制约的,以便研究对象中各种因子的组成和变化,从而利用各种因素之间的联系,提高整体水平。旅游资源整合实质上正是研究一定地域范围内的旅游资源结构问题,区域旅游资源集合是研究的对象系统,各个单体旅游资源是组成要素,旅游资源整合最终要实现优化旅游资源结构,提升区域旅游总体竞争力的目标。显然,旅游资源整合过程与系统理论的思想高度一致。其次,系统理论为旅游资源整合提供了一定的分析工具,如关联分析方法。最后,系统理论为旅游资源整合的成效提供了价值标尺。旅游资源整合的成效通常反映为区域旅游整体收入水平的提高,但系统理论时刻警醒着我们,要关注整合是否实现了缩小区域内各组成部分的旅游收入差距,是否实现了经济效益、社会效益、环境效益等的共同提高。

2)共生理论

共生(Symbiosis)一词来源于希腊语,最早源于生物学,由德国真菌学家德贝里(Anton de Bary)在1879年提出,意指“不同种属的生物按某种物质联系共同生活”。20世纪50年代以后,共生思想渗透到社会诸多领域。从一般意义上讲,共生指共生单元之间,在一定的共生环境中按某种共生模式形成的关系。它由共生单元、共生模式和共生环境三要素构成。其中,共生单元是指构成共同体的基本能量生产和交换单位,是形成共生体的基本物质条件。共生模式又称共生关系,是指共生单元相互作用的方式或相互结合的形式,包括寄生、偏利共生、非对称互惠共生、对称互惠共生4种共生行为模式和点共生、间歇共生、连续共生、一体化共生4种共生组织模式。共生环境是指共生关系存在发展的外在条件。共生体和环境之间的相互作用通过物质、信息和能量交流实现。

共生既具有自组织过程的一般特征,又具有共生过程的独特个性。它不是共生单元之间的相互排斥,而是在相互激励中共同合作进化。这种合作进化不仅可能产生新的单元形态,而且产生共生能量和新的物质结构,表现为共生个体或共生组织的生存能力和增殖能力的提高,体现了共生关系的协同作用和创新活力。共存共荣是共生的深刻本质,但共生并不排除竞争,它不是自身性质和状态的摒弃,而是通过合作性竞争实现单元之间的相互合作和相互促进。这种竞争是通过共生单元内部结构和功能的创新以及共生单元之间功能的重新分工定位和合作实现的。“对称互惠共生”的行为模式和“一体化共生”的组织模式是实现“双赢(Win-Win)”和“多赢(Multi-Min)”的理想模式。

把共生思想渗透到旅游领域,就是将具有相似性的同类旅游资源,通过整合产生规模效应。将具有互补性的异类旅游资源,通过优势互补,创造更强的整体竞争优势。这就要求区域旅游地在承认竞争和利益冲突的前提下,通过内部结构的重组实现区域旅游一体化共生。在区域旅游资源整体优势的基础上打破行业部门、行政区域的界限,在空间上聚集、形象上统一,实现旅游资源的优化配置和全面整合。在旅游市场这一共生界面中相互促进、共同发展,构筑一个统一和谐的整体。

3)区域分异和劳动地域分工理论

区域分异也称为地域分异,即地区差异性。地域分异规律是指地理环境各组成部分及整个景观在地表按一定的层次发生分化,并按确定的方向发生有规律分布的现象。对地域分异规律的认识,虽然目前还没有取得一致的意见,但有几种基本的分异规律是存在的。这些规律主要包括:因为太阳辐射能按纬度分布不均匀引起的纬度地带性;海陆相互作用引起的从海岸到大陆中心发生变化的干湿地带性(经度地带性)、随山地高度而产生的垂直地带性、由地面引起的地方性分异、地表构造和地形引起的地域分异。地域分异规律阐述了旅游资源分布的差异性,说明了不同区域具有不同的旅游资源特色与优势。

劳动地域分工是人们在物质生产过程中以商品交换为前提的分工,生产地和消费地的分离、区际间产品交换和贸易是其生产的必要条件,各区域之间自然社会经济条件的差异是其产生的客观物质基础。西方古典经济学家亚当·斯密从理论上对劳动地域分工进行了阐述，其理论以“绝对利益”为基础，是指在某一商品的生产上，各自都生产自己占绝对优势的产品然后进行交换，则可获得绝对好处。大卫·李嘉图进一步发展了斯密的绝对利益说，提出了比较利益论，他认为，各国（各地）应按比较成本较低的原则来选择所要发展的产业和产品。马克思的劳动地域分工理论则在李嘉图学说的基础上进一步发展而成，是现在进行经济区划和地区经济布局的基础性理论。马克思认为，由于各国区域之间存在着经济发展条件和基础方面的差异，因此，在资源和要素不能完全、自由流动的情况下，为满足各自生产、生活方面的多种需求，提高经济效益，各个区域在经济交往中就必然按照比较利益的原则，选择和发展具有优势的产业。

综合来看，区域分异和劳动地域分工理论是探讨区域差异性规律的理论。该理论运用到旅游资源整合，就是各地要从本地的优势出发，把握本地旅游资源的地域特性，利用本地相对丰富的旅游资源，开发出具有独特风格、吸引力强、成本较低、具有优势的旅游产品。例如，广东潮汕地区旅游资源丰富，有历史文化名城潮汕、特区汕头，还有潮汕文化、潮汕美食、宗教以及优美舒适的海滨等，其开发方向到底是以自然旅游资源为主，还是以人文旅游资源为主？经过整合分析，虽然潮汕地区海滨风光和花岗岩地貌可与国内许多地方相媲美，但是其开发条件和既有知名度不高，倒是潮汕文化独此一家，兼有众多的潮汕华侨作为目标市场。因此，潮汕地区的特色和优势应放在潮汕文化方面，而自然风光应放在次要和辅助的地位。

4）区域均衡——非均衡发展理论

区域均衡理论是20世纪80年代以前在我国计划经济时代实施的指导性理论。区域要实现共同发展，必须保持各个产业间的平衡发展关系，在推动所有产业部门的发展时，保持各个区域之间的齐头并进、均衡发展。在政策上，主张国家在生产力布局方面以落后地区为重点，在资源分配上重点照顾落后地区，其主要目标是缩小地区间发展水平上的差距。

区域非均衡理论认为，在现实经济发展过程中，均衡发展是不可能实现的，区域经济的发展本身就是非均衡的现象。该理论主张在发展区域经济的过程中，要集中力量优先发展产业关联度大、发展潜力足的产业，并以此为核心引导和扩大其他产业或部门的投资。在地区发展方面，优先发展经济潜力大的、较发达的、能快速实现经济增长的地区，通过它们的发展带动其他落后地区的发展。增长极并非出现在所有地方，它以不同的强度首先出现于一些增长点上，然后通过不同的渠道向外扩散，形成增长极。法国经济学家布代维尔把增长极概念从抽象的经济空间扩展到地理空间，引入经济空间单元中。根据这一理论，优势产业首先在点上聚集，通过集聚产生规模效应，使极核区自身迅速发展，当集聚到一定程度时，会产生扩散效应，进一步带动周边落后地区的发展。经过不平衡—平衡—不平衡的螺旋式上升过程，地区经济才能不断产生新的发展能力。

旅游业具有特殊的属性，旅游资源在空间上的不可移动性，在地理分布上不均衡的特点，使优势旅游资源很容易形成旅游经济中的增长点，逐渐发展为一个地区的增长极，然后带动周边地区旅游经济的发展。沿交通主干道的旅游资源由于具有便利的交通条件，因此通常比一些非交通沿线的旅游资源更有开发和发展的优势,经过交通沿线旅游增长极的膨胀发展,在实践中往往形成沿交通干线的旅游经济增长轴,旅游经济增长轴的交错发展,容易形成旅游经济增长网络,可以大面积带动地区经济的发展。

但区域旅游资源的非均衡开发,容易造成地区发展的不平衡,拉大地区发展差距,对区域旅游经济的总体发展也有不利的影响。在区域旅游非均衡发展过程中,要兼顾旅游欠发达地区的旅游资源开发,实现区域旅游长期的均衡发展,克服由于地区发展不平衡带来的诸多社会问题。因此,区域均衡—非均衡发展理论带给旅游资源整合的重要启示在于:区域旅游发展不可能是单一的均衡或非均衡发展,只能通过均衡—非均衡的协调发展才能克服各自的不足,促进地区旅游经济的增长。在整合过程中,要掌握旅游资源均衡开发与非均衡开发的平衡点,设定合理的开发次序,建立科学的利益共享机制,实现区域旅游全面、协调、持续发展。

5)产业集聚理论

产业集聚理论是在全球化背景下,以新贸易理论、竞争优势理论为基础而提出的关于产业空间结构布局的理论。理论强调竞争与合作产生的内生的绝对优势,认为产业集聚能够带来外部性优势,对一个区域获得竞争优势具有积极作用,集聚增强了竞争,这种竞争在更高的层次上展开,其结果不是一种零和博弈,而是一种正和博弈。

根据产业集聚理论,旅游资源整合应该优先开发旅游资源集中地区,形成区域旅游的竞争优势,创造更强的外部竞争优势,形成一种正和博弈。同类旅游地之间以各自价值链中的强势部分相结合,产生规模经济和集群效应。异质旅游地之间突出比较优势,从而形成区域内完整的产品链和产品体系,实现旅游资源要素一体化经营和旅游价值链的重构。

7.2　旅游资源整合形式与内容

旅游资源整合实质上是一种结构性整合(空间结构、类型结构、功能结构等),注重基于区域旅游资源要素的优势组合,突出区域旅游关系的和谐发展,从而实现区域旅游产业的生态整合,也是构建旅游空间结构合理、功能结构完善、生态良好、区域旅游关系和谐、旅游产业高效发展的一种途径。下面从旅游资源的(空间)载体、(主题)内容、(文化)内涵 3 个维度,介绍旅游资源整合的主要内容。

7.2.1　空间整合

旅游资源空间整合即为打破行政区域或旅游景区的限制,充分利用一定空间范围内的旅游资源,以达到区域旅游资源优势互补,重组优化,提升档次,增强旅游竞争能力,集中力量在一个相对更广阔的空间里共同开拓市场。旅游资源的空间整合按照行政区划可以有不同的空间尺度,如超国家尺度、国家尺度、省(市)尺度、市(县)尺度、乡镇尺度。本书主要关注两个独特尺度的空间整合,跨行政区共生旅游资源空间整合和旅游资源密集区空间整合。

1)跨行政区共生旅游资源空间整合

旅游资源是客观存在的,一般具有地理位置的唯一性和确定性等特点,即不管是以单体或复合体的形式存在,都依托于一定的地域空间,而它所依托的地域空间必然受到特定行政区的行政管辖。行政区是社会政治、经济、文化活动的产物,通常是指一个国家的地方行政机关行使行政管辖权包括各类资源的管理使用权的区域。从秦始皇推行郡县制至今,我国的行政区划已有2 000多年的历史。可以说,旅游资源都是行政区的资源。根据我国现行自然资源产权制度,旅游资源的管理使用权为特定行政区所拥有,从而导致了地方对该资源的“垄断”。旅游资源所依托的地域被行政区划划分到不同的行政区,旅游资源为两个或两个以上行政区共有,即具有整体性的旅游资源被割裂开来,由不同的行政区分别对各部分行使管理使用权和行政管辖权的旅游资源,被称为跨行政区共生的旅游资源。例如,一条河流的上中下游,一座山脉的不同地段,一片森林的不同部分等,这类资源被不同的行政区分割成几个部分, 分别归属不同的行政区。

随着旅游业的升温,那些归属上存在争议的跨界共生旅游资源往往成为各行政区竞相争夺的对象。为了争夺资源开发权和收益,在追求自身利益最大化目标驱动下,几个相邻的行政区往往各自开发和经营自己管辖范围内的那部分资源。其结果是:旅游资源被人为割裂,旅游设施结构性趋同建设,旅游产品与形象推出互相挤对,门票价格较量,交通限制游客,甚至在景区之间架设人工障碍物如铁丝网、栅栏等隔断旅游者的自由往来,管理者各自售票,旅游者一次购票只能观赏或游玩景区的某一部分,想要游全景,就要进入另一个计费范畴的现象,不仅破坏了资源的整体性和系统性,造成财力、物力和资源上的浪费,而且影响了游客的旅游体验。同时,由于相关行政区对旅游资源的归属有不确定感,为了追求眼前的经济利益,常会采取急功近利的开发模式,对旅游资源特别是不可再生的自然旅游资源会造成毁灭性的破坏。河北的白洋淀分属安新、伍丘、高阳、雄县和容城5县(市)所辖,长期以来,5县市围绕景点界线的纷争不断。山西省垣曲、沁水、翼城对3县交会点——历山舜王坪的争夺破坏了舜王坪的高山草甸,还引发了暴力冲突,造成旅游基础设施的人为破坏。长三角的江南古镇的无序开发,造成了资源浪费和恶性市场竞争,也使长三角区域树立起来的“江南水乡古镇游”品牌受到影响等。

跨行政区共生旅游资源是一种特殊的旅游资源,它所具有的地理位置相邻性、资源类型共同性、资源开发相互依赖性、利益主体复杂性等特性比较突出。由于各行政区之间的利益矛盾,导致了这类旅游资源的开发和保护存在着短期牟利和破坏性开发、近距离重复建设造成景区之间严重的恶性竞争等问题,因此,必须打破行政区界线实施旅游资源的整合。目前,主要可以采取的整合措施有:行政划拨重新配置、组建联合管理机构、构建区间旅游通道、重组区域旅游产品、旅游企业集约经营等。

2)旅游资源密集区空间整合

旅游资源密集区域由于旅游资源丰富,往往得到政府和旅游开发商的青睐,优先得到发展，周围不断集聚宾馆饭店、旅行社、旅游商店等为旅游服务的旅游企业群体，以及相应配套的其他旅游服务设施。但由于各个景区点的主管单位及开发商不同，难免形成各自为政、独立发展的混乱局面，又由于所处地缘相近、文化相近，因此在开发上难免形象主题趋同，这一切的问题根源都是开发过程中缺乏统筹整合。如镇江三山风景名胜区（金山、焦山、北固山和一个过渡景区云台山组成）是由若干点状公园组成，相互独立，没有组建统一的管理委员会，宗教、文管、交通、水利、园林等众多部门分割管理、责权利关系复杂，开发的旅游资源偏重于宗教、历史人文资源，自然资源很少开发，而且开发思路都是“名山、名寺、名人、名物”，严重制约了风景区的整体协调发展。镇江三山风景名胜区应该同中求异，有效整合，优势互补，错位发展。金山可以突出“秀”的山寺景观，围绕佛教禅宗、人文风物传说的文化内核，塑造“寺裹山”、佛教圣地、神话山的主题形象；焦山可以突出“雅”的寺庙园林景观，围绕佛教密宗、石刻文化、碑林文化的文化内核，塑造“山裹寺”、佛教圣地、文化山的主题形象；北固山可以突出“雄”的山水古迹景观，围绕三国文化，塑造“寺冠山”、“天下第一江山”、三国古地的主题形象；云台山可以突出“博”的中外建筑景观，围绕建筑文化的文化内核，塑造“中国古渡博物馆”、爱国教育基地的主题形象。

7.2.2　主题整合

主题整合是指在某一个区域内，根据旅游资源的总体特点和市场状况，制定旅游产业的发展方向和战略，确定区域旅游的主题和形象，借此重组区域内的旅游资源，使其服从或服务于区域旅游的主题，形成鲜明的旅游形象，打造最具市场竞争力的核心产品，形成有吸引力的旅游目的地。主题整合可以是一个主题框架下的系统整合，也可以是两个或多个主题的交叉整合，下面介绍一些目前热点旅游主题的旅游资源整合。

1）生态旅游资源整合

生态旅游（Eco-tourism）一词最早可追溯到 1965 年，美国学者 Hetzer 倡导的生态性旅游（Ecological Tourism），而由世界自然保护联盟（IUCN）特别顾问 Ceballos Lascurain 于 1983 年在文献中首次正式提出。近年来，国内外组织和学者从不同角度对生态旅游内涵进行了深入研究，先后出现了保护中心说、居民利益中心说、回归自然说、负责任说等各种流派，形成的生态旅游相关概念达百余种。尽管生态旅游内涵依然无法科学界定，但在以下方面基本达成共识：第一，旅游地主要为生态环境良好、文化气息浓郁的地区，特别是生态环境有重要意义的自然保护区；第二，旅游者、当地居民、旅游经营管理者等的环境意识很强；第三，旅游对环境的负面影响很小；第四，旅游能为环境保护提供资金；第五，当地居民能参与旅游开发与管理并分享其经济利益，因此能为环境保护提供支持；第六，生态旅游对旅游者和当地社区等能起到环境教育作用；第七，生态旅游是一种新型的、可持续的旅游活动。生态旅游资源整合要注意以下 3 个问题：

（1）内容整合——去伪存真

目前，在旅游业界比较普遍地存在着对生态旅游概念的误用、滥用现象。由于生态旅游在市场上的强大号召力，“生态旅游”一词被超范围使用了。很多例子表明，生态旅游已经被扭曲、重新包装和“大众化”了,生态旅游最初存在的意义被抵消了。例如,把自然旅游等同于生态旅游。许多人认为,凡是到生态环境良好的自然区域进行的旅游活动都是生态旅游。在这种观念的指导下,自20世纪90年代中后期,各地陆续出现大量的生态旅游区。按此观点,除城市旅游以外的旅游形式都是生态旅游。这种观点实质上是对两者概念理解不清的结果,其实质是“生态”标签的滥用。实际上,生态旅游起初是一种特殊的自然旅游,发展到后来应该包括文化生态旅游。“生态旅游”概念的泛化既不利于对真正意义的生态旅游资源的保护,也不利于生态旅游产业的进一步提升。所以,建立一套健全科学的生态旅游资源评价标准,去伪存真,是生态旅游资源整合的首要工作。

(2)空间整合——功能分区

生态旅游地通常指那些生态环境比较好,但又敏感脆弱的区域,科学合理的功能分区能有效避免对当地生态环境和传统文化的破坏,优化生态旅游资源的空间配置,实现可持续发展。

生态旅游资源整合在空间上,不应该进行全面开发,而是要基于环境保护与可持续的原则,进行功能分区。目前,比较成熟的做法是将生态旅游地分为旅游吸引物综合区、娱乐区、服务区3个部分,各个区域间有交通线路相连,这些区域与外界也有交通干道相连。其中,旅游吸引物综合区由核心区、缓冲区、试验游憩区3个主要部分组成(图7.1)。核心区是区内未经或很少经人为干扰过的生态系统的所在,集中分布着珍贵的自然生态环境或文化遗产,一般要实行全封闭保护,仅供观测研究。缓冲区是指环绕核心区的周围地区,它是对各生态系统物质循环和能量流动等进行研究的地区,也是生态旅游活动主要进行的区域,但仅限于观光,而且对游客的数量有严格的控制。试验游憩区是一个多用途的地区,除了开展与自然保护区缓冲区相类似的工作外,也包括有一定范围的生产活动,还有少量居民点和旅游设施。旅游活动的形式也不只拘泥于观光活动,可包括漂流、滑雪等。娱乐区配置了高密度

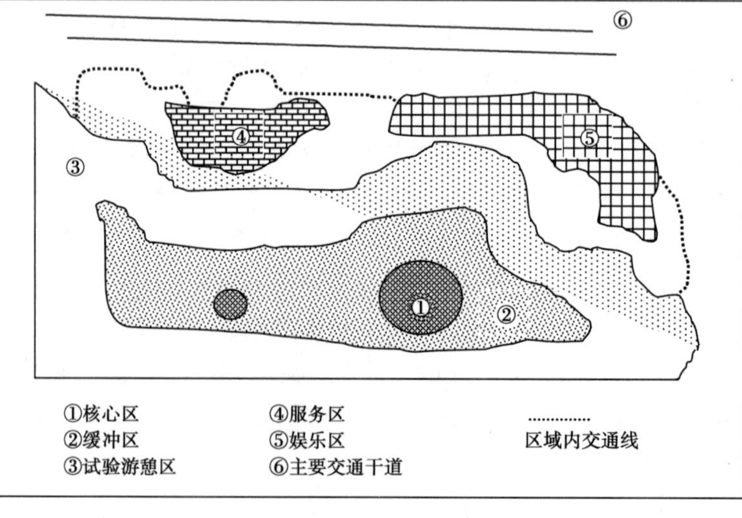

图7.1 生态旅游地的功能分区

资料来源:王金伟,李丹,等,2008。

的娱乐设施,进行各种娱乐活动。服务区为游客提供各种服务,如餐饮、商店等。娱乐区和服务区是游客最为集中的区域,允许汽车等机动车辆进入。功能分区是对游客进行分流和对生态旅游资源整合的科学手段,有利于实现生态旅游资源的可持续发展。

(3)机制整合——社区参与

生态旅游资源的开发与保护离开了社区居民的参与是无法真正实施的,而且,在很多生态旅游区,社区居民本身就是生态旅游资源的重要组成部分。社区参与的主要程序如下:开发主体对社区的基本情况进行实地调研;在社区,对居民进行生态旅游开发的民意测验,广泛征求居民意见;深入分析调研结果,并提出相应的开发规划和策略;公示开发计划,再次征求居民意见;协调各方意见,做出最终开发部署;为当地居民提供教育培训与就业机会;旅游经济利益的共享等。通过社区参与,可以保持当地居民的主人地位,维护当地居民的权益;避免生态旅游开发过度商业化,保护本土文化;增加当地人对旅游发展的认同感,促进当地资源的充分利用;促进旅游地居民的经济收入增加和素质提高;有利于保持生态旅游产品完整性。

2)节庆旅游资源整合

节庆旅游资源是指在一定区域范围内对旅游产生吸引力,经开发规划后成为吸引旅游者的动态文化吸引物的各种节事庆典活动的总和(包括各类旅游节目、庆典、交易会、展览会、博览会以及各种文化、体育活动等)。这些活动往往规模不一,在特定区域内定期或不定期举行,且围绕特定的主题开展丰富多彩的旅游项目,以其独特的节事活动吸引大量游客,从而提高旅游目的地的知名度,并产生效果不等的轰动效应。由于对节庆活动的良好预期,我国的各级各地政府纷纷举办节庆活动,呈现出一片热闹景象,其中不乏成功的案例,如上海旅游节、青岛啤酒节、大连服装节等。但从全国大大小小的节庆活动中分析,就会发现节事活动的定位重叠,主题雷同,缺乏个性,跟风现象严重等问题。大多数的节事活动未能从战略高度和地域特色的角度定位,旅游节、美食节、服装节、文化节千篇一律,活动形式往往是开闭幕式的歌舞表演、花车巡游、商品展销会、经贸洽谈会等老龙套,很难真正起到塑造和传播城市形象和影响的作用。上述问题需要运用整合的思维和手段来解决,下面从产品、时间、空间 3 个层面阐述节庆旅游资源的整合内容。

(1)产品体系的主题化

产品主题化是指以节庆旅游的鲜明主题为主线整合区域范围内一系列协调良好、内容衔接、体现共同特色的旅游资源形成产品线。旅游节庆产品体系的主题化主要体现在项目的主题系列化和项目活动内容的系列化两方面。第一方面是围绕主题的项目系列化。例如,三门峡市国际黄河旅游节以“黄河文化”为主题,推出 10 大旅游项目,如以“黄河古文化游”“白天鹅之域”为主题的旅游宣传活动,函谷演兵、黄河游、民俗风情游等系列活动,向南来北往的旅游者充分展示了三门峡自然和人文景观的魅力,大大提高了该市旅游业的知名度和影响力。第二方面是项目产品系列化。例如,江苏给 2003 年中国主题游(烹饪王国游)起了一个很漂亮的名字——“筷”意江苏。江苏 13 个城市在“筷”意江苏的基调上,推出了

“江苏特色美食宴”以飨游客,如扬州红楼宴、淮安全鳝宴、苏州吴中第一宴、连云港的海鲜全席等十大苏菜名宴。

(2)时间安排的序列化

由于某些旅游资源本身的季节性和旅游活动的可持续等因素,旅游地在策划旅游节庆活动时,应注意节庆活动在时间上的有效协调。第一是要注意节庆活动举办时间上的连贯性,将节庆活动均匀分布在一年四季的各个时段之中,营造持续的旅游气氛。第二是要注意某些节日本身的时段性,例如“钱塘江国际观潮节”“慈溪杨梅节”“香山红叶节”等其本身所依托资源的时段性和最佳观赏期的特定性,决定了活动举办时间的限制性。第三是要注意每次旅游节庆活动过程中活动项目安排的时段合理性和时间上的衔接性、均衡性。根据每次节庆举办的侧重点,按照“扣人心弦的开幕—保持气氛—再起高潮—平缓进行—余味尚存的收尾”的气势起伏安排活动项目。

(3)空间布局的协同化

节庆举办地不是单独存在的个体,在节庆旅游开发时,具有相关性文化的节庆举办地可以进行资源整合构成一个统一的“节庆活动大餐”。比如,洛阳的“唐文化”旅游可以与陕西的“大唐文化”旅游结合;商丘的“孔子文化”旅游可以与山东的“圣人游”结合。在对区域的节庆旅游资源进行整合时需要注意两点:一是要寻找区域内各节庆举办地的共同文化,依托共同的文化资源整合游离的节庆活动;二是要分清资源整合后的主次节庆产品,优选出“大餐”的主菜与配菜。在对区域内的节庆旅游资源进行整合时可以借用“点—轴”开发模式来形成相对集中的节庆集群地。例如,浙江海宁的国际钱江观潮节具有重要影响力,而萧山、杭州的观潮节相对影响较小,则可整合海宁、萧山及杭州三地的观潮资源,形成具有更大规模及影响力的国际观潮节。

3)水域旅游资源整合

水域旅游资源是相对于陆路旅游资源而言,通常包含江、河、湖、海、水库、渠道等类型旅游资源,在空间上包含水上、水下和沿岸3个部分。水域旅游资源具有综合性和复杂性的特点,因此需要运用整合的理念和方法,合理安排整体中的每一个局部,以求达到整体优化。在整合过程中,需要注意水域旅游资源的四大特性:一是水的跨越流动性。江河水域常常贯穿于不同行政区域,即使是湖泊,由于我国行政区勘界时过多考虑资源的综合利用与政区平衡,也往往被划归到不同行政区管辖。二是空间的敞开性。水域旅游资源的体量有大有小,但其在水面空间上通常无遮挡物,视野开阔。三是水陆关联性。水上旅游的发展只有依托水岸陆地的旅游资源,依托沿河景观带或沿湖景观带,才能有广阔的发展空间和深厚的发展基础。四是构景多元性。水体的源流,水情的动静,水面的聚分,以及岸线、岛屿、矶滩、洲渚等各种岸型,使点线面的构景要素穿插搭配。

4)红色旅游资源与其他旅游资源的整合

红色旅游是指以中国共产党领导人民在革命战争时期形成的纪念地、标志物为载体,以其所承载的革命历史、事迹和精神为内涵，组织接待旅游者开展缅怀革命先烈、参观游览的主题性旅游活动。红色旅游资源是一类特殊的旅游资源类型，是开展红色旅游的各种吸引物。红色旅游具有政治教育、经济发展、文化传播三大功能，具有鲜明的中国特色。红色旅游自 2004 年中央明确提出以来，获得了突飞猛进的发展，以旅游业饱受金融危机困扰的 2008 年为例，红色旅游保持了持续高速增长，全年接待人数达 2.72 亿人次，综合收入达 1 239.35亿元。这种良好局面的形成，与红色旅游不断创新开发思路，与其他旅游资源高效整合有很大的关系。目前，主要形成了以下 4 种整合形式。

(1)红绿整合

这种整合模式是把红色旅游资源和绿色旅游资源结合开发。全国 241 个革命老区(县)，其中 89% 位于山区和丘陵，其绿色自然资源独特且丰富多彩，这些地区通常采用“红色搭台、绿色唱戏”的模式进行联动开发，即以高知名度的红色景观为号召，以清新奇绝的自然山水等绿色景观和生态环境为基础吸引旅游者，塑造区域旅游品牌。享有“革命摇篮”和“绿色宝库”的井冈山是我国红绿整合模式的成功范例，此外，还有湖南韶山、浙江嘉兴南湖等。

(2)红古整合

这种整合模式是把红色旅游与民俗文化旅游结合开发。由于中国革命的具体国情，红色革命根据地大多建立在偏僻地区，这些地区一般具有浓郁的民风民俗、独特的民族风情，同样是红色旅游开发的极好结合点。瑞金红色旅游的开发是红古结合的最好例证。瑞金作为中华苏维埃共和国临时中央政府诞生地，素有“红色故都”的美称，这是瑞金发展红色旅游的极好着眼点和招牌。同时，瑞金是纯客家县，具有浓厚的客家文化氛围和多姿多彩的客家民俗文化。瑞金通过两者整合，有力地促进了瑞金旅游业的全面发展，为瑞金的经济发展提供了极好的展示平台。

(3)红色演出

红色旅游资源包括有形的实物景观，也包括无形的非物质文化景观，如红色歌谣、红色戏曲等。中国共产党领导人民在革命和战争时期留下了大量具有震撼力的红色歌谣及其他艺术形式，反映了老区人民与解放军之间的军民鱼水情，如《慰劳红军》《革命歌》《当兵就要当红军》《红色娘子军》，京剧《智取威虎山》《红灯记》等。在红色旅游景区，可借鉴近几年开始流行的大型实景演出形式，如《印象 · 刘三姐》《印象 · 丽江》等，推出具有吸引力、震撼力、感染力、艺术美的“红色经典”演出，2005 年韶山实景演出的《东方红》就是成功的范例，瑞金红色歌舞表演同样是其红色旅游项目不可或缺的内容。

(4)红色节庆

节庆在制造影响力和集聚旅游流方面具有优势。红色旅游的节庆开发模式即以红色景观为内容，以红色旅游为主题，以红色文化为内涵，以红色精神为吸引点，以旅游节庆为媒介，用红色节庆做旅游文章，各革命纪念地可利用其独特的红色文化为主题举办红色旅游文化节。井冈山、瑞金、韶山、宁夏等地都举办过形式多样的红色旅游文化节，并取得了较好的社会效益、经济效益和环境效益，实现了红色文化和旅游节庆的完美结合。

7.2.3 文化整合

旅游文化是旅游业的灵魂,没有旅游文化就没有旅游业。旅游文化是满足旅游者求新、求知、求乐、求美欲望的综合文化现象。旅游文化和文化没有严格界限,凡能直接或间接为旅游服务的文化都应纳入旅游文化范围,反映目的地独特形象的文化元可称为特色旅游文化元,特色旅游文化元往往形成目的地核心竞争优势。上海的海派文化、山西的晋商文化、南京的民国文化、瑞金的红色文化、郴州的福地文化、武夷山的茶文化等,都是旅游文化成功开发的典型案例。但是,临近区域难免具有共同的文化大类,为规避资源同构、谋求区域共赢,同类文化绝不应该盲目地共同开发,而应该通过文化整合,在"大同"中求"小异"。"大同"的文化作为一个区域的整体文化符号传递给旅游者,往往具有更强的震撼力和吸引力;"小异"的文化则会形成层次多元的旅游产品,丰富旅游者的旅游感受,进一步提升区域旅游的竞争力。徐小波通过对宁镇扬旅游文化圈的实证研究,构建了旅游城市连绵区文化资源整合模型(图7.2)。

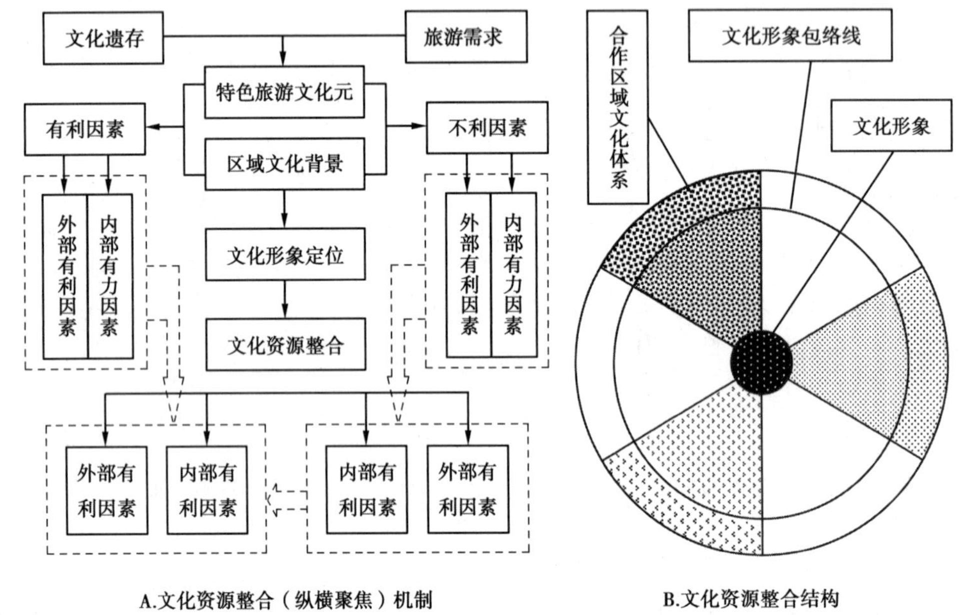

图7.2 旅游城市连绵区文化资源整合模型

资料来源:徐小波,2007。

在旅游城市连绵区,旅游竞合面临着激烈的网结构博弈格局,以文化资源整合为核心的区域旅游合作成为迫切要求。文化资源"组合开发""面面俱到"的传统整合模式最终必然导致地域特色的湮没,锻造垄断性的独特文化形象才是立身之本。打造富有竞争性的区域旅游文化形象必须对内外有利因素与不利因素进行科学分析与统筹,即"纵横聚焦",这要求合作地域主体围绕"锻造整体特色文化形象"这一中心进行资源配置与重构。合作区域整体形象是"整合"而绝不是"组合"的结果,决定了合作主体的特色文化元必须经过"单体"与"整体"双重标准的校正,只有符合(或经整合后符合)整体形象标准的特色文化元才具有

“提升合作区域文化核心竞争力”的价值与意义。

7.3　旅游资源整合机制与模式

旅游资源的空间共生性、市场机制、政府规制共同形成了旅游资源整合的驱动机制,有效地保证了旅游资源整合的效率与效力。在旅游资源整合的过程中,同样也存在着各种制约整合的因素,需要转变观念,创新举措,克服不足,优化整合。我国旅游资源整合的相关实践,已经初步形成了旅游资源的整合模式,这些成功模式具有重要的借鉴价值和现实意义。

7.3.1　整合机制

1)旅游资源的空间共生性是整合的内动力

旅游资源存在于一定的空间中,而在其所在的一定地域范围内必然存在着其他旅游资源,可能是同类的旅游资源,也可能是异类的旅游资源。同类的旅游资源通常以竞争的形态存在,需要整合协调,错位发展,避免恶性竞争。譬如,江南古镇旅游资源雷同,在早期开发过程中缺乏整体谋划,如今竞争白热化,发展后劲显现不足。相反,苏州园林群充分挖掘各个园林的特色,整合出了上规模、上档次的旅游产品系列,不仅申遗成功,而且市场效益十分可观。异类的旅游资源往往存在差异性,在内容上是天然互补的,但通常风格不一,主题各异,如果各自为战,当发展到一定程度就很难突破了。所以,异类的旅游资源的开发同样需要整合,挖掘区域特色,形成区域整体形象。由此可见,一定区域范围内,不同旅游资源之间有一种天然的空间共生性,既相互竞争,又相互依附,不可分割。这种天然共生性具有互补效应和整体效应,客观上决定了在进行旅游资源开发的过程中,必须有所取舍、协调整合,才能实现“整体大于部分之和”的优化效果。

2)市场机制是旅游资源整合的外动力

旅游资源开发成功很重要的衡量指标是市场效应,旅游者在旅游过程中对旅游景区(点)的组合串联有一个自然的选择过程。旅行社推出的旅游产品(线路)会接受市场的检验,不断地拆分、增减、重组各种旅游资源以满足市场的需要。同时,随着自助游、自驾游等新兴旅游形态的兴起,网络上出现了很多“驴友”提供的自助游/自驾游攻略、游记、贴士等内容丰富的旅游信息。这部分信息也反映了旅游者对旅游资源的个性化选择与整合,当相似的信息不断地累积到一定数量,则转变成市场的需求动向。旅游资源开发管理主体会研究这些瞬息万变的市场信息,然后作出调整,或者重组旅游资源,或者在原有资源的基础上开发新资源融入其中。应该说,是市场需求引发了旅游资源开发主体的整合行为,在某种程度上决定了旅游资源整合的路径和方向。

3)政府规制是整合的主导力

从理论上讲,市场是资源配置的最佳手段。但是市场不是万能的,即使是在发达的市场经济国家也存在市场失灵的问题。社会主义市场经济体制在我国尚不完善,现代企业制度仍未有效建立,信息、技术的流通仍然不畅,其合理配置资源的功能尚未完全具备,且市场调节机制具有滞后性、协调时间长等弱点。同时,旅游业在中国是一个正在发展的新兴产业,还不成熟,且其综合性、关联性较强。在这种情况下,单纯靠市场来进行旅游资源的配置是行不通的,决定了旅游资源整合还应加强政府的主导行为。实行政府主导,不仅是理性的,而且是必要的和迫切的。

随着大众旅游供给和需求的不断扩张,游客对旅游目的地的选择越来越趋向于区域的整体形象而非单一的产品信息。事实证明,只有真正打破行政区域限制,加强跨行政区域的旅游整合开发与管理,才能把旅游产业做大做强。目前,我国的区域经济一体化发展趋势已日趋明朗,以资源为基础的旅游开发与管理也必须尽快打破行政区划限制,走“整合多赢”的道路。不少具有良好市场前景的旅游资源、景区,无论是正在开发,还是尚未开发的,大都是跨越了行政区域界限的。而在我国现实的经济政治背景下,由于地方政府的经济和政治的双重职能,特别是政府官员的“经济人”本性,在区域关系中极易强调竞争而陷入“囚徒困境”,即对每一方自身而言最优的策略选择,对整体而言却是最差的选择。微观上表现为地方保护主义盛行,各区域之间对旅游资源(行政区边界的共生旅游资源和同名旅游资源等)的争夺日渐激烈,缺乏有效的地域整合措施,旅游产业彼此孤立地发展。如各省区分别制定旅游产业发展规划,分别开发和利用旅游资源,为了同一个旅游资源经常各陈其词,各行其是,各自出资做形象宣传,彼此形成空间替代性竞争关系,客观上相互打压市场形象。例如,云南迪庆、丽江、怒江、四川稻城的“香格里拉”之争,苏州、无锡分别对太湖的超负荷旅游开发,安徽蚌埠、河南信阳、江苏淮安的“中国南北分界线”之争,陕西黄陵、河南新郑的“黄帝”之争,等等。同时,旅游经营企业地域化现象非常突出,难以形成规模经济和专业化经营,功能性、结构性的重复建设、旅游项目与内容的竞相克隆,等等。因此,必须发挥政府在区域旅游资源整合中的主导作用。

由于旅游资源的稀缺性、公共性和旅游业的综合性特征,政府主导型发展战略是发展旅游业的正确选择,国外成功的经验和我国发展的实践证明了这一点。问题的关键是政府需要在充分认识区域旅游资源整合重要性的前提下合理界定发挥主导作用的范围和方式,即政府要有所为有所不为,在突出企业主导的基础上,建立政府主导和企业主导的协调平衡机制。具体来说,政府的主导作用主要表现在:一是做好旅游总体规划和宏观调控,合理确定旅游资源整合发展的方向、目标与重点,科学制定发展的阶段、步骤与政策;二是创造公平的竞争环境,建立与维护合理的市场秩序,通过制定、完善相应的法律法规和政策打破区域封闭和限制,在市场基础上引导资源要素的合理配置,将政府的职能转变为监督者和服务者;三是建立区域旅游合作协调机制和利益均衡机制,追求区域旅游资源整合协调组织模式和管理机制的创新。

7.3.2　整合模式

1) 旅游资源整合主体的组织模式

旅游资源的整合实际上是旅游产业主体的经济活动在区域空间上的表现，是利益相关者基于自身利益和达成的共识共同参与的一种经济活动。由于旅游资源的区域性特征，以及其管理主体和经营主体的不同，使得在整合过程中往往涉及多个利益主体的多回合博弈。因此，旅游资源的整合必须有一个健全、合理、高效的组织机构或组织形态作为保证，才能达成整合的预期效果。目前，在我国主要出现了临时联盟、契约合作、企业集团等组织模式。

(1) 临时联盟

临时联盟是指那些一般情况下独立开发经营、各自享有产权的旅游资源管理主体，出于某种特殊的共同利益需要、必须统一行动时所形成的临时性的联合体。这种形式较为灵活，成本较低，但不稳定，约束力差，缺乏强有力的制度及组织保障。旅游资源的整合通常停留在低水平的层次上，多表现为一种谋求"组合"、寻求共赢的形式。最为典型的例子是近些年我国一些地区开展的"联合申遗"行动(表 7.1)，实质上是同类旅游资源管理主体的强强联合，以增加申报成功的概率，同时也是一种市场促销手段。但是，因为组织形式的松散性，往往难有大的作为。

表 7.1　我国联合申遗情况

名　称	涉及主体	进展情况	推动组织
江南六大古镇	江苏的周庄、同里、角直，浙江的南浔、乌镇、西塘	1998 年，同济大学阮仪三提出"水乡古镇申遗"； 2001 年 4 月，江南 6 镇列入《世界遗产预备清单》； 2004 年 6 月，周庄、同里单独申报，联合名存实亡。	同济大学研究机构
丝绸之路	中华人民共和国、哈萨克斯坦共和国、吉尔吉斯共和国、塔吉克斯坦共和国、乌兹别克斯坦共和国 5 国，我国包括陕西、河南、甘肃、青海、内蒙古、宁夏、新疆	2006 年，五国达成联合申遗初步行动计划； 2008 年，联合向世界遗产委员会提交申报初审文本； 2009 年 8 月，接受国际专家考察，申报仍在继续。	中国国家文物局
文房四宝	浙江湖州湖笔、广东肇庆端砚安徽宣城宣纸和徽墨、安徽歙县歙砚	2006 年 9 月，在北京举行文房四宝申遗筹备会； 2007 年 8 月，联合申报材料编撰工作正式启动； 2009 年，宣纸和徽墨的制造技艺单独申报。	中国文房四宝协会
中华五岳	东岳山东泰山、西岳陕西华山、北岳山西恒山、南岳湖南衡山、中岳河南嵩山	2006 年 12 月，在长沙召开"中国五岳申遗第一次工作会议"，完善申报工作机制，讨论申报方案； 2009 年 6 月，嵩山单独申报，联合申遗方向不定。	湖南省建设厅

(2) 契约合作

契约合作组织模式是临时联盟的高级形态，是一种战略联盟，往往在各合作主体之间形

成了合作契约。一种是由政府牵头，在区域之间达成区域旅游合作契约，如始于2003年的“长江三角洲旅游城市高峰论坛”。历届论坛都要签署合作宣言，其中就包含区域间旅游资源整合的内容。这种模式充分利用了政府对资源的行政管理与调配能力，使旅游资源整合具备稳固的制度保障。但是，这种合作宣言多为意向性文件，能否长期有效履行还有待进一步推进。另一种是由政府或者一个或几个龙头企业牵头，在相关旅游企业或单位之间签订契约，组成战略联盟。如京郊一些地方，主景区与农家民俗景区和接待点在政府的组织下达成契约，制定规范、统一的服务标准，维护旅游秩序。但是，由于各企业产权独立，服务水平参差不齐，如果政府强制执行，破坏了市场竞争机制，也破坏了整合效果。因此，政府的角色主要是在市场机制下引导和监管，促成市场的规范和旅游资源整合效力的提升。

(3)企业集团

在我国，旅游资源归全体国民所有，政府负责管理，但在旅游资源的具体开发经营过程中，往往有众多企业参与。改革开放以来，随着我国社会主义市场经济体制的建立，企业已经逐渐成为独立的区域经济和市场行为主体。在市场经济体制下，大型旅游企业集团可以以股权、资金、技术、销售为纽带，统一调配和整合各类旅游资源，采取多种开发经营方式，有效突破地区间的壁垒，解决区域资源结构性的矛盾，通过冷热点旅游资源均衡开发与重组等方式推动资源整体优化，形成跨地区、多方位、多层次的协作，促进地区旅游产业结构的合理化和各景区在地区间的互动，构建更为灵活的行业体系，在互动互补中实现各地区旅游业的共同发展，从而达到区域旅游资源整合优化的目的。北京、天津、陕西、杭州、厦门等地在政府倡导与支持下，成立的旅游集团在实践中体现出了旅游资源整合的决策力和执行力。

2)旅游资源整合的空间模式

旅游资源整合的结果必然表现为一定的外在空间形态。各个区域在旅游资源开发的初始阶段，由于资源要素分布、交通设施条件、区域政策、发展阶段等因素的差异，往往呈现出离散的特点。由于这种离散态并不是最优的，因此在旅游资源空间共生性、市场机制、政府规制等驱动力下必然会发生旅游资源的整合优化。用系统和发展的眼光来看，整合的空间形态一般呈现出递进的特点，遵循“点轴状—圈层状—网络状”的演变规律。通过认识不同阶段与不同条件下的旅游资源空间形态，有助于采取针对性措施，优化整合效果。常见的旅游资源整合的空间模式有以下3种：

(1)点轴状的空间模式

旅游资源沿着发展轴(交通干道、河流等)呈串状分布并向两侧辐射(图7.3)，这些旅游资源在整合过程中要抓住轴线的作用，因为轴线就是游客的旅游路线。因此，旅游资源经过整合应该形成内容丰富、层次多元的点轴状空间形态。以河西旅游带为例，从西向东目前已经整合成由4个旅游核心城市(敦煌、嘉峪关、张掖和武威市)，3个旅游节点城市(玉门、酒泉和金昌市)，4个重点片区(敦煌“飞天”石窟文化旅游区、嘉峪关长城文化旅游区、张掖裕固族民族风情文化旅游区和武威“天马”文化旅游区)构成点轴状的区域旅游一体化共生空间模式。

(2)圈层结构空间模式

区域旅游资源分布不均衡,但区域内存在某个承载力大的大城市或区位优越的交通枢纽城市或具有大尺度吸引向性的旅游资源密集区,在这个极点周围分布着类型多样的旅游城市或旅游资源。针对这样的旅游资源分布形态,整合中一要注意对增长极点的培育并发挥其辐射作用,二要注意辐射路径(旅游交通与节事互动等)的设计以加强旅游经济联系,易于形成核心辐射状的圈层结构空间模式(图 7.3)。这种模式又分为两种情况:单极辐射、双核互动。

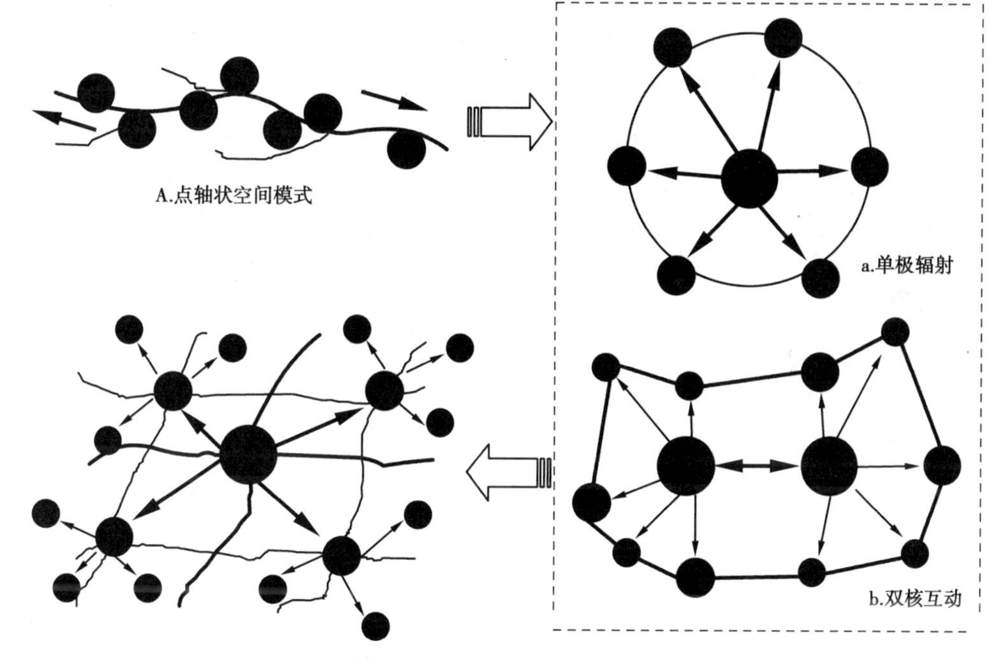

图 7.3　旅游资源整合的空间模式

单极辐射是指在区域旅游资源整合过程中,以旅游资源价值、旅游交通条件、综合经济实力较为突出的地域为中心点,通过交通线为连接形成的空间模式。如闽西南旅游圈以厦门为中心,周围涉及三明、龙岩、漳州、泉州和金门等城市和岛屿的一级旅游资源区(约占福建全省旅游资源的 30%),包括著名的武夷山、永定土楼和金门岛等。又如,武汉旅游圈、西安旅游圈、重庆旅游圈、石家庄旅游圈等。

双核互动是指在大区域空间范围内存在两个具有互补性的重要区域中心点,两者又对周边地区都具有一定的辐射力,通过双核空间互动整合,既兼顾了各自的区域中心作用,又实现了旅游资源区位、类型、功能上的互补空间模式。如辽宁的沈阳—大连双核互动整合模式。沈阳作为政治、经济、文化三位一体的区域中心城市,对其所在区域的其他城市和地区具有带动、辐射作用;大连则行使着区域中心城市的门户港城的功能。鞍山、抚顺、本溪、辽阳、铁岭均分布在沈阳附近 100 km 半径的范围之内,通过高速公路网,鞍山的千山和玉佛、本溪的水帘洞、辽阳的白塔等周边著名风景区,已同旅游资源连为一体;大连则将营口、丹东等地资源融为一体。沈阳和大连形成双核互动,则把辽宁中部城市与辽宁东部城市联系起来,构成一个整体,形成合力,提升了旅游资源的吸引力和竞争力。再如,北京—天津双核互动旅游圈、郑州—开封双核互动旅游圈等。

(3)梯度网络空间模式

梯度网络空间模式是指在大尺度空间中,首先存在一个核心,它对整个区域具有统领的作用;同时还存在多个次中心,它们能对周边区域起到一定的辐射作用;以及多个重要的旅游节点,由上向下呈金字塔形排列,形成中心突出、多极联动、点圈互连的梯度网络结构。目前,在我国最为典型的是长江三角洲区域。该区域包括上海、南京、苏州、无锡、常州、扬州、镇江、南通、泰州、杭州、宁波、绍兴、嘉兴、湖州、舟山、台州。如今已初步整合成以上海为一级旅游中心城市,南京、杭州、苏州、宁波为次级旅游中心城市,无锡、常州、绍兴、舟山等其余城市为重要节点的梯度网络空间模式。

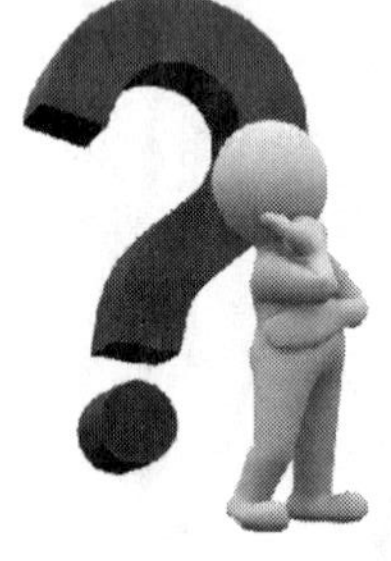

复习思考题

1. 旅游资源整合含义与作用有哪些?
2. 旅游资源整合主要理论有哪些?
3. 简述旅游资源整合主要形式,并举例说明。
4. 旅游资源整合模式及其作用是什么?
5. 结合实例,分析如何对旅游资源进行整合?

第 8 章 旅游资源管理

【学习导引】

资源管理作为历史范畴,是一个内容广泛而复杂的命题。旅游资源管理包含很多内容,如旅游资源的产权管理、旅游资源的信息管理、旅游资源的质量管理、旅游资源的环境管理等,都是目前在旅游开发过程中的重点难点问题,急需要从理论与实践两个方面共同解决。本章首先介绍了旅游资源产权管理理论,并对国内外不同管理模式进行比较,详细介绍了旅游资源信息管理系统,分类介绍了旅游资源标准质量管理与全面质量管理,重点介绍了相关利益者的构成以及其开发经营者、旅游者、社区的不同管理模式。

【教学目标】

1. 能够认识到旅游资源管理内容。
2. 明确旅游资源产权管理相关理论。
3. 了解旅游信息与质量管理系统。
4. 掌握旅游开发利益相关者构成内容。

【学习重点】

旅游资源产权管理　旅游资源信息管理　旅游资源质量管理　旅游资源开发中利益相关者管理

旅游资源是旅游研究中最重要的课题之一,但目前学术界关于旅游资源的研究多集中于对其的开发、利用等方面,只有少数学者开始关注旅游资源的管理问题。在实践层面,旅游资源作为旅游业的基础,旅游行政主管部门无论是在国家层面还是省、市、县层面普遍对旅游资源管理缺少力度,远远不及对旅行社及宾馆饭店的管理规范化。

旅游资源管理包含很多内容,如旅游资源的产权管理、旅游资源的信息管理、旅游资源的质量管理、旅游资源的环境管理等,都是目前在旅游开发过程中的重点难点问题,急需要从理论与实践两个方面共同解决。

8.1 旅游资源产权管理

8.1.1 旅游资源产权管理及其理论

1）旅游资源产权概念

产权不是一般的物质实体。著名的产权经济学家 Furubotn 和 Pejorich(1991)认为："产权不是指人与物之间的关系，而是由物的存在及对于它们的使用所引起的人们之间相互认可的行为关系。产权安排确定了每个人相对于物时的行为规范，每个人都必须遵守与其他人之间的相互关系，或承担不遵守这些关系的成本。"因此，产权是一系列用来确定每个人相对于稀缺资源使用时的地位的经济和社会关系。产权作为人与人之间的经济权利义务关系，无论以何种形态存在，都不同程度地表现出排他性、有限性、可分解性和可交易性等基本属性。旅游资源产权除了具有产权的一般属性外，还具有一定的特殊性，如旅游资源产权是公共产权，具有社会公益性；旅游资源产权的行使具有较强的"外部性"；旅游资源产权保护功能的内生性等。

旅游资源产权是指由于旅游资源的存在及对于它们的使用所引起的人们之间相互认可的行为关系。它是旅游资源所有权和各种利用旅游资源权以及义务的行为准则或规则。具体来说，是指在旅游资源开发、治理、保护、利用和管理过程中，调节地区与部门之间以及法人、集团和国家之间使用旅游资源行为的一套规范的规则。

由于完整的产权是以复数形式出现的，因此旅游资源产权也是一组权利，主要包括：①狭义的所有权，即旅游资源的终极性、归属性。②使用权，包括消费性使用和生产性使用两方面。③管理权，决定如何使用旅游资源的权利。其他一些权利，如收益权、处置权等均可归入这 3 项权利中讨论。旅游资源产权有三大特征：①旅游资源的所有权主体大多是国家。②政府代表国家支配旅游资源，旅游资源的行政管理在很大程度上代替了旅游资源的产权管理。③旅游资源管理部门分散，资源利用率较低。

2）旅游资源产权管理相关理论

（1）公地悲剧

公地悲剧表明，当许多人都有权使用一项共同资源的权利时，就存在过度使用这项资源的激励，而且人人都倾向于"搭便车"使用，结果人人都享受不到该共同资源的好处。公地悲剧理论的论证和解释可以归纳为 3 个方面（表 8.1）：集体行动逻辑、哈丁牧场模型和囚犯困境博弈。旅游资源经营权问题可以用公地悲剧理论解释。这 3 个方面都揭示了在旅游资源开发管理的过程中个人理性的结果却是集体选择的非理性，导致资源的恶化和非可持续发展，最终丧失集体利益和个人长远利益。

表 8.1　公地悲剧理论研究总结

理论模型	主要研究者	主要结论
牧场模型 (The Tragedy of The Commons)	哈丁 (Garret Hardin,1968)	界定不清的模糊产权引起的最严重的激励问题,当许多人都有权使用一项共同资源的权利时,就存在过度使用这项资源的激励。
集体行动逻辑 (Collective Action)	奥尔森 (Olson,1965)	提出理性的、寻求自身利益的个人将不会为实现他们共同的群体利益而采取行动。
囚徒困境模型 (Prisoners Dilemma)	道斯 (Dawes,1973)	每个当局者都会根据个人利益最大化选择背叛策略,可得到的均衡结果却是帕累托较差的。

资料来源:于健慧,2007。

(2)外部性理论

外部性是生产者或消费者在自己的活动中产生一种有利影响或不利影响,这种有利影响带来的利益(外部经济性)或有害影响带来的损失(外部非经济性)不是消费者和生产者本人所获得或承担。其中,外部经济性是指某项事物或活动对周围事物产生良好影响并使周围的人获益,但行为人并未从周围取得额外的收益;外部非经济性是指某项事物或活动对周围事物造成不良影响,而行为人并未为此付出任何补偿费。政府在进行旅游资源经营管理时,需要充分考虑与分析旅游开发的外部经济性和不经济性,将隐性成本纳入旅游业的发展体系中。如果对经营所造成的外部非经济性不加以控制,则社会边际成本就会越来越高于区(点)边际成本,对整个社会造成的负担和危害就越来越大。因此,必须构建避免经营造成的外部非经济性行为的约束机制。

(3)公共选择理论

公共选择理论主要运用现代经济学的逻辑和方法,把市场经济行为分析应用到政治行为分析,并探索使政府行为合理化的途径。从公共选择理论来看,政府行为是强制性的,并不是任意和非理性的。政府的强制性权利来自人们增进社会经济福利的需要,是公共选择的结果。为了有效实现社会目标,政府在干预的过程中通常采取以下 4 种方式:

①采取直接行动,政府直接建立企业生产物品,或者从私营部门购买物品。

②实行间接管理,为使私人市场按照需要的方式运行提供动力,授予经营权是较为普遍的形式。

③命令私人部门采取政府希望的行动。

④混合的选择,政府为了实现某些目标,经常混合使用两种或两种以上的上述行动方案。旅游资源的管理问题实际上就是一个关于公共选择的问题。

8.1.2　国外旅游资源产权管理

旅游资源的产权管理虽各国有别,但总体上可归纳为中央集权型、地方自治型和综合管理型三大类(表 8.2):美国以中央集权为主,自上而下实行垂直管理并辅以其他部门合作和民间机构的佐助;德国和澳大利亚作为地方自治型的代表,政府只负责政策发布、立法等面上的工作,而具体管理事务则交由地方政府负责;日本、加拿大、芬兰、英国兼有上述两种体制,属综合管理型,既有政府部门的参与,地方政府又有一定的自主权,且私营和民间机构也十分活跃。

表 8.2　国外旅游资源产权管理 3 种类型比较

类　型	中央集权型	地方自治型	综合管理型
代表国家	美国	澳大利亚	日本
所有权	大多数为联邦政府直接掌握产权并全权委托给管理机构,少量为自治团体、企业和个人所有。	大部分旅游资源归地区或州政府所有。	国家所有、地方政府所有和私人所有(24% 国家公园面积为私人所有)。
管理机制	自上而下实行联邦政府垂直管理并辅以其他部门合作和民间机构的协助。	中央政府只负责政策发布、立法层面上的工作,具体事务由地方政府、行业协会负责。	官民协办的管理体制,国家环境厅主管、自然保护委员会协管,政府不直接干预,大量行业协会代行部分政府职能。
经营机制	对经营性的项目,采取特许经营权进行公开招标。		允许地方公共团体和个人按照规划提供服务设备,但公共设施的建设由国家环境厅和地方共同完成;实行特许经营制,允许私营部门经营酒店、旅馆等服务设施。
资金机制	国家公园建设运行经费进入联邦政府财政经常性预算,其他为分级所有、分级出资,同时有大量社会捐赠资金。	州或地方政府是主要投资者,国家建立的自然遗产保护信托基金制度,用于资助减轻植被损失和修复土地。	主要依靠地方和民间财力。
监督机制	上级主管部门和公众共同监督。		

1)国外旅游资源产权管理的模式

(1)中央集权式管理——美国

美国旅游资源体系主要由国家公园(由内务部国家公园管理局管理)、国家森林(由农业部林业局管理)、国家野生动物保护区(由内务部鱼和野生动物管理局管理)、国土资源保护区(由内务部土地再生局管理)、州立公园(各州政府的自然资源部)和一些博物馆等组成。目前,美国比较重要的旅游资源均采用联邦政府垂直管理模式,以中央集权为主,自上而下实行垂直领导并辅以其他部门合作和民间机构的协助。如对于国家公园,美国实行国家管理、地区管理和基层管理的三级垂直领导体系,其最高行政机构为内务部下属的国家公园管理局,负责全国国家公园的管理、监督、政策制定等。下设 7 个地区办公室,直接管理所属区域的各国家公园管理处,地方政府不得插手国家公园的管理。以"管家"自居的美国国家公园管理处,负责公园的资源保护、参观游览、教育科研等项目的开展及特许经营合同出租。国家公园体系运营和保护的主要资金来源是国会的财政拨款，占 90% 以上。门票收入不用于公园的日常开支和管理人员工资，只用于环境保护建设及环保宣传教育支出。

(2) 地方自治型管理——澳大利亚

澳大利亚联邦政府对各州土地并无直接管理权，国家公园、世界遗产地、面积较大的自然保护区等重要旅游资源都归州或地方政府所有。自然保护局是联邦政府设立的自然保护主管机关对外代表国家签订国际协定，履行国际义务，对内处理土著居民事务，促进各州、地区之间的合作与沟通；各州政府则对本州范围内的旅游资源承担责任，负责具体管理事务。同时，州政府是旅游设施建设的主要投资者，而国家建立的自然遗产保护信托基金制度，用于资助减轻植被损失和修复土地。

(3) 综合管理型——日本

日本的旅游资源管理体制兼具中央集权和地方自治两种体制，属综合管理型模式。日本的中央旅游管理机构分为内阁、运输省、观光部 3 个层次：内阁观光对策省厅联络会议直接对内阁负责，为常设议事机构，受总理府直接领导，主要职责是协调各省、厅在旅游资源管理中的相互关系；运输省是日本旅游业的主要部门，下设运输局、航空局、物资流通局和国际运输观光局等；观光部是具体分管旅游业的办事机构，具体负责旅游资源的开发与管理工作。地方旅游管理机构没有统一的模式，而是因地制宜灵活设置，有的隶属劳动部门，有的隶属林业文化部门。这些部门除了具有一般行政职能外，还负责宣传招揽、资源开发、改善投资环境、协调投资环境、协调中央与地方的关系等方面的事宜。日本的行业协会在旅游资源管理中的作用十分显著，这些行业组织既是企业之间的横向联结点，又是政府与企业之间的中介。

2) 国外旅游资源产权管理经验借鉴

(1) 完善的法律体系，一元化的垂直领导方式

完善的法律法规体系与行政上一元化的垂直领导方式使得旅游资源的可持续性的开发利用工作能真正地落到实处。在对旅游资源的经营管理过程中，完善的立法是旅游资源管理模式取得成效的重要的“物质基础”，而且行政管理权的独立，也能在确保管理权限权威性的基础上实现管理权限与责任的真正统一。

(2) 管理权与经营权相分离

对旅游资源的管理及经营权限的分离，在有利于旅游资源合理利用的前提下，提升了旅游资源的经营管理水平。如美国在对国家公园的管理中，作为联邦政府的非营利机构，国家公园的管理机构由于日常开支由政府的财政拨款进行支持，因此，公园运营就可以专注于自然与历史文化资源的保护与管理。公园内的公共服务业由于采取特许授权制的运作方式，不仅有利于方便广大游客，而且可以在无形中提高公共旅游资源的使用效果与服务质量。

(3) 强大的政府资金支持

发达国家偏重旅游资源的社会福利性，如美国、加拿大等国家公园不收门票或价格很低，把国家公园当作公共产品来向公众提供，德国、日本也有类似做法。但这一做法，发达国

家有雄厚的经济实力为依托,政府或地方政府每年提供大量的资金用于旅游资源的保护工作。

8.1.3 我国旅游资源产权管理

1)产权管理现状

(1)所有权

我国大部分旅游资源属于国家所有,是重要的国有资源。国家所有的旅游资源在最终归属上属于全体国民,国务院行使所有权代理人的责任和权力。现实中,国务院只是最初的代理人,由国务院按政府行政系统再进行授权,授权各部门及地方政府对国有资源实行分级管理,各部委(局)及各级政府通过再代理将所有者权利层层下放至最基层一级政府。我国还有部分旅游资源为个人所有和企业或集体所有,前者如一些富含旅游价值的民宅、主题乐园等,后者如工农业旅游资源。

(2)管理权

我国旅游资源的所有权非常明晰,但所有权的实现形式却较为复杂。按法律规定,所有者有权对旅游资源进行管理,作为代理人,各级政府代替全体国民进行旅游资源管理。我国对旅游资源的管理实行多部门分级管理(表 8.3),主要有两种形式。

表 8.3 我国主要旅游资源主管部门和相关法律法规

旅游资源	主管部门	法律法规依据
风景名胜区	建设部门	风景名胜区管理暂行条例
自然保护区	林业、环保、农业等部门	中华人民共和国自然保护区条例
森林公园	林业部门	森林公园管理办法
文物保护单位	文物部门	中华人民共和国文物保护法
地质公园	国土资源部门	地质遗迹保护管理规定
历史文化名城、镇(村)	文物和建设部门	中华人民共和国文物保护法
世界遗产	建设、文物、教育部门等	
寺庙景区	宗教部门	

资料来源:王咏,2005,有修改。

①不同资源性质的旅游资源,分属不同的政府部门具体管理。如“风景名胜区”由建设部门管理,“森林公园”“自然保护区”由林业部门管理(少部分“自然保护区”由环保部门管理),“文物保护区(单位)”由文化部门管理,“地质公园”由国土资源部门管理等。

②具有不同资源特征的同一旅游资源,同时由不同的政府部门具体管理。如四川省彭州市的龙门山地区,就同时拥有国家林业部门授予的“龙门山国家森林公园”或“白水河国家自然保护区”、国家国土资源部门授予的“龙门山国家地质公园”,区域内还有不少成都市

和彭州市两级文化部门管理的文物保护单位。除中央、省、市、县四级政府各有关部门(旅游、规划、林业、国土、文化、宗教、建设、水利、环保)和所在乡镇实施管理外,还设立了“白水河国家自然保护区管理局”、“龙门山国家地质公园管理局”、彭州市龙门山景区管理局、彭州市丹景山景区管理局等专门的管理机构。

(3)经营权

随着我国旅游业的快速发展、社会主义市场经济体制的逐步建立,以及各项改革开放措施的不断深化,我国旅游经营的市场化程度不断提高,各种适应社会主义市场经济体制和国民经济与社会发展需要的旅游资源经营模式不断创新、完善与发展,促进了我国旅游资源模式的多样化和典型化。

彭德成(2003)按旅游景区经营主体的市场化程度、所有制性质、行政隶属关系和旅游景区的隶属关系将现有的旅游资源经营模式进行了划分,分为两大类别、5 种类型、10 种模式,根据其经营的市场化程度从低到高排列(图 8.1)。

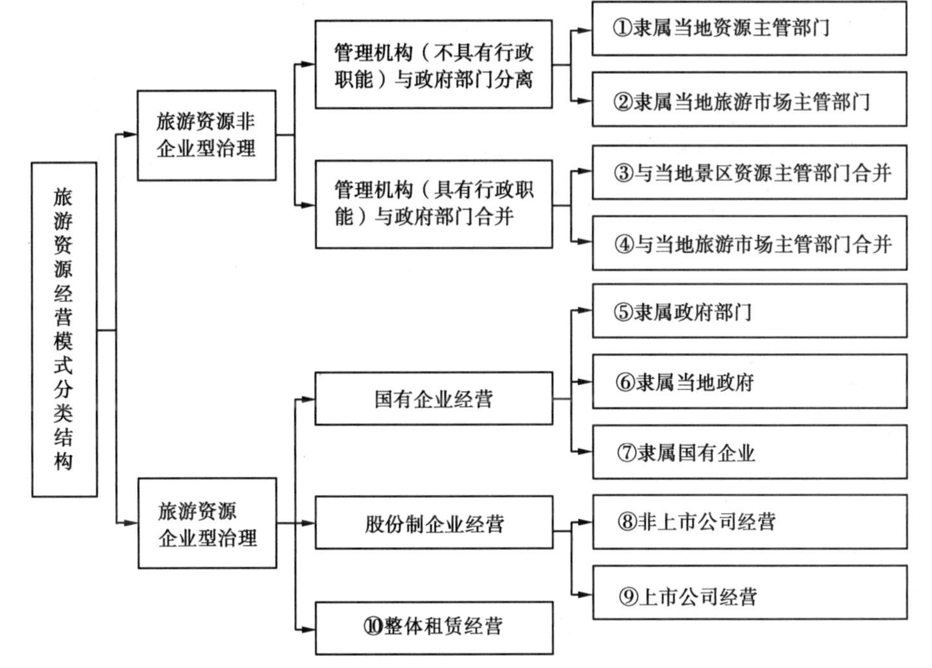

图 8.1　旅游资源(景区)经营管理分类结构

资料来源:彭德成,2003,有修改。

①旅游资源非企业型经营。

A. 管理机构与政府部门分离的经营模式。这种模式的旅游资源所有权与经营权、开发权与保护权互不分离,旅游资源的管理机构既是所有权的代表又是经营主体,负责旅游资源的开发与保护。根据其管理机构隶属部门的不同又可分为隶属资源主管部门的自主开发模式和隶属旅游主管部门的自主开发模式,前者的管理机构隶属于当地建设、文物、园林等资源管理部门,主要集中于传统的大型文物类旅游资源,如北京故宫、八达岭长城等;后者的管理机构隶属于当地旅游局,这一模式是近年来各地为理顺旅游管理经营体制而进行的改革与创新,典型代表如河北野三坡、重庆四面山等。

B. 管理机构与政府部门合并的经营模式。这种模式的旅游资源所有权与经营权、开发权与保护权对外统一,对内分离。旅游资源的管理机构既是所有权的代表又是经营主体,但在景区内外管理职能与经营职能、开发职能与保护职能由不同的部门或机构承担。根据与其管理部门合并的政府部门的不同又可分为兼具资源行政管理的复合治理模式和兼具旅游行政管理的网络复合治理模式。前者的管理机构与当地某一资源主管部门合并,使得管理机构不但要负责旅游资源的经营管理,还具有对当地这种旅游资源的行政职责,目前这种模式在旅游资源的经营中逐步退缩,典型代表如泰山;后者的管理机构与当地旅游局合并,使得管理机构还具有当地旅游市场管理的行政职能,这一模式是近年各地旅游资源产权体制改革与创新的成功实践,具有较强的发展优势和良好的发展前景,其代表性旅游资源为长春净月潭等(图 8.2)。

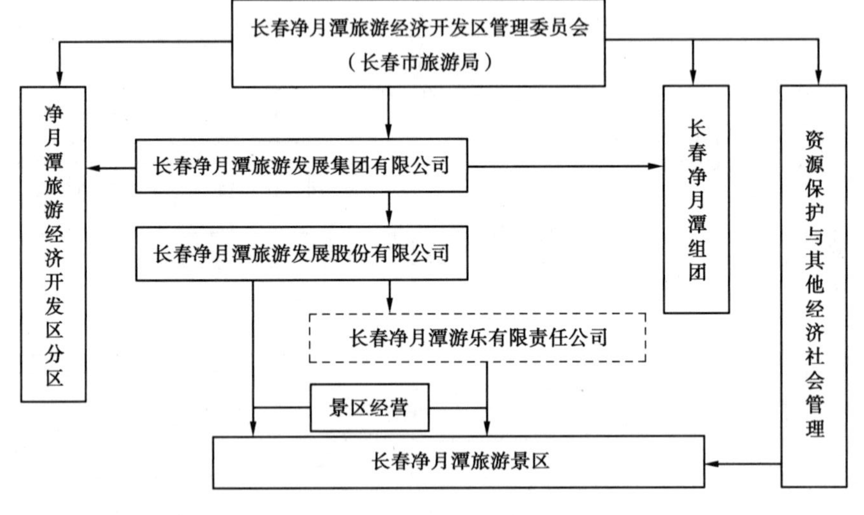

图 8.2　长春模式结构

资料来源:彭德成,2003。

②旅游资源企业型经营。

A. 国有企业经营模式。这一模式的旅游资源所有权与经营权分离,政府为所有权代表,国有全资企业掌管经营权,既负责旅游资源的开发,又负责环境保护(图 8.3)。根据其经营主体的隶属不同,可分为隶属政府部门的国有企业经营模式(如宁夏沙坡头等)、隶属地方政府的国有企业经营模式(如浙江乌镇、江苏周庄)和隶属国有旅游企业集团的整体开发经营模式(如陕西华清池)。

B. 股份制企业经营模式。这一模式的旅游资源所有权与经营权分离,旅游资源的所有权代表是地方政府设立的管理机构,经营主体是股份制企业。可分为未上市股份制企业经营模式和上市股份制企业经营模式两种。前者旅游资源开发权与保护权统一,经营企业既负责旅游资源开发又负责环境保护,其代表性旅游资源为浙江柯岩、曲阜“三孔”等;后者资源开发权与保护权完全分离,经营企业负责资源开发利用,政府派出的管理机构负责旅游保护，其典型代表如安徽黄山和四川峨眉山。

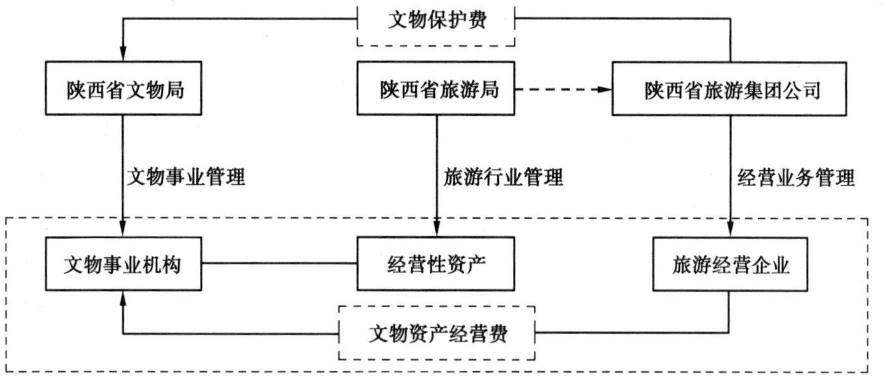

图 8.3　陕西省文物旅游资源经营模式结构

资料来源：彭德成，2003。

C. 整体租赁经营模式。在这一模式中，旅游资源的所有权与经营权分离，开发权与保护权统一。旅游资源的所有权代表是当地政府，民营企业以整体租赁的形式获得旅游资源（景区）30～60 年的独家经营权。经营企业在其租赁经营期间，既负责旅游资源的开发，又对资源与环境的保护富有责任，其典型代表如四川碧峰峡景区等。

2）存在问题

（1）国家所有权虚化，所有权、经营权、管理权三权混淆

在名义上，国务院是公共旅游资源的所有者代表，但事实上，由中央政府管理所有的公共旅游资源成本太高，所以由各级政府及其部门代表行使所有权职能。这就造成了公共旅游资源表面上属于国家所有，实际上是由地方政府和不同政府部门在控制，造成产权结构十分复杂，形成了主体分散、条块分割的局面。大家“齐抓共管”时，都是资源的所有者，又都不是明确的、完整的所有者，缺乏一个真正能代表国家对公共旅游资源行使所有者职能的人格化责任主体。

在传统的产权制度下，国家的资源行政权力和作为所有者代表的权利混为一体，以行政管理权淹没了所有权，以行政管理关系取代了产权管理关系。在旅游资源企业化运作过程中，管理机构，即以管理者的身份自然而然地拥有了经营权。“三权混淆”使国家所有权虚置，经营者的经营行为缺乏实质性的约束，导致旅游资源的滥用，管理机构“政企不分、事企不分”。

（2）旅游资源所有权实现形式不清晰，存在单一代表、多级行使、多元代理关系

我国公共旅游资源采取的是委托代理制。根据我国产权制度，选择委托代理制是合理的，现在的问题是所有权的实现形式存在着以下问题：

①没有一种机制使所有者来监督和约束所有者代表，旅游资源所有者代表不是旅游资源的真正所有者，初始委托人（全体国民）不可能或很难实行“一人一票”的直接监督方式。

②所有者代表多元化与多环节化，政府的多层次化使得旅游资源的所有者代表多环节

化，每个环节都可以对同一旅游资源景区发号施令，造成旅游资源管理单位的无所适从。

(3)管理机构的双重身份使其监督管理、保护资源的职能弱化

旅游资源的管理机构身兼管理者和经营者两职，既有保护旅游资源的职能，又有发展经济、解决就业和社区管理的职能，经济利益目标和资源保护目标必然会产生内在的冲突。承担职能的多样化使管理机构的经营管理变得不伦不类，既“管理”又“经营”，这样就造成管理机构自己监督自己，很难保证监督的有效性。在法律制度不完善、外部监督机制不健全的情况下，对作为经营者的管理机构就等于没有监督。

(4)资金投入不足

目前，国家对旅游资源保护的资金投入明显不足，更关键的是没有形成一个确保资金来源的渠道和机制。同时，目前的产权制度使旅游资源的管理机构身兼多职，常常处于亏损状态，用于旅游资源保护和开发的投入就更不足。其结果是：对旅游资源既无力开发，也无力保护。传统的产权体制和经营管理模式解决不了这一巨额资金需求，一是缺乏把景区做强做大的资本能力，从而用门票收入反哺景区保护；二是现有的体制和模式往往使管理者经营者认为保护资金的投入是国家的责任，致使保护资金的投入较少。

3)产权制度改革

旅游资源产权制度的变革开始于20世纪90年代中期。旅游业的发展对资源的开发和管理提出了严峻的挑战，许多地方政府考虑发展旅游对地方经济发展的促进作用，资源开发保护的投入需求和当地经济实力间的差距，政府对景区管理能力的有限性等方面的因素，以委托经营、租赁经营、组建股份公司上市等方式开始了旅游资源产权制度的变革。

(1)我国旅游资源产权制度变迁历程：从“政企不分”到“三权”分离

由于历史原因，我国旅游资源长期以来为国家或集体所有，政府往往既是旅游资源国家或集体所有权的代理人，又是旅游资源的实际经营者。而且，由于旅游资源开发往往会涉及多方利益主体和部门产业特性，同一旅游区(点)往往还存在多个政府部门的多头管理，因此，我国旅游资源产权的初始安排具有类似于国有企业早期“政企不分”的显著特征。

随着我国经济由计划向市场的转变和深入发展，理论界普遍认为只有参照打破国有企业“政企不分”的“三权不分”的产权改革思路，市场的力量才能在旅游资源合理配置中起到它应有的作用。我国旅游资源的产权改革，应包括所有权、管理权和经营权在内的“三权”分离，而这主要体现在以下两个层次：第一个层次是在曾作为国家或集体所有权代表者兼经营者的政府与企业之间，政府应当把经营权让给企业；第二个层面是政府层面，政府各单位在职能上应进一步分工，即资源的所有权专门由国资管理部门负责行使，而非国资管理政府部门承担旅游资源开发利用总体规划的宏观调控管理职能。这样，就需要通过管理体制的创新和法律体系的完善，来明确旅游资源的所有权、管理权和使用权的权属主体及各主体应当承担的责任和义务。

(2)我国旅游资源产权制度演进趋势：“三权分离”到“权利的协调配置”

“三权分离”的主张主要是针对我国旅游资源产权安排中政企不分、部门和条块分割以

及多头管理产权界定不清楚的种种问题而提出的，其目的是为了通过明确政府主管部门和企业在产权安排中的权、责、利逐步把市场的力量引入旅游资源的配置活动中。通过“三权分离”的改革实践，我国旅游资源产权安排中各类权力主体的权、责、利逐步得到明确，市场力量在旅游资源合理配置方面的作用日益凸显。然而，经营权转让的景区（点）经营管理效果好坏参半，各种矛盾和问题仍然不断显现。这表明，从“政企不分”到“三权分离”并非我国旅游资源产权制度变迁过程的全部，产权制度变迁是一个需要不断向前演进的过程。

由此可见，在“三权”分离的基础上，只有权力在各相关部门及部门的相关单位之间得到了协调配置，市场力量和政府力量在旅游资源配置过程中才能协同作用，“过”与“不及”的问题由此才能尽量得以避免。为此，我国旅游资源产权制度演进的合理趋势应当从“三权分离”到“权利的协调配置”。

目前，我国旅游资源经营权转让模式主要依据管理权与经营权是否分离、经营权是否转让、经营权受让公司的性质3个方面来划分，可以归纳为整体转让经营、部分转让经营景区公司控股、部分转让经营景区公司参股、项目特许经营、合作开发经营5种类型（表8.4）。

表8.4　主要经营权转让模式

经营权转让模式		主要特征		实　例
		经营权受让企业性质	门票专营权	
整体转让经营		出让给资源所属管理部门或地方政府的国有企业或其他相关企业	拥有门票专营权	碧峰峡景区
部分转让经营	景区公司控股	授权给景区企业控股的企业	景区或政府的控股公司拥有景区门票的专营权	武夷山风景名胜区
	景区公司参股	授权给旅游资源所属管理部门或地方政府的国有企业之外的企业，景区公司只参股	经营权受让的公司拥有门票的专营权	
项目特许经营		经营性项目特许经营权出让给国有企业之外的企业	不参与门票经营	
合作开发经营		经营权整体转让给企业，受让经营权的企业接受原政府派出机构事业编制人员，政企合作共同开发，各司其职	拥有门票专营权	上海共青国家森林公园

资料来源：谢茹，2006。

①特许经营权整体转让。是指将旅游资源的所有权与经营权分开，由政府统一规划授权一家企业较长时间地控制和管理，组织一方或多方投资，成片租赁开发、垄断建设、经营管理，并按约定的比例由旅游资源所有权代表人和出资经营者共同分享经营受益。在这种转让模式中，企业拥有景区门票的专营权、旅游景区资源的有限开发权。

②政府控股的特许经营权部分转让。是指政府将旅游资源整体或旅游资源景区门票的专营权授权给景区企业控股的企业，由于经营权受让的公司是由政府或旅游资源管理部门控股的公司，因此受让公司在经营方向上不会偏离政府的方向。

③政府不控股的特许经营权部分转让。是指政府将旅游资源整体或景区门票的专营权授权给旅游资源所属管理部门或地方政府的国有企业以外的企业,经营权受让的公司拥有门票的专营权。

④项目特许经营权转让。是指将景区内的经营性项目如餐饮、住宿、购物等项目特许经营权出让给旅游资源所属管理部门或地方政府的国有企业以外的企业。拥有项目特许经营权的企业不参与门票的经营,按约定向特许项目经营权的出让方交纳费用。

⑤合作开发经营模式。是指在一个旅游景区内,由政府出资源,企业出资金,政企共同管理,共同受益的旅游景区治理模式。

8.2 旅游资源信息管理

8.2.1 旅游资源信息管理系统

1)旅游资源信息管理

信息是一切事物现象及其属性标识的集合,是客观事物状态和运动特征的一种普遍形式,人们通过它可以了解事物或物质的存在方式和运动状态。信息一般通过数据、文本、声音、图像这 4 种形态表现出来,能够被交换、传递和存储,是一种能够创造价值的资源。

人们在调查、研究、管理旅游资源过程中产生的信息被称为旅游资源信息。旅游资源信息不仅包括旅游资源本身的信息,而且包括与旅游资源相关的信息,如旅游交通、购物、娱乐、当地社会经济概况等方面的信息。随着旅游业的发展,对旅游资源的调查、规划、管理工作也相应地越来越细致,因而产生的旅游资源信息也随之出现了较大的变化,逐渐表现出了衍生信息迅速增加、表现方式多样化的发展趋势。

不仅旅游资源信息内容非常丰富,而且旅游资源信息的服务对象也相当广泛,它不仅为与旅游相关的人员服务,还为一般的用户服务,这些都使得旅游资源信息相对于其他资源信息有许多不同之处。概括起来,旅游资源信息主要具有海量性、区域差异性、时效性、不易传播性、综合性和层次性等特点。

旅游资源信息管理是对旅游资源信息进行开发、规划、控制、集成、利用的一种战略管理。其实质就是对信息生产、信息资源建设与配置、信息整序与开发、传输服务、吸收利用等活动的各种信息要素(包括信息、人员、资金、技术设备、机构、环境等)的决策、计划、组织、协调与控制,从而有效地满足旅游者、旅游经营者、旅游管理者使用旅游资源信息需求的过程。

尽管政府部门和有关专家为旅游资源信息的收集、利用制定了相关的政策和实施办法,旅游主管部门和行业组织对旅游资源信息的收集、发布做了很多工作,但我国在旅游资源信息管理的自动化方面起步较晚,与使用信息技术手段相比,传统的管理手段存在许多不足之处,突出表现为采集和管理手段落后,信息涵盖面和精度均不尽人意,信息的管理和使用不成体系，信息更新缺少动态性和时效性等，很难为旅游资源信息的收集、管理、使用提供可靠、权威的保障。因此，迫切需要新技术、新手段来代替人工方式，以提高旅游资源信息采集和管理的效率和准确性。

2）旅游资源信息管理系统

旅游资源信息管理系统是以旅游资源空间数据库为基础，采用地图、文字、图表、数字、影像等多媒体信息集成，对旅游资源及相关信息进行采集、储存、管理、分析、模拟和显示，适时提供空间、动态的旅游资源信息，为管理和决策服务的一类信息系统。

旅游资源信息管理系统属于管理类信息系统，但并不是传统意义上的信息管理系统。狭义的信息系统可认为是事务处理系统，强调的是数据的记录和操作。如民航商务信息系统、旅游人才管理信息系统、旅游财务管理信息系统、饭店管理信息系统等，突出事务处理等管理功能，其最大特征是所处理的数据主要为属性信息，没有或不包括空间数据。旅游资源信息管理系统最大的特征是其所处理的数据具有空间特征，以具有空间分析功能的地理信息系统（Geographical Information System，GIS）为开发平台（目前可采用国内外极多的 GIS 商用软件包为支撑），利用地理信息系统的各种功能实现对具有空间特征的要素进行处理分析，以达到管理区域系统的目的。同时，借助网络技术和信息技术的发展，依托旅游资源的关键要素，建立健全规范、高效、有序的旅游信息化架构，打造一个旅游信息化平台，以实现旅游咨询、浏览、互动为一体的网络化、智慧化系统。

旅游资源信息管理系统既是旅游资源开发的重要工具，也是旅游资源事务服务管理的重要手段。建立旅游资源信息管理系统主要应用在以下 3 个方面：

（1）应用于旅游资源的普查、评价工作

其主要作用是以计算机替代手工劳动，对旅游资源信息进行收集、整理和系统的管理，提高效率，为旅游资源信息利用提供可靠保障。

（2）应用于有关部门对旅游业的管理、监控工作

采用旅游资源信息管理系统，动态监控旅游资源利用状况，科学评价旅游资源，为旅游业管理部门的日常管理和相关政策的制定提供科学依据，以多种形式支持旅游资源的开发与管理。

（3）实现旅游资源信息共享

旅游资源信息不仅可为政府、开发规划部门使用，而且通过网络，还可以为各学校、科研机构的旅游资源研究提供可靠数据，为旅行社以及旅游业相关部门甚至旅游者提供各种信息，实现旅游资源信息共享，促进旅游业的全面发展。

3）旅游资源信息管理系统研究与应用

随着计算机的发展和数字化信息产品在全世界的普及，地理信息系统技术，以其独特的空间信息分析功能，自 20 世纪 60 年代诞生以来，已经被广泛地应用于资源管理、环境保护、城市规划等各个领域，并正在随着数字城市的建设而走入千家万户，应用于普通民众的日常

生活当中,其产业发展已成为势不可挡的国际潮流。另外,由于国内旅游业的迅速崛起,使得政府部门对旅游业的经济地位和相应的旅游资源开发与管理的研究有了前所未有的重视。基于遥感(RS)、地理信息系统(GIS)和全球定位系统(GPS)的旅游资源管理信息系统,是在旅游资源调查的基础上,实现对现有的旅游资源的查询与管理。同时,计算机网络技术、多媒体技术、虚拟现实技术等持续应用于旅游信息管理当中,无论是制定旅游资源开发保护方针政策,还是协调人口、资源、环境的关系,以及制定综合性、区域性、专题性的旅游发展规划等,都可以在旅游资源管理信息系统中找到科学依据,并促进有关研究的进一步深入,为各地区经济和社会的可持续发展、国土资源综合开发整治规划提供必要的信息支持和决策支持服务。

开发旅游资源信息管理系统的关键在于建立科学、完善、精确的资源数据库。目前,我国旅游资源数据库的建设已经取得了一定的成绩。由国家计委社会司、国家旅游局计统司、国家信息中心数据部联合开发的中国旅游信息库及旅游信息查询系统,包括了我国历史、地理、经济、文化、宗教、风光、气候等各个方面,内容不仅涵盖旅游资源基本信息,还包括其他旅游相关信息,主要有省市行政区划分图、公路、铁路、航空示意图,此外,还有旅行社、旅游涉外饭店、风味餐馆、主要旅游线路、游览区(点)、商业、医疗等公共设施。系统采用文字、声音、图片等多种形式,介绍了全国的旅游资源。

8.2.2 旅游资源信息管理系统结构

旅游资源信息管理系统的总体框架结构可以分为系统层、数据层和用户层(图 8.4)。

1) 系统层

系统层在硬件方面需根据系统要求选择配置较高硬盘容量较大的微机。此外,还需要配置数字化仪、扫描仪、打印机、数字通信传输设备等辅助设备。

软件方面通常需要有计算机操作软件、数据库软件、应用软件和网络软件。

(1) 操作软件

采用广泛使用的 Windows 2000 或 Windows XP 中文版本作为 PC 机系统软件。

(2) 数据库软件

数据库软件包括支持复杂空间数据的管理软件,还包括服务于非空间属性数据为主的数据库系统,前者如 Map Objects, Mapinfo, Arcgis 等,后者如 SQL Server, Oracle, Informix, DB2 等。

(3) 应用软件

应用软件包括信息系统软件及其他支撑软件和管理专用平台两种,前者一般不需要进行独立开发,市场上有数百种国内外信息系统通用软件和其他支撑软件可供选择,主要用来支持对数据输入、存储、转化、输出和建立与用户的接口;后者主要是信息系统的开发人员或用户,根据旅游资源信息的管理专题而编设的用于特定目的的程序,是旅游资源信息管理系统的具体内容。

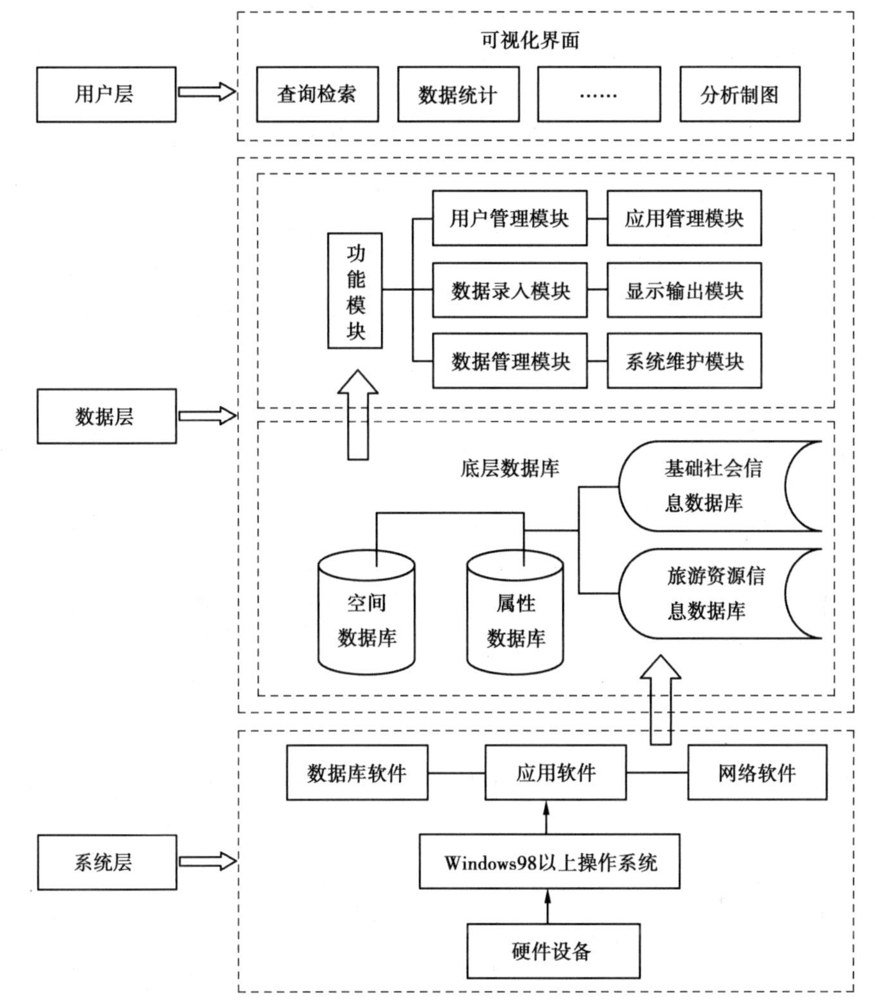

图 8.4　旅游资源信息管理系统结构

(4)网络软件

网络软件可分为网络系统软件、网络数据库和网络应用软件三大类,为旅游资源信息管理系统提供网络和通信服务。其中,网络数据库的建设在网络组建中建设周期长,人力物力投入多,常需要多个部门协同攻关。

2)数据层

(1)数据库结构

数据库是旅游资源信息管理系统的核心,是系统的各项功能得以实现的基础,其结构的合理性直接影响其工作效率和用户的使用。因此,在系统数据库的管理中,如何将各种数据按照一定的结构组织、存储和管理,以便于提高系统信息查询和处理的效率是系统数据库设计的关键。

①空间数据库。空间数据库是旅游资源信息管理系统数据库的主要构成成分，是系统能够执行空间分析功能的结构部分。空间数据库的使用影响系统的组成、开发、应用等各个方面，使旅游资源信息管理系统与一般的管理信息系统区别出来。首先，为了处理图形和图像数据，系统需要配置专门的输入和输出设备、图形图像的显示设备等。其次，在软件上则要求配置研制专门的图形图像的分析算法和处理软件，这些算法和软件又直接和数据的结构及数据库的管理方法有关。

②属性数据库。属性数据库一般分为基础社会信息数据库和旅游资源信息数据库。

基础社会信息数据库包括社会经济信息数据库和自然环境信息数据库两个部分。前者主要反映旅游区的人口数量、国民生产总值、国民收入、经济结构、交通运输等与旅游业相关的内容，为旅游资源管理提供基本的社会经济等方面的信息；后者主要反映旅游区旅游环境的自然要素，如地质地貌、气象气候、水文、动植物等信息，为旅游资源管理提供基本的自然环境信息。

旅游资源信息数据库一般包括旅游区信息数据库、旅游资源单体信息数据库和旅游客源信息数据库。旅游区信息数据库主要包括旅游区名称、编码、面积、开发年代、工作人员数量、景区介绍、景区旅游项目等。旅游资源单体信息数据库将各类旅游资源与其所属区域结合起来，反映旅游资源的区域分异规律，主要包括旅游资源单体的名称、单体代号、主类名称、亚类名称、基本类型等。旅游客源信息数据库主要收录各时期旅游区接待的旅游者人/次数以及旅游收入（国内、国外，省内、省外）。

属性数据采用二维关系表的形式存储，用编码的方式来区分不同表示地物的属性数据。大的地物，如公路、铁路，则按照国家统一的编码体系来进行编码；小的地物，特别是属于旅游行业的，则按照旅游行业中的标准、规范来进行编码（表8.5）。在此系统中，采用常用的数据库管理系统 Visual FoxPro 来进行属性数据的存储、管理。

表8.5　旅游资源信息管理系统涉及的部分国家标准

GB 2260—1995	中华人民共和国行政区划代码
GB/T 10114—1988	县以下行政区划代码编制规则
GB/T 16900—2008	图形符号表示规则 总则
GB 12409—1990	地理格网
GB/T 13016—2009	标准体系表编制原则和要求
GB/T 3935.1—1996	标准化和有关领域的通用术语 第一部分
GB/T 10113—1988	分类编码通用术语
GB/T 14085—1993	信息处理系统　计算机配置图符号及其约定
GB/T 18972—2003	中华人民共和国国家标准旅游资源分类、调查与评价
GB/T 17775—1999	旅游区（点）质量等级的划分与评定
GB 10001—1994	公共信息标志用图形符号

资料来源：根据互联网资料整理。

(2)功能模块结构

旅游资源信息管理系统的功能模块一般由用户管理模块、数据录入模块、数据管理模块、应用管理模块、查询统计模型和数据输出模块组成。

①用户管理模块。考虑到系统数据的安全性,进入系统的工作人员必须输入用户名和相应的密码,系统经验证正确后方能进入。对于使用系统的游客,则不设置此功能,可直接使用查询、检索、浏览等基本功能。对进入系统的工作人员,由系统管理员设置3种级别系统功能使用权限。一般人员可以使用账号维护、查询、检索、浏览、输出等功能;中级人员在一般人员权限的基础上,可进一步使用空间分析功能;高级人员在中级人员权限的基础上,可使用旅游资源输入标记、多媒体数据载入和删除等功能。系统管理人员除了可以使用系统的全部功能外,还可以设置不同用户对系统功能的使用权限,以保证系统和数据的安全。

②数据录入模块。数据录入模块能够以多种方式快速采集旅游资源数据,包括表征旅游资源空间位置的空间数据和描述它的属性数据、各类环境数据等,并通过各种输入设备(如扫描仪、数码相机等)输入计算机中,建立相关的旅游资源数据库。

③数据管理模块。数据管理模块是旅游资源信息管理系统的最重要部分,它对旅游资源数据库进行统一的管理和维护,提供存储、编辑、检索、查询、运算、显示、更新空间数据和数据挖掘的能力,能把最新获得的信息快速更新、补充到数据库中。

④应用管理模块。应用管理模块通过各类应用软件,以数据库内的信息作为基础信息,用于多种用途,如用于科研单位相关旅游科学的研究(旅游资源评价、环境评价、开发评价方法的研究),用于旅游企业旅游项目的策划,旅游管理部门的日常管理,为旅游开发规划提供决策支持手段等。

⑤查询统计模块。除常见的信息系统查询功能外,旅游资源信息管理系统还提供空间数据查询功能,即各种旅游资源、服务设施、交通线路等均标明其地理位置和坐标参数。用户还可以以空间位置的点、线、面等方式进行空间信息查询。旅游资源信息管理系统中配有各行政区的旅游资源情况和各种统计分析程序,用户可以根据需要,对数据库中的数据进行分析。

⑥数据输出模块。数据输出模块可以为用户提供丰富的输出形式,如可采用图件、照片、报告、表格、统计图、影像、拷贝数据等形式输出,还可以利用GIS实现数据输出的地图化表示,如将旅游资源质量评价等级图、旅游资源分布图、地形图、道路交通图、服务设施分布图和地形图叠加,可以为游客提供一幅详细的导游图。

3)用户层

旅游资源信息管理系统面对的终端用户有两大类:一类是旅游者;另一类是政府、旅游企业(图8.5)。对旅游者而言,他们需要全方位、真实地了解旅游目的地的旅游资源的详细情况,以此来选择最佳的旅游线路;对政府和旅游企业而言,需要准确的旅游资源统计、分析、预测信息,为深层次的旅游开发、旅游管理提供决策依据。

旅游资源信息管理系统的用户层是系统与终端用户的接口,是直接面向使用者的具有可视化界面的人机对话层,因此,系统的界面设计尤为重要。生动直观、操作简单、友好简洁的界面不仅能够使旅游者获得准确、有效的信息，提高旅游区（点）的形象，而且还能提高管理者对旅游资源及景区管理的精度和效率。目前，大多数系统采用自顶向下逐层分解的设计思想，一级一级地进行界面设计，最高一级界面是一个信息系统的主菜单，反映该系统所具有的主要功能，其余各级界面之间通过不同形式的菜单进行调用。面向旅游者的主界面则充分运用图、文、声并茂的多媒体技术，提供给旅游者整个旅游区（点）地图，并运用超级链接技术使旅游者能够多方面了解到各景点的简介、地理位置、景观特色等。

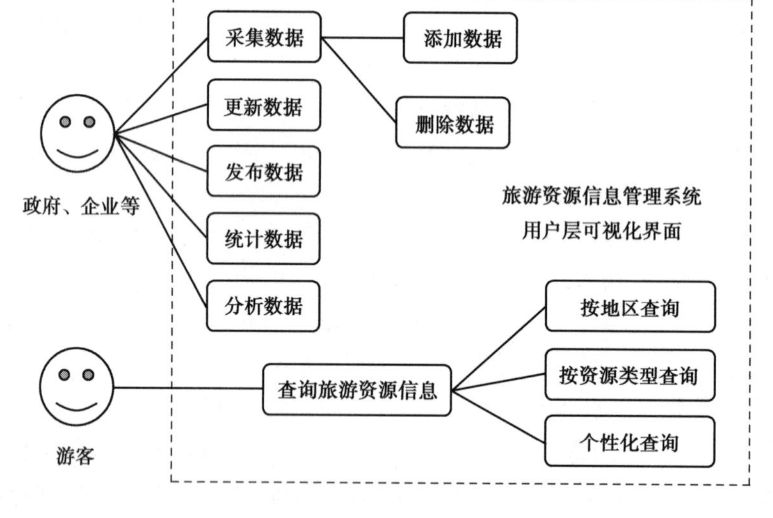

图 8.5　旅游资源信息管理系统用户层结构

8.2.3　旅游资源信息管理系统开发

1) 开发原则

旅游资源信息管理系统的开发是一项非常复杂、艰巨的工程，它涉及财力、人力、物力的大量投入。因此，必须制订合理、有效的开发策略和计划，统筹安排系统的开发工作，以便为工程的顺利完成打下良好的基础。旅游资源信息管理系统的设计应遵循如下原则：

(1) 实用性原则

系统数据组织灵活，可以满足不同应用分析的需求。系统的界面设计友好，简单易行，同时满足普通游客和管理人员不同的使用要求。

(2) 标准化原则

系统的设计与开发基于信息标准化、规范化，并遵循相关行业标准。

(3) 可靠性原则

系统运行要可靠、稳定、正确，并保证数据安全，且系统应具有很强的容错性和安全性。

(4) 可更新性原则

由于旅游资源具有很强的现时性，因此，系统应具有数据更新的能力。

(5)可扩展原则

系统要从长远的观点出发，考虑以后可能的功能扩展与完善，预留数据输入输出接口。例如，属性编码的可扩展性、软件设计模板的可扩展性。

2)系统开发方法

掌握正确的管理信息系统开发方法是非常重要的，西方的一些工业国家，如美国、日本等对信息系统的开发方法进行了探索和研究，提出如生命周期法、结构化系统开发方法、原型法、面向对象法等开发方法(表8.6)。

表8.6　信息管理系统主要开发方法比较

方　法	优　点	缺　点	适　用
生命周期法	开发过程阶段清楚、任务明确、文档齐全，整个开发过程便于管理和控制。	系统开发的深度不够，系统需求难以准确确定；开发周期长，文档过多；各阶段文档的审批工作困难。	大型信息系统和应用软件的开发。
结构化系统开发法	从抽象到具体，逐步求精；正确性、可靠性和可维护性高；质量保证措施完备。	难以精确确定用户需求；未能很好地解决系统分析到系统设计之间的过渡。	组织相对稳定、业务处理过程规范、需求明确且在一定时期内不会发生大变化的大型复杂系统的开发。
原型法	改进了用户与开发人员的交流方式，确保了用户需求的满足；系统更加贴近实际；降低系统开发风险，减少开发费用。	对开发工具、对用户的管理水平要求高；反复修改系统原型，使开发过程管理困难。	小型、简单、处理过程比较明确，没有大量运算和逻辑处理的系统。
面向对象法	具有较好的重用性、易改性、易维护性和易扩充性。	相关原理和技术仍需完善；处理基于复杂数据的管理信息系统、复杂人机交互界面的设计开发等仍存在不足。	适用面很广。

(1)生命周期法

生命周期法(Life Circle Approach)是国内外信息系统开发中最常用的方法。其主要思想为任何一个软件都有生存期，即从软件项目的提出，经历研制、运行和维护，直至推出的整个时期。生命周期法将软件工程和系统工程的理论和方法引入信息系统的研制开发中，将信息系统的整个生存期作为一个生命周期，同时又将整个生存期严格划分为若干阶段，并明确每一阶段的任务、原则、方法、工具和形成的文档资料，分阶段、分步骤地进行信息系统的开发。

(2)结构化系统开发方法

结构化系统开发方法(Structured System Development Method)又称结构化生命周期法，

是自顶向下结构化方法、工程化的系统开发方法和生命周期方法的结合,是迄今为止开发方法中最普遍、最成熟的一种。它是从数据流的角度将问题分解为可管理的、相互关联的子问题,然后再将这些子问题的解综合成为整个业务问题解的一系列技术总称。其实质是"自顶向下、逐步求精、分而治之"。

(3)原型法

在信息系统开发中,原型是指该系统早期可运行的一个版本,反映系统的部分重要功能和特征,其主要内容包括系统的程序模块、数据文件、用户界面、主要输出信息及其他系统的接口。原型法是利用原型辅助开发系统的方法,其基本思想是:在获得用户基本需求的基础上,投入少量人力和财力,尽快建立一个原始模型,使用户即时运行和看到模型的概貌和使用效果,提出改进方案,开发人员进一步修改完善,如此循环迭代,直到形成一个用户满意的模型为止。其开发步骤主要为:确定初步需求,设计初始原型,使用和评价原型,修改和完善原型。

(4)面向对象法

面向对象技术(Object-oriented Design,OOD)不仅是一种软件设计方法,也是一种抽象思维方式,传统的软件设计把数据域对它们的处理分开,必然使人们在思考问题时还要思考计算机处理的细节。面向对象法则把数据和对它们的处理组合成为对象,以对象为基础对系统进行分析与设计,为认识事物提供了一种全新的思路和办法,是一种综合性的开发方法。

3)开发流程

旅游资源信息管理信息系统的研制开发是一个长时间、复杂及需要多方面共同努力的系统工程型项目,需要遵循系统工程的开发步骤,其开发过程与开发方法与一般信息系统大致相同,主要分以下6个阶段进行开发(图8.6)。

(1)人员组织阶段

人员组织阶段的工作主要为建立开发领导小组和系统分析组。前者是系统开发的最高决策机构,其主要工作是确定系统的目标,审核批准系统实现方案,验收鉴定系统以及组织各种开发;后者则由各相关领域的专家组成,负责完成整个系统开发的总体规划、系统分析和系统设计等工作。

(2)系统规划阶段

系统规划阶段主要是就旅游资源信息系统的开发提出总体的规划方案,以保证开发工作有计划、有步骤、有控制地进行。此阶段的主要工作包括:

①系统初步调查。对现行系统做初步的了解、分析与评价,为新系统目标的确定收集原始资料。

②系统目标确定。系统目标是系统建成后要达到的运行指标,也是新系统研制开发过程的重要依据。在总体规划阶段新系统的目标不可能提得非常具体和确切,随着系统开发的深入,新系统的目标也将逐步具体化和定量化。

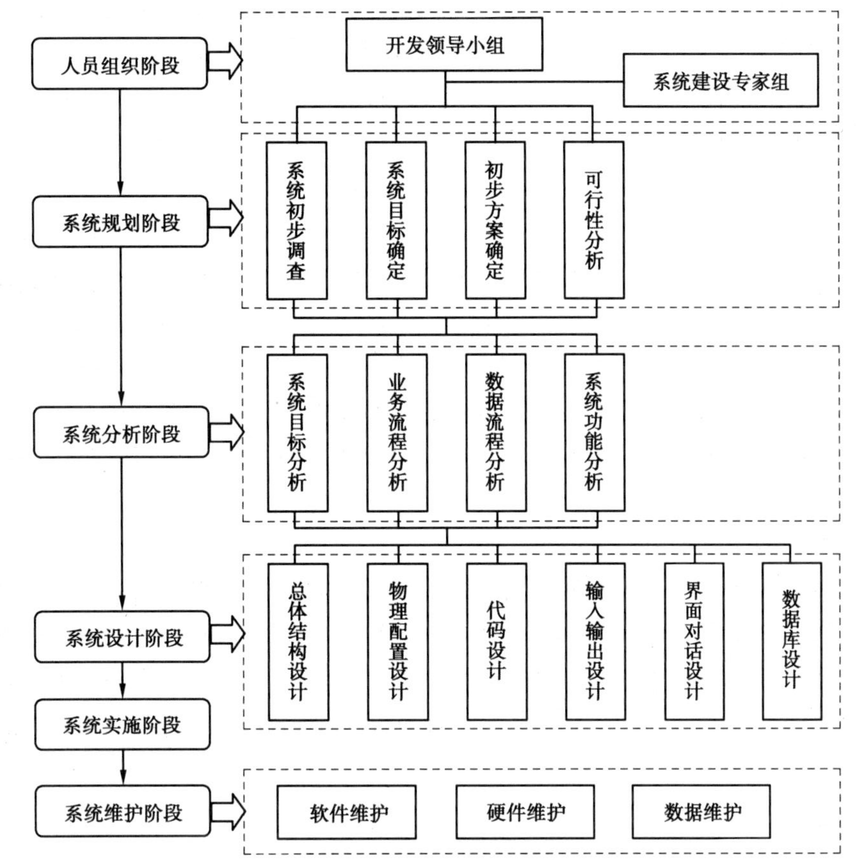

图 8.6　旅游资源管理信息系统开发流程

③拟订计算机系统的初步实现方案。旅游资源信息管理系统是以计算机及通信系统为核心建立起来的,在总体规划阶段,从信息系统的目标出发,根据各方面的制约条件,拟订多个计算机系统的初步实现方案以供选择,并确定总体结构的初步方案。

④可行性分析。可行性分析是任何一个系统工程型项目正式投入人、财、物之前必须进行的一项工作,在总体规划阶段,根据所确定的系统目标,来分析研究开发新系统的可能性和必要性。其中,开发新系统的可能性即开发的条件是否具备,通常从技术、经济、时间和运行环境 4 个方面考虑。

(3)系统分析阶段

系统分析在信息系统开发中又称为逻辑设计,是指在逻辑上从信息处理角度构造新系统的功能和任务,解决系统“能做什么”的问题。其主要内容包括:

①目标分析。对总体规划阶段确定的新系统目标进行再次考察,对其进一步细化。

②逻辑功能分析。通过评价原有系统的各项功能逐渐明确新系统的具体功能,这些功能侧重于逻辑方面,不考虑具体现实。

③业务流程分析。业务流程是指为完成组织目标所做的相关业务的处理过程,对其进行分析是为了发现原系统中不合理的地方,以便通过重组、改进,形成新的更为合理的流程。

④数据流程与数据分析。数据流程是系统中信息处理方法与过程的统一，与业务流程分析相对应，数据流程分析是为了优化信息处理的过程。

⑤功能/数据分析(子系统划分)。把系统划分为子系统可以大大简化工作。分析的结果一方面是对系统功能的划分，即子系统的划分；另一方面也确定了数据资源的分布情况，即哪些是各子系统内部的数据，哪些是各子系统之间的共享数据。

(4)系统设计阶段

系统设计在信息系统开发中又称为物理设计，是在系统分析的基础上，根据系统分析阶段所提出的系统逻辑模型，详细地设计出新系统的实施方案，建立系统的物理模型，其主要内容如下：

①总体结构设计。在系统分析阶段，系统被划分为若干子系统，子系统可以看作系统目标下的一层功能，对其中每项功能还可以继续分解直至由一个或一组程序能够完成的功能模块。总体结构设计包括旅游资源信息系统的功能结构设计和功能模块设计等。

②系统物理配置方案设计。系统物理配置方案设计包括设备配置、通过网络的选择和设计以及数据库管理系统的选择等。在总体规划阶段，根据系统的目标、要求，提出了可行的计算机系统实现方案，但规划阶段的实现方案是粗略的、逻辑的，型号、版本等具体问题没有涉及。随着系统开发工作的进行，对系统的具体情况和要求有了更详细的了解后，这些具体问题都需要逐一落实。

③代码设计。代码是用数字、字母、符号等来代表客观存在的实体及属性等，在信息系统中，代码是人和计算机的共同语言。用代码的目的是为了方便计算机的处理，便于进行信息的分类、存储、校对、统计和检索等。代码应根据信息系统的规模、数据类型按标准化、规范化的原则设计，并且要易于扩充以适应系统未来的发展变化。

④输入设计。输入设计就是将数据正确地传送到信息系统中以供计算机系统进行各种处理。输入设计的内容包括输入数据的内容、数据的输入方式和输入数据的记录格式，其目的是使数据的录入更便利、更有条理和尽可能地消除错误。

⑤输出设计。输出设计的出发点是必须保证系统输出的信息能够方便地为用户所使用，为用户的管理服务提供有效的信息服务。其内容包括确定输出信息的内容和格式、输出设备和介质等。

⑥对话设计。人机对话是人和计算机系统实现信息交换、对信息系统运行进行控制的必要手段，良好的人机界面能大大增强信息系统的易用性。对话设计的内容包括人机界面、对话方式、对话内容及具体格式等。

⑦数据库设计。数据库设计是系统设计的主要内容之一，其设计质量对整个系统的功能效率有很大影响。要根据数据的不同用途、不同使用要求、数据量、设备、技术等方面的条件决定数据的组织形式、数据的结构、类型、载体、安全保密性等问题。数据库设计一般分5个步骤完成，分别为用户需求分析、概念模式设计、逻辑模式设计、物理结构设计和安全保护设计。在旅游资源管理信息系统中，通常数据库不仅要有与旅游资源相关事物的属性信息，还要有大量的空间信息。因此，空间信息数据库的设计占有重要地位。

(5)系统实施阶段

系统实施是系统设计的物理模型付诸实现的阶段,需要投入大量的人力、物力和时间,要进行设备安装、程序设计及调试、系统测试,形成新系统的运行环境,此阶段的主要工作包括工作环境准备(硬件设备和系统软件准备)、数据的录入与装配、人员培训、系统调试等。

(6)系统维护阶段

系统投入使用后,一些设计上的先天不足或疏漏会暴露出来,用户也会由于形势的变化,对系统提出新的要求让系统能够不断完善,灵活地适应变化,需要长期的维护工作。系统的维护工作主要包括应用软件维护、数据维护等。

8.3　旅游资源质量管理

8.3.1　旅游资源质量管理的内涵

1)质量与质量管理

(1)质量

信息是一切事物现象及其属性标识的集合,是客观事物状态和运动特征的一种普遍形式。质量(Quality),又称“品质”,是质量管理工作中最基本也最重要的概念。

美国著名的质量管理大师 Joseph M. Juran(1960)将质量定义为产品的“适用性”,就是产品使用过程中成功地满足顾客要求的程度。美国质量学会给出的定义为“质量是一个产品或服务的特色和品质的综合,这些品质特色将影响产品去满足各种明显的或隐含的需要的能力”。国际标准化组织先后在 1986 年、1994 年、2000 年 3 次给质量定义,并在国际标准 ISO 9000:2000 中对其作了比较全面和准确的界定:一组固有特性满足要求的程度。

综合来看,质量可以从以下 4 个方面进行解释:

①质量的“特性”以事物本来就有的,特别是永久的固有特性为基础(ISO 9000:2000—3.1.1)。

②质量定义中的“要求”是指“明示的、通常隐含的或必须履行的需求或期望”,通常由不同相关方,即“与组织绩效或成就有利益关系的个人或团体”(ISO 9000:2000—3.3.7)提出。明示的需求或期望是指在标准、规范、图样、技术要求和其他文件中已经作出明确规定的要求。习惯上隐含的需求或期望是指用户和社会所期望的,或那些人们公认的、不言而喻无须说明的要求。

③质量不仅针对产品,即过程的结果,也针对过程和体系或者它们的组合。

④顾客和其他相关方对产品、过程或体系的质量的要求都是动态的、发展的和相对的,它随着时间、地点、环境的变化而变化。

(2)质量管理

质量管理是由于商品竞争的需要和科学技术的发展而产生、形成、发展至今的,是同科学技术、生产力水平以及管理科学化和现代化的发展密不可分的。从工业发达国家解决产品质量问题涉及的理论和所使用的技术与方法的发展变化来看,它的发展过程大致可以划分为产品质量检验阶段、统计质量管理阶段和全面质量管理阶段(表 8.7)。

表 8.7　质量管理各阶段对比

	质量检验阶段	统计质量管理阶段	全面质量管理阶段
质量标准	保证检定产品符合标准	按既定标准控制	以用户需求为真正标准
特点	事后把关	过程控制	全面控制,预防为主
工作重点	最终检验过程	生产和检验过程	设计、制造、生产、销售及使用全过程
检测手段	技术检验	加上数理统计方法	经营管理、专业技术、数理统计三结合
管理范围	产品质量	产品质量和工序质量	产品质量、工序质量和工作质量
标准化程度	未制定标准化要求	部分标准化	严格实行标准化管理
管理类型	防守型	预防和防守相结合	全攻全守型

资料来源:陈青华,2006。

ISO 9000:2000—3.2.8 明确定义,质量管理是“指挥和控制组织与质量有关的彼此协调的活动”,通常包括制定质量方针、质量目标、质量策划、质量控制、质量保证和质量改进。其中质量方针是“由组织的最高管理者正式发布的该组织总的质量宗旨和方向”,它通常与组织的总方针相一致并为指定质量目标提供框架;质量目标是“在质量方面所追求的目的”,需要根据组织的质量方针制定,通常对组织的相关职能和层次分别规定质量目标;质量策划“致力于制定质量目标并规定必要的运行过程和相关资源以实现质量目标”,其结果可能形成质量计划;质量控制“致力于满足质量要求”;质量保证“致力于提高质量要求会得到满足的信任”;质量改进“致力于增强满足质量要求的能力”。质量管理概念解析图如图 8.7 所示。

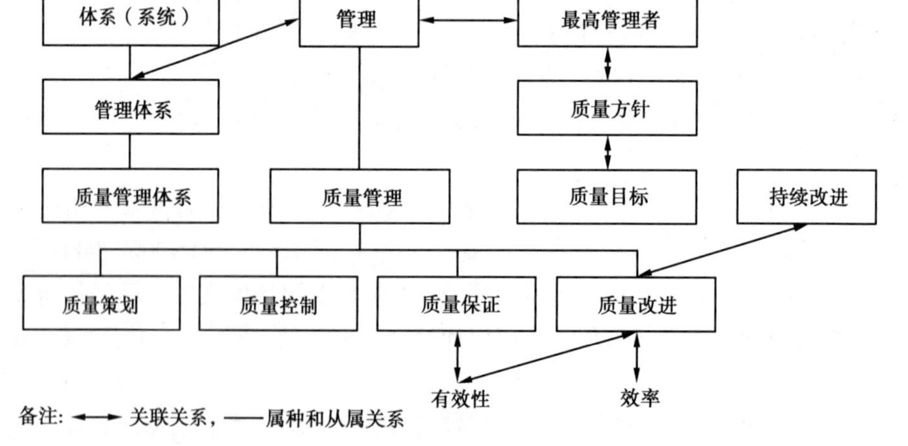

图 8.7　质量管理概念解析图

资料来源:《质量管理体系》(GB/T 19000—2000)。

2)旅游资源质量管理

(1)旅游资源质量

旅游资源质量是“旅游资源个体或组合体固有特性满足需要的程度”。旅游资源质量与一般意义的工业产品质量是有区别的。旅游资源在生产过程中不需要经过化学、物理作用发生形态、结构和功能的变化,只要适当改变其外部条件,如可进入性、接待设施、环境条件等,就可以供旅游者进行游览。

旅游资源质量包括旅游资源类型特色、结构规模和价值功能三要素,具体可以分解为诸如完整度、审美度、奇特度、价值度、组合度、规模度等方面,但目前学界学者看法不一,而且不同旅游资源所含要素也不相同,在旅游资源开发管理中需要具体分析。

(2)旅游资源质量管理

随着旅游业的竞争日趋激烈,旅游质量问题越来越受到重视,尤其是在以企业化经营为主的酒店与旅行社管理中,全面质量管理、顾客满意理论得到广泛应用。而旅游资源由于其种类繁杂、数量众多等原因,对质量管理问题并没有引起足够的重视。

旅游资源质量管理是旅游质量管理的核心,其基本内容包括对旅游资源的保护和开发利用,其中对旅游资源的质量要素、质量特性和质量等级的判断以及对旅游资源开发利用过程(或程序)的分析,都是一项复杂的系统工程。而且旅游资源管理不能仅局限于旅游资源,还需要考虑旅游环境。

由于旅游资源有着不同于其他物质资源的特性,使得旅游资源管理具有如下显著特点:

①旅游资源管理主体的类型杂,层次多。由于旅游资源的空间固定性、分布广泛性与区域性,使得旅游资源的所有权属常常难以界定,资产化管理困难,在保护与开发利用中涉及不同组织、个人的责任和利益,导致管理协调困难,管理标准不一。

②旅游资源管理客体即旅游资源本身的复杂多样。凡是具有旅游吸引力的事物、现象与活动等皆可构成旅游资源。这样,对旅游资源的分类、调查与评价,以及规划、开发和经营等,既需要考虑建立标准进行系统化和规范化管理,又需要考虑具体实情以便灵活经营,以保证对不同类型旅游资源的有效保护和最优化的开发利用。

③旅游资源管理目标具有特殊性。其具体目标在于追求旅游资源的有效保护和开发利用的最优化,而最终目标是实现经济、社会和环境效益的协调,而不能像一般的营利性组织主要追求利润。

④旅游资源管理手段具有多样性。具体管理手段包括标准的、规划的(或策划的)、政策的、法律的、教育的等多种方法。其中,政府以政策法律法规为主,企业(景区)以制度和标准、规划或策划为主,社会以教育为主,形成多管齐下的管理局面。

随着人类活动对环境影响的加剧,大众旅游、休闲活动对旅游产品的需求,使得旅游资源受到了前所未有的破坏威胁,急需加强对旅游资源质量的有效管理。从各行各业质量管理实践看,标准质量管理和以标准为基础的全面质量管理思想与方法对旅游业、旅游资源管理具有重要的借鉴意义,需要依据旅游业、旅游资源管理特点与实践制定标准规范以及法律法规进行标准化、法制化管理,以及实施全面质量管理。

8.3.2　旅游资源标准质量管理

1)标准与标准化

标准是对重复性事物与概念所作的统一规定,以科学、技术和实践经验的综合成果为基础,经有关方面的协商一致,由主管机关批准,以特定形式发布,作为共同遵守的准则与依据。我国国家标准《标准化工作导则 第1部分:标准化的结构和编写规则》(GB/T 1.1—2000)对"标准"进行了定义:"为了在一定范围内获得最佳秩序,经协商一致制定并由公认机构批准,共同使用和重复使用的一种规范性文件。"WTO(技术性贸易壁垒协议)则规定:"标准是被公认机构批准的、非强制性的、为了通用或反复使用的目的,为产品或其加工或生产方法提供规则、指南或特性的文件。"

从内容看,标准包括技术标准(技术事项标准化)、管理标准(管理事项标准化)和工作标准(工作事项标准化)3种。从层次看,标准主要有企业标准、行业标准、地方标准、国家标准、区域标准、国际标准(ISO标准)6种。标准不仅是衡量产品质量、工作质量与管理质量的尺度,而且是组织(特别是企业)技术、生产和管理的所有工作的依据。

我国国家标准《标准化工作导则 第1部分:标准化的结构和编写规则》(GB/T 1.1—2000)对"标准化"的定义是:"为在一定范围里获得最佳秩序,对现实问题或潜在问题制定共同使用和重复使用的条款的活动。"从这个定义出发,对标准化的理解是:①标准化是一个过程,它的基本任务和主要内容就是制定、修订和实施标准,标准是标准化活动的产物,标准化的效果需要通过标准的实施来体现。②标准化的目的是要改进产品、过程或服务的适用性,同时还以其防止贸易壁垒、促进技术合作等。③标准化所建立的规范,不仅针对当前存在的问题,而且针对潜在的问题,具有共同使用和反复使用的特征。

2)旅游资源标准质量管理

标准质量管理在旅游业中的应用主要表现为旅游资源、旅游环境、旅游设施设备、旅游服务的管理标准化,其中对旅游资源管理的标准化,就是按照旅游资源的类型级别、积聚程度、分布特征、稀缺程度以及旅游业发展需要,建立并依据一定标准和规范,将旅游资源进行分类分级评价、分类分级保护、分类分期开发,并且由旅游资源的管理组织通过质量标准,甚至以法律法规形式加以经营管理。

旅游资源标准质量管理的最大特点是管理对象的独特性,即旅游资源质量,包括旅游资源的类型结构、质量等级评价、经营管理过程的标准化,而不是一般物质产品或服务产品的标准化。由于旅游资源是旅游景观产品的原料,旅游资源向旅游景观产品的转化只是发生条件(如环境、设施、可进入性)和外观(如美学装饰)方面的变化,因此,对旅游资源质量的标准化管理实际上也是对旅游产品质量的标准化管理。对旅游景观产品质量的标准化管理主要涉及对景观的类型、组合、等级等方面的技术评价,以及经营管理行为的规范制约。

标准化在旅游资源的保护利用和经营管理方面具有重要意义,它有利于旅游资源的分类分级管理和旅游产品的市场定位；有利于旅游资源管理组织，包括企业、社区、政府对旅游资源保护与经营的规范化，增强可操作性，减少盲目性，增强保护性，减少破坏性；有利于旅游资源保护方面的责任相关方、旅游资源利用方面的利益相关方在统一的质量标准和法律法规下形成协调；有利于旅游资源保护和经营方面的区域性，甚至国际性交流。

旅游资源标准管理主要包括两个方面：一是对旅游资源的保护标准化；二是对旅游资源的开发利用过程标准化。前者需要建立旅游资源类型和等级的标准体系，形成旅游资源质量保护的技术指标，属于技术事项的标准化；后者需要在前者的基础上建立旅游资源经营过程的标准体系，形成以“质量循环”（PDCA 循环）为特征的旅游产品过程管理模式，体现了工作和管理事项的标准化。

（1）资源类型标准化（技术标准）

旅游资源类型的繁杂要求在对旅游资源的经营管理中制定旅游资源分类的行业标准或国家标准，然后依据标准进行旅游资源的调查、保护和开发利用。

中国科学院地理科学与资源研究所和国家旅游局主要依据旅游资源的质量特性，经过反复修改，先后颁布了几个旅游资源的标准分类方案，即 1990 年的《中国旅游资源普查分类表》、1992 年的《中国旅游资源普查规范》、1997 年的《旅游资源分级分类系统修订方案》、2003 年发布了旅游资源分类的国家标准《旅游资源分类、调查与评价》（GB/T 18972—2003），基本奠定了我国旅游资源类型标准化的基础。

（2）质量等级标准化（技术标准）

旅游资源质量等级标准化是旅游资源分级管理和分期开发的依据，主要依据是质量要素及其特性，以及与其密切相关的自然环境因素，对旅游资源分等定级，形成等级标准。

依据内容的不同，可分为以下 3 个部分：

①依据旅游资源共有因子建立旅游资源的综合评价赋分标准系统，形成旅游资源的分类。

②对于不同基本类型的旅游资源依据各自的质量要素组成及其特性状态，建立质量等级标准，如《中国森林公园风景资源质量等级评定》（GB/T 18005—1999）、《海洋自然保护区类型与级别划分原则》（GB/T 17504—1998）等。

③对于影响旅游资源质量的旅游环境建立质量等级标准，如《环境空气质量标准》（GB 3095—1996）、《地面水环境质量标准》（GB 3838—1988）等。

（3）经营过程标准化（工作与管理标准）

旅游业既是一个提供服务的产业，同时也是一个“加工与出口”风景的产业，从旅游资源调查到旅游产品形成是一个完整的产品生产过程。这个过程大致包括了旅游资源及其环境与开发条件的调查、旅游区规划、旅游产品开发和旅游景区运营 4 个前后衔接的阶段，但对旅游资源的保护贯穿过程始终。

为了旅游资源的有效保护和开发效益最大化，不仅需要建立各阶段的工作标准，而且需要建立各阶段的管理标准。目前，我国对旅游资源的调查、规划与运营管理已经出台了国家标准，即调查——《旅游资源分类、调查与评价》（GB/T 18972—2003）；规划——《旅游规划通则》(GB/T 18971—2003),《风景名胜区规划规范》(GB 50298—1999);运营——《旅游区(点)质量等级的划分与评定》(GB/T 17775—2003),《世界自然遗产评定标准》,《国家地质公园评定标准》,《国家级风景名胜区(自然保护区、森林公园)评定标准》等。

3)标准质量管理的实施

(1)实施主体

旅游资源管理的标准化工作主要包括制度的制定、执行和监督,但究竟由什么组织具体实施,因各国市场经济的成熟程度不同而有所不同。一般而言,应该是政府主要负责制定和执行政策与法令,行业性组织(如协会)或龙头企业负责形成和推广标准,学术界则提供相关研究成果。如欧洲的旅游业管理体制就是由政府颁布法令,民间标准化专业机构制定标准,相关的民间机构进行质量认证和监督。而我国则全部由政府部门操作,包括制定法规、标准及其实施与监督。近年来的实践证明,在我国市场经济不成熟和民间机构不发达的情况下,由政府主导标准的制定、执行和监督还是切实可行的,旅游区(点)、饭店星级评定两项标准取得巨大成功就是例证。国家旅游行政管理部门及其相关职能部门,如建设、水利、林业、园林、文物、质量技术监督、检验检疫等部门不仅要推动标准体系的建立健全,而且要指导业务管理,旅游资源的所有者和经营者都要积极参与,高等院校与科研院所(旅游、建筑、地理、环境、林业、水利、地质、园林、考古、历史、民俗等专业领域),各行业学会和协会以及有关民间组织要提供智力和技术支持,形成"自上而下"和"自下而上"的政府、企业、社团与学术界互动的局面。

(2)实施过程

旅游资源管理的标准化工作是一个不断完善的过程,具体包括以下程序:

①全面进行国内旅游资源调查。

②制定旅游资源分类分级评价的项目依据和等级指标,并形成体系。

③分别进行各地区各类旅游资源(包括各级各类旅游景点和景区)的等级划分与评定。

④颁布有关旅游资源定量定型的国家标准,并制定相关法律法规加以保障。

⑤建立国家和省(市)、区两级旅游资源信息数据库和档案管理。

⑥根据对旅游资源的保护原则和开发利用时间,形成旅游资源经营的工作和管理标准,如《旅游规划通则》(GB/T 18971—2003)、《旅游区点质量等级的划分与评定》(GB/T 17775—2003)。

⑦严格按照旅游资源的管理标准进行旅游资源的保护和开发利用,加强国家审批和行政执法力度。

8.3.3 旅游资源全面质量管理

1)全面质量管理

全面质量管理(Total Quality Management,TQM)是质量管理发展的最新阶段。2008 版

ISO 9000 标准中对全面质量管理的定义为：一个组织以质量为中心，以全员参与为基础，目的在于通过让顾客满意和本组织所有成员及社会受益而达到长期成功的管理途径。全面质量管理以"用户要求至上，质量成本最低，预防为主，持续改进，系统协调，质量教育"为基本思想，以全面的（产品、过程、服务与工作质量），全过程的（市场调研、设计开发、生产制造、检验、包装、储运、销售、售后服务），全员参与的（员工、管理者、顾客、相关方）管理为基本特点，以质量责任制、质量情报、质量计量、质量教育等为基础性工作，综合运用管理技术、专业技术和科学方法，经济地开发、研制、生产和销售用户满意的产品。

全面质量管理是一种思想观念，是一种方法、手段和技巧，强调谋求长期的经济效益和社会效益。其模式的具体展开可以用 PDCA 质量循环系统来进行阐述。PDCA 循环又称为戴明环，是由美国戴明博士总结的"计划（Plan）—执行（Do）—检查（Check）—处理（Act）"四阶段的循环方式。其中，计划阶段的主要内容是通过市场调查、用户访问、国家计划指示等，摸清用户对产品质量的要求，确定质量政策、质量目标和质量计划等；执行阶段是实施计划阶段所规定的内容，如根据质量标准进行产品设计、试制、试验，其中包括计划执行前的人员培训；检查阶段主要是在计划执行过程中或执行之后，检查执行情况是否符合计划的预期结果；处理阶段主要是根据检查结果，采取相应的措施。

2）旅游资源全面质量管理

旅游资源的全面质量管理可以理解为："以旅游资源质量为中心，在旅游资源利益相关方的全员参与下，以实现旅游资源综合效益为目的，对旅游资源保护与利用全过程的管理活动。"

张伟强（2005）认为旅游资源的全面质量管理体现了"综合效益、保护第一、预防为主、质量教育、持续改进"等理念，具有"三全二多一体"的特点。

（1）全方面（管理对象）

旅游资源管理不能狭义地局限于旅游资源，必须把影响旅游资源质量的所有因素都放在管理之列，如旅游环境、旅游设施、旅游服务、旅游活动、社区居民活动等。

（2）全过程（管理环节）

对旅游资源的调查、规划、开发和运营的全过程实行质量监督，确保旅游资源的有效保护和开发利用的最优化。

（3）全人员（管理主体）

旅游资源的利益相关方，包括所有者与经营者、地方政府、社区居民、旅游者等需要共同参与对旅游资源的保护，共同分享旅游资源带来的利益。

（4）多方法

运用经济、规划、标准、科学技术、政策法律、宣传教育等手段进行质量管理活动。

（5）多层次

旅游资源管理设计层面很多，可能是景区性的、区域性的，甚至全球性的。因此，需要景区层面、社会层面，特别是政府层面协调决策。

(6)一体系

需要建立一个完善而有效的质量管理体系来实施质量管理,特别是通过有效的组织体系制定质量方针(经济、社会和环境效益)和质量目标(有效保护和开发利用最优化),进行质量策划、质量控制、质量保证与质量改进。

根据 PDCA 循环的 4 个反复循环步骤,可以将旅游资源全面质量管理分为质量规划、质量管理、质量保障和质量提升 4 个部分(图 8.8)。

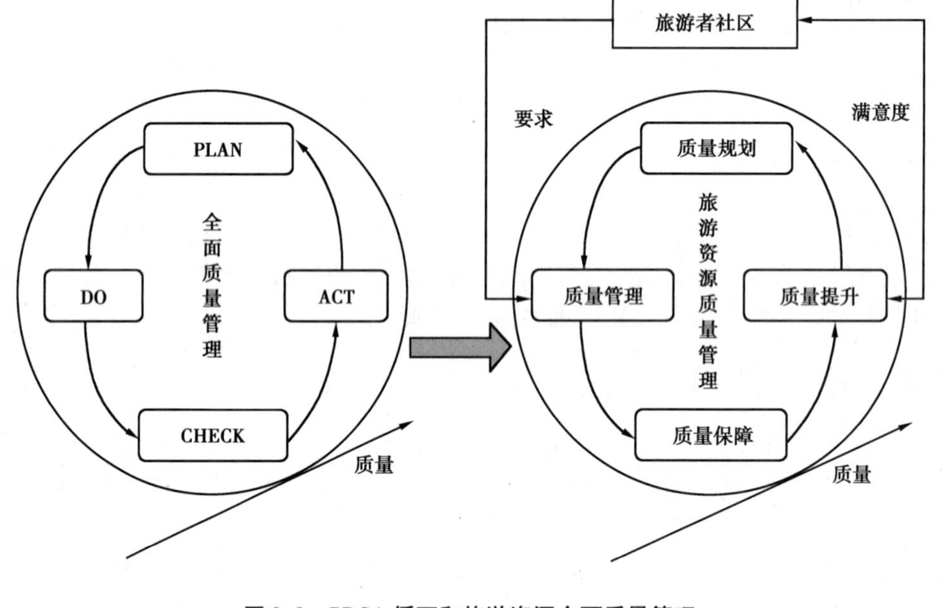

图 8.8　PDCA 循环和旅游资源全面质量管理

(1)质量规划

旅游资源管理始于旅游规划,旅游规划中的发展规划是旅游目的地旅游业发展的指南,总体规划与详细规划(控制性和修建性)是旅游区旅游资源开发利用和旅游环境建设的基础。质量规划则是质量循环的起点,旅游规划的质量及其执行状况直接影响旅游产品的质量。保证旅游规划的质量前提是利用新技术手段,如遥感、地理信息系统、全球定位系统等监控旅游资源与环境的变化并适时修编旅游规划,即旅游规划在一定时段内具有“动态”特性。因此,旅游资源管理组织必须重视旅游规划,并以此为起点,形成质量的持续改进。

(2)质量管理

旅游资源管理的关键和难点在于建立质量责任制,而质量责任制的关键在于管理组织(主体)的功效。旅游资源的管理组织构成比较复杂,在全面质量管理中更需要明确规定管理组织中每一个部门和员工的职责和权限,以及具体任务,以便事事有人管,人人有专责,办事有标准,工作有检查。在景区管理层面,要依据相关的国家法律法规、政府政策、国家与行业标准、社会公德以及自身实情进行制度化管理。在行业管理层面,有关行业协会组织和国家业务主管部门要积极推动旅游资源的标准化管理,而政府特别是地方政府要注意因地制宜地制定旅游资源管理政策。在社会层面,有关新闻机构、社会公益组织需要通过宣传教育活动,帮助公民(特别是旅游者和社区居民)自觉养成保护旅游资源与旅游环境的义务。

(3)质量保障

国家对旅游资源的立法、执法与司法保护是旅游资源管理的法律保障。目前,我国旅游资源管理法规主要以单行法及相关法律、行政法规、法规性文件和部门规章为主。具体包括:

①旅游环境管理法规。

②文物资源管理法规与历史文化名城管理法规。

③爱国主义教育基地和革命烈士纪念地(物)管理法规。

④宗教活动场所管理法规。

⑤风景名胜区管理法规。

⑥森林和草原管理法规。

⑦自然保护区管理法规。

⑧动植物资源管理法规。

⑨旅游度假区、游乐园(场)管理法规。

目前,国家已经颁布了一系列法律法规,如《文物保护法》《水下文物保护法》《环境保护法》《森林法》《草原法》《风景名胜区管理暂行条例》等,以及我国批准参加的《保护世界文化和自然遗产公约》《关于武装冲突情况下保护文化遗产公约》等国际公约。我国地方政府依据国家法律法规和地方具体实情,颁布了一些地方的旅游管理条例,如《海南省旅游管理条例》等,对旅游资源保护、规划开发和经营管理作出了更为详细的规定。

(4)质量提升

旅游资源具有稀缺性和不可再生性,对于旅游资源及环境的保护是对旅游资源进行全面质量管理、提高其品质的基础。旅游资源保护贯穿于旅游资源开发利用的全过程,不仅要在开发中保护,而且要在经营中保护,防止所有者、经营者、员工、社区居民、游客等对旅游资源和旅游环境有意无意地破坏,尽量维持旅游资源的原生面貌和旅游环境的本土意境。旅游资源保护需要多种手段、多种方法,可以利用科技手段、规划手段、经济手段、宣传教育手段等,保护旅游资源和旅游环境,从而不断提升旅游产品、旅游资源的质量。

8.4　旅游资源开发利益相关者管理

8.4.1　利益相关者

利益相关者是一个管理学概念,《牛津词典》是最早记载"利益相关者(Stakeholder)"一词的工具书,它于 1708 年就收入了"利益相关者"这一词条,用来表示人们在某一项活动或某企业中"下注(Have a Stake)",在活动进行或企业运营的过程中抽头或赔本(Clark,1998)。事实上,第一次提出公司应该为利益相关者服务的想法可以追溯到1929年通用电气公司的一位经理的就职演说(刘俊海,1999)。然而,西方学者真正给出利益相关者的定义已经是20世纪60年代以后的事。1963年,美国上演了一出戏,名叫"股东(Shareholder)"。斯坦福研究院(Stanford Institute)的一些学者受此启发,利用另外一个与之对应的词"利益相关者(Stakeholder)"来表示所有与企业有密切关系的所有人。在所有利益相关者的定义中,弗里曼(Freeman,1984)的著作《战略管理:一种利益相关者的方法》的出版被认为是利益相关者理论正式形成的标志。在这本书中,弗里曼认为,"利益相关者是能够影响一个组织目标的实现,或者受到一个组织实现其目标过程影响的所有个体和群体"(Freeman,1984),并基于企业利益相关者之间的复杂关系来研究企业的战略管理问题。弗里曼不仅将影响企业目标达成的个体和群体视为利益相关者,同时也将受企业目标达成过程中所采取的行动影响的个体和群体看作利益相关者,并正式将当地社区、政府部门、环境保护主义者等实体纳入利益相关者管理的研究范畴,大大扩展了利益相关者的内涵。1999年,"利益相关者"这一概念正式列入世界旅游组织制定的《全球旅游伦理规范》,标志着这一概念得到了旅游官方文献的正式认可。

8.4.2 利益相关者构成

在有关旅游伦理的相关文献中,将旅游专业人员、社会公众、媒体确定为旅游开发的利益相关者(世界旅游组织,圣地亚哥会议纪要,1999),显然不够全面。有学者以旅游经营者、旅游规划者、当地政府作为核心因素来研究利益相关者群体,但这种分类明显过于简单,因为在旅游开发实践中,主导者可能是政府或相关部门,也可能是旅游企业或其他投资商,还有可能是当地居民的个体或组织,而且他们之间的关系也不仅是简单的双边关系,这就增加了利益相关者构成及其相互关系的复杂性。从可持续发展的角度,利益相关者的概念应该从涵盖面更宽泛的意义上去考虑,因为可持续发展的理念涉及人类(政府、企业、居民、旅游者等)与非人类(资源、环境)、当代人与后代人等广泛的利益。因此,旅游开发的利益相关者实际上包括了人类的与非人类的、现实的与潜在的利益主体。根据旅游开发所涉及的领域以及不同领域利益主体的利益性质、相关程度和影响方式,可以将旅游开发的利益相关者分3个层次,即核心层、支持层和边缘层(图8.9)。

(1)核心层利益相关者

核心层利益相关者是指旅游开发过程中的主要群体,拥有直接的经济、社会和道德利益。他们通过参与旅游开发发生直接联系,直接影响旅游开发的运行,直接接触旅游者的旅游活动。他们的利益更多地表现为经济效益,包括旅游者、政府、旅游企业和当地社区。地方政府既是"游戏规则"的制定者,同时也扮演着管理者、生态保护倡导者、社区发展支持者和旅游企业监督者等多重角色。旅游开发经营者一方面为旅游业注入新的人流、物流、资金流、信息流。另一方面,在追求利益的同时,也会造成环境的破坏。旅游者是旅游开发活动围绕的主体,是旅游活动盈利的源泉。社区既是旅游系统的利益主体,也是载体,社区角色的多重性和动态性,对于旅游活动的开展具有重要意义。

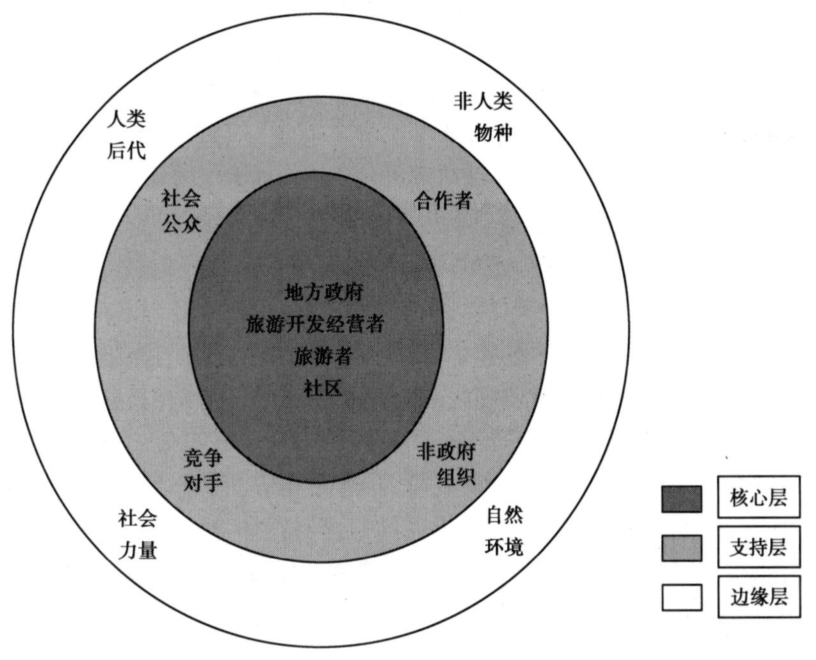

图 8.9　旅游开发中的利益相关者构成

(2) 支持层利益相关者

支持层利益相关者是指那些在某一特定的时间和空间能给旅游开发带来机会和威胁的利益相关者，主要包括社会公众、竞争或合作对手、非政府组织等。他们对旅游开发的影响是间接的，但在信誉、公众形象方面的作用力较大。

(3) 边缘层利益相关者

边缘层利益相关者是指潜在的、非人类的、间接作用于旅游开发和旅游业发展过程的利益主体。上述两个层次的利益相关者考虑的是“人类”“现实”的利益主体。但旅游开发作为一种影响深远的社会活动，其对资源的配置和使用不仅对当代人的利益产生影响，还能够影响后代人的利益；不仅对人类种群的利益产生影响，还能够对非人类的其他种群和自然环境状态产生影响。这些受旅游开发资源配置和使用行为影响的对象，包括人类的和非人类的、现实的和潜在的以及影响旅游开发的宏观环境——政治、经济、社会文化和技术环境等，都是旅游开发的利益主体，即边缘层利益相关者。

8.4.3　旅游资源开发经营者管理

在景区保护的所有核心型利益相关者中，开发商的利益诉求指向最为清晰。而开发商的经济利益如何与社会公共利益对接，传统经济学理论对此作出了回应。它指出，企业的社会责任主要通过提供能满足社会需求的产品和服务来实现，如果一个企业在保证高效率使用自然和社会资源的前提下，为消费者生产和供给价格适宜的需求物，那么它就为维护社会公共利益作出了分内的贡献，即企业唯一的任务就是在合法经营中追求自身利润最大化。

然而,在缺乏监管的情况下,对于历史文化景区的保护与发展方面,开发商为实现自身利益最大化而损害他人合法利益的现象普遍存在,他们通过倚仗政府的行政权力,介入本应由市场规律和相关法律规范调整的领域,达到将利益进行重新分配的目的。

因开发商在追求经济利益最大化的过程中不可避免地对景区的历史文化遗产造成威胁、对自然生态系统施加压力,因此,常被研究者视为景区保护与可持续发展中的危险分子,开发商对经济利益的疯狂追求最终会衍生出一系列社会责任的问题。早期,在开发商还没有意识到历史文化遗产的保护与景区旅游的可持续发展的必要性时,在发达国家,大多数开发商不自觉地赞同温和学派对保护与持续发展的解释。也就是说,早期开发商在实现利润增长过程中会对资源和环境造成持续破坏。而如今,随着旅游者与当地居民日益忧虑景区历史文化遗产和自然生态环境的破坏问题,他们不断呼吁开发商在景区保护与发展中承担一定的社会责任,于是有不少开发商转而关注起社会责任问题。他们开始考虑保护历史文化遗产及其自然生态环境,坚持可持续发展原则,遵守相应法规与制度,通过尊重历史文化遗产的原真性、减小污水排放等"绿色"行为来提升自身企业形象,扩大市场需求,进而达到提高收益或降低成本的目的。综上所述,我们可以将开发商的利益诉求归纳为:获得高额利润回报、树立良好企业形象、提升企业知名度、实现企业可持续发展。

8.4.4 旅游者管理

1)游客管理理论

游客管理是指旅游管理部门或机构通过运用科技、教育、经济、行政、法律等各种手段组织和管理游客的行为过程,通过对游客容量、行为、体验、安全等的调控和管理来强化旅游资源和环境的吸引力,提高游客体验质量,实现旅游资源的永续利用和旅游目的地经济效益的最大化。游客是旅游活动的主体,是旅游产品的需求方,打造高质量的旅游产品、满意的旅游体验等是游客的主要利益诉求。科学有效的游客管理可以使游客获得良好的旅游环境氛围和高质量的旅游体验,使游客获得最大限度的旅游满足。

游客管理理论的形成和发展大体经历了以下3个阶段:

(1)游憩承载力理论(RCC)

美国学者韦格(J. Alan Wagar)首次提出游憩承载力(Recreation Carrying Capacity,RCC)的概念,认为游憩承载力是一个游憩地区能够长期维持产品品质的游憩使用量。游憩承载力的出现,标志着游客管理研究的真正开始。20世纪60—80年代,是游憩承载力研究的高峰期。世界旅游组织在1978—1979年《世界旅游组织6个地区旅游规划和区域发展报告》中正式提到了旅游环境承载力的概念,从此,这个概念被广泛应用于许多国家的旅游规划与管理中,对游憩承载力的探讨也进入了国际性的学术会议。

(2)可接受的改变极限理论(LAC)

可接受的改变极限理论。1985年1月,美国林业局出版了《荒野地规划中的可接受改变极限》的报告中系统地阐述了LAC(Limits of Acceptable Change)的理论框架和实施方法,自此可接受的改变极限及其衍生技术开始成为主流的游客管理模式。LAC 理论认为,旅游活动在一定程度上会导致旅游目的地资源环境质量的下降,它所研究的主要内容就是为环境改变设定一个可容忍的极限,当一个地区的资源状况达到预先设定的极限值时,就必须采取措施以阻止环境的进一步恶化。20 世纪 80 年代中期 LAC 理论被广泛运用于美国、加拿大、澳大利亚等国家的国家公园的旅游环境承载力的管理中,取得了良好的效果,尤其是在解决资源保护和旅游利用的矛盾方面取得了较大的成功,使景区工作的中心从简单地限制游客数量进入一个采取更加完善的处理方法的阶段。这一方法用于旅游规划的最大优点之一就是它引入了较为完善有效的公众参与机制。

(3)游客满意理论

进入 21 世纪以来,游客管理迎来了从"以管理人员为中心"向"以游客为中心"的转移,越来越多的学者主张游客管理应引进服务管理的原则。顾客满意理论是将游客对目的地的期望和在目的地的体验相互比较,如果体验与期望比较的结果使游客感觉满意,则认为游客是满意的;反之,则认为游客是不满意的。Kenneth Hornback 等编写的《保护区公众使用管理指南》中将消费领域的顾客满意度的概念引入了国家公园和保护区管理中,形成了游客服务管理、游客满意管理和游客满意度等概念,并在加拿大一些国家公园的规划和管理实践中加以应用,效果良好。游客管理只重视管理者,忽视游客的片面做法被游客满意理论彻底改变,从此游客管理更加重视发挥游客的主动性和积极性,因而更加全面化。

2)游客管理模式

目前,全球旅游地游客管理的目标大多围绕环境保护与游客满意两个主题。在实践中,因追求的目标的侧重点不同,形成了环境导向、偏环境导向、游客导向、偏游客导向、环境-游客导向等多种游客管理模式(图 8.10)。

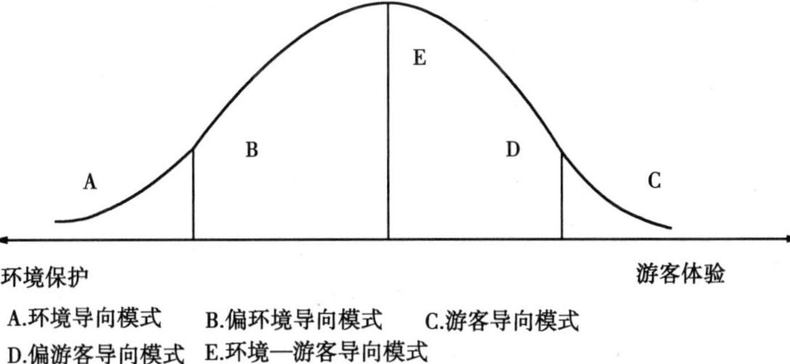

图 8.10　不同导向的游客管理模式

(1)环境导向模式

环境保护是游客管理最原始也将是最持久的动机与目标。在全球极具影响力的游客管理模式如可接受的改变极限理论(LAC 理论)、游憩机会谱(ROS 理论)、游客活动过程管理(VAMP 理论)、游客影响管理(VIM 理论)等都是以追求旅游地的环境资源保护为己任。在环境导向型模式下,游客管理的实质是游客行为管理,即调整游客行为以降低游客不良行为对旅游地环境与资源的影响。它强调提高旅游者的环境保护责任意识并适当约束其行为,关注如何对游客消费方式与行为方式加以影响,使之能够自主地(责任意识养成)或者被动地(行为适当约束)保护环境与资源。

(2)游客导向模式

旅游目的地的主要任务是提高旅游体验质量,实现游客满意,游客是整个游客管理的中心,服务管理的原则与理念被引入游客管理。了解游客的需求,据此调整旅游目的地的行为特征,可以实现更高的游客满意度。在该模式下,游客管理实际上就是游客体验管理。

(3)"环境—游客导向"型模式

"环境—游客导向"型模式是对上述两种模式的修正。环境导向模式忽视游客体验,游客导向模式弱化环境保护理念。这种模式则努力弥补两者的不足,企图协调人(游客)与自然(环境)的关系,实现游客满意与环境保护的双重目标。

(4)关系导向模式

处理好以游客为中心形成的旅游目的地各利益相关者之间的关系,才能实现游客管理的多元目标,而不仅仅是只考虑游客与环境两个因素。关系型游客管理模式就是以多元目标体系为导向形成的游客管理模式(图8.11)。

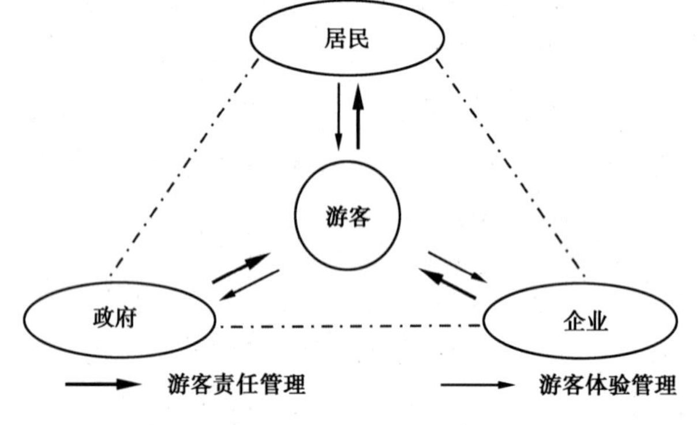

图8.11　关系导向的游客管理模式

利益—责任双向多边关系型游客管理模式的内涵如下:

①游客、居民、政府与旅游企业等利益相关者都是关系型游客管理的基本要素,游客与目的地利益相关者处于同一系统中。游客管理必然要求将各利益相关者全部纳入游客管理系统。

②游客管理的实质是旅游过程中游客关系的管理,即通过协调游客与旅游目的地各利益相关者的关系,实现游客与旅游目的地共赢,最终实现旅游可持续发展。这种关系的协调包括两个方面:一方面,调整游客的行为,使游客行为符合旅游目的地利益特征;另一方面,调整旅游目的地各利益相关者的行为使其符合游客需要,提高游客旅游体验能力,实现游客满意。

③游客管理的利益是双向的,责任也是双向的,关系型游客管理模式中任何利益相关者

既是游客管理的利益享受者,同时也是责任承担者,只承担责任或只享受权利的利益相关者是不存在的。

8.4.5　社区居民管理

1)社区参与内容

社区是旅游的发展者,本身也是旅游资源的一部分,并且是旅游的最终受益者。目的地居民正逐步被视为旅游资源产品的核心,是可持续旅游资源开发的重要因素。从社区的角度探讨旅游目的地可持续发展是可行的途径,这在众多的研究中得到共识。因为当地社区对旅游地的态度、行为等参与程度对旅游目的地资源开发至为关键,决定了政策执行力与管理有效度,是旅游地可持续发展规划、实施过程中的重要因素,他们的支持对旅游的成功具有重要意义。

当然,社区参与旅游发展,也需要达到一定的条件。首先,旅游目的地社区要有动力参与旅游活动,最主要的动力就是能从旅游发展中受益。其次,社区参与旅游发展,还需要有效参与。Okech 认为社区有效地参与决策过程,需要对旅游及贡献有意义的建议的权利有充分的认识。Johnson 和 Wilson 补充:社区参与决策的倡议者常常对目的地社区的政治结构作出幼稚的假设,即使社区参与在解决保护区管理冲突也有失败的例子,如在印度尼西亚的 Gili Indah,以社区为基础的珊瑚礁管理由于现行当地规则无法合理地解决渔民与旅游公司之间就资源拨款的冲突,最终只能妥协。总之,旅游地与社区直接的对话和相互学习,比单纯依靠技术和科学解决办法来管理旅游地可靠得多。

2)社区参与模式

根据社区参与程度不同,可以将其分为3类模式。

第一类是社区全权支配管理旅游产业,如在加拿大安大略省的尼亚加拉大瀑布周边的酒庄,依托私人拥有的葡萄园及家族传统酿酒知识,吸引旅游者前去品尝、购买特色的酒产品,甚至发展出小型食品供应店、娱乐场等多样化旅游产品,旅游产业由社区完全拥有并加以管理。

第二类是部分参与旅游发展,分为经济参与和管理参与。在许多发展较好的旅游目的地,当地社区居民抓住契机,以家庭式餐馆、旅馆等形式参与到旅游开发中来,成为旅游产业中相对独立的有机组成部分,与旅游发展经济上唇齿相依,互惠互利。或者社区与家庭选择与外来的开发商联合,合作开发旅游,不少学者提出建立股份制合作制公司的设想,并在实践中提出"景区公司 + 农户"等参与模式。社区参与还可以是管理参与,包括初级的参与到旅游目的地发展方式的意愿表达,以及有决策权的社区共管模式。在特定的旅游目的地,可能出现经济参与和管理参与的双重参与模式。

第三类是社区不参与旅游发展。包括社区分享旅游收益,吴忠军等认为在旅游利益分配中,应树立当地居民利益第一思想,保继刚等也主张对没有直接涉足旅游业的社区居民,通过集体基金补偿、利益二次分配等形式保障他们也能分享旅游收益;获取经济补偿,旅游的发展必然对当地社区产生冲击和影响，通过经济形式对利益受损的居民进行补偿，是旅游尤其是自然旅游采用的一种方式；社区完全隔离在外，这种模式里的社区在旅游发展中没有任何经济补偿、不参与分享旅游收益、体现不出民意，其原因或者是社区完全不关心，或者是没意识到自身的权利和义务，或者是被更大的权力部门有意或无意地隔绝失去话语权（图 8.12）。

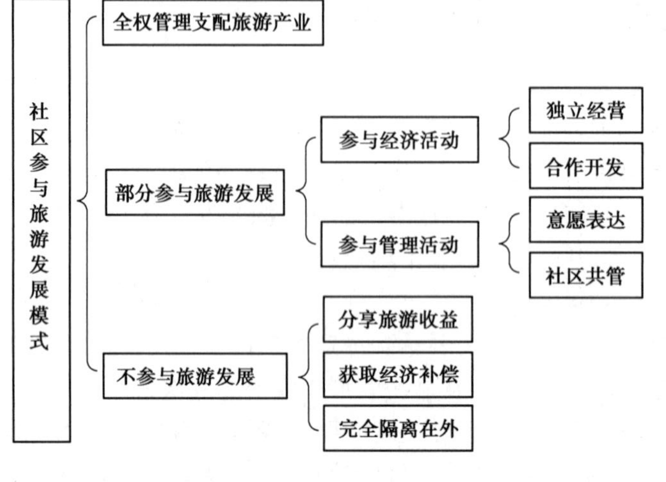

图 8.12　3 类社区参与模式

复习思考题

1. 简述旅游资源产权管理概念，了解中外旅游资源产权管理理论。
2. 如何理解旅游资源信息系统的功能和特征？
3. 旅游资源信息管理系统由几个层次构成？各层次之间的关系是什么？
4. 旅游资源标准化管理具体包括哪些方面？我国分别出台了哪些相关国家标准、行业标准？
5. 旅游资源开发利益相关者有哪些？管理模式分别是什么？

第 9 章 旅游资源可持续发展

【学习导引】

如何解决旅游业发展与环境保护之间的矛盾从而实现旅游业的可持续发展,已经成为一项世界性的课题。旅游发展对资源有着直接而深远的影响,在旅游开发过程中,可持续的开发方式不仅为当代旅游业带来良好的效益,并且能够造福后代。相反,不当的旅游资源开发及利用,对资源造成不可修复的破坏,人们经历了先开发后保护带来的巨大损失后,越来越重视可持续发展。本章首先介绍了旅游可持续发展的内涵、原则以及内容,详细介绍了旅游资源的环境管理,对环境质量管理与容量管理的标准与内容进行了详细描述,重点阐述了旅游资源的可持续利用以及旅游资源的保护手段。

【教学目标】

1. 能够认识到旅游资源开发问题。
2. 明确旅游可持续发展的原则、内容。
3. 了解旅游资源环境管理方法。
4. 掌握旅游资源保护手段。

【学习重点】

旅游资源保护　旅游可持续发展　旅游资源环境管理　旅游资源可持续利用

21 世纪,旅游在许多国家和地区的经济、社会中占据着越来越重要的位置。然而,在旅游业高速发展的同时,其给旅游目的地的经济、环境、文化、社会等方面带来的负面影响也日渐显现出来,旅游业健康发展所面临的问题愈加严峻。可持续发展观的兴起,为旅游业的发展指出了一条光明之路,旅游业是在可持续发展方面直接受益的产业,也是能够充分体现可持续发展思想的领域之一。

9.1 旅游可持续发展

9.1.1 旅游可持续发展内涵

可持续发展思想作为人类社会发展的产物,体现着对人类自身进步与自然环境关系的反思,这种反思反映了人类对自身以前走过的发展道路的怀疑和抛弃,也反映了人类对今后选择的发展道路和发展目标的憧憬和向往。旅游业作为一种人类活动,与资源、环境有着密切的关系,它的发展必然会对当地的社会、经济、文化与环境产生一定程度的积极和消极影响。

1990 年在加拿大温哥华举行的"全球可持续发展大会"旅游行动组策划委员会会议上提出了《旅游可持续发展行动战略》草案,构筑了可持续旅游的基本理论框架,阐述了可持续旅游发展的主要目标:增进人们对旅游所产生的环境效应和经济效应的理解,强化其生态意识;促进旅游的公平发展;改善旅游接待地的生活质量;向旅游者提供高质量的旅游经历;保护未来旅游开发赖以生存的环境质量。1995 年联合国教科文组织、联合国环境规划署(UNEP)和世界旅游组织(WTO)在西班牙召开了可持续旅游发展世界会议,会议通过了《可持续旅游发展宪章》和《可持续旅游发展行动计划》。《可持续旅游发展宪章》指出:旅游具有两重性,一方面旅游能够促进社会经济和文化的发展,另一方面也加剧了环境的损耗,如地方特色的消失。对此,旅游发展必须考虑生态环境的承受能力,符合当地经济发展状况和社会道德规范,使各类资源免遭破坏,使自然和文化资源得到保护。作为对联合国《21 世纪议程》的呼应,1996 年世界旅游组织(WTO)、世界旅游理事会(WTTC)与地球理事会(EARTH COUNCIL)共同制定了《实现环境可持续发展的旅游业 21 世纪议程》,提出旅游可持续发展是指在保护和增强未来机会的同时满足现时旅游者和旅游目的地的现实需要。我国对旅游可持续发展也给予了高度重视。1995 年,国家环保局、旅游局、建设部、林业部和文物局联合颁布了《关于加强旅游区环境保护工作的通知》,对保障旅游资源的永续利用和促进旅游业的可持续发展提出了具体的要求。

世界旅游组织在其发布的《旅游业可持续发展——地方规划指南》中曾对旅游可持续发展定义和内涵作出详细阐释。旅游可持续发展被界定为"在维持文化完整、保护生态环境的同时,满足人们对于经济、社会和审美的要求。它能为今天的主人和客人们提供生机,又能保护和增进后代人的利益并为其提供同样的机会"。旅游业可持续发展是以系统的、协调的、全局的、长远的方式来发展旅游,其核心是协调旅游地生态环境、旅游地社区和居民、旅游者三者之间的关系,兼顾三者的利益,使旅游业稳定、有序、持续地发展。

旅游可持续发展的概念核心有两大基础。

其一,旅游是社会可持续发展的一个组成子系统,任何不顾客观条件的超前开发与孤立市场的滞后开发,都会阻碍旅游的持续发展。旅游业在社会发展过程中,应有相应的规模与阶段，并与资源开发阶段、内容以及结构等有协调平衡关系。

其二，旅游资源开发的强度与可利用的潜力是旅游发展的基本动力。以资源为导向的开发在对旅游资源保护的前提下，发挥其应有价值并延长其使用寿命；以市场为导向的开发要协调自然、社会、环境的发展，顺应人们对旅游不同阶段的需求关系；要创立新资源，为后人有效利用旅游资源建立更多的基础；旅游资源的开发必须吸收先进开发理论、手段与管理技术，建立旅游资源合理的地域结构。

9.1.2　旅游可持续发展原则

旅游可持续发展是对各种旅游资源的管理指导，促使人们在保持文化完整性、基本生态过程、生物丰富度和生命维持系统的同时，满足经济、社会和美学的需要，即要求旅游与自然、文化和人类生存环境构成一个整体。从以上层面考虑，旅游可持续发展必须遵循以下原则：

1）公平性

强调本代人的公平、代际间的公平以及公平分配有限的旅游资源。所谓本代人的公平，还包括区域间、社团间的公平。反映在旅游景区的经营上，就是要给所在区域的原住民生存与发展的机会，同时，要教育原住民把自己的发展纳入景区的持续经营之中，在发展机会公平的同时，必须承担相应的责任、义务的公平。所谓代际间的公平，即给后代人以公平利用自然资源的权利。反映在景区经营上，就是眼前经营者与管理者的利益与继任者利益的冲突，短期的、近视行为与景区长远规划建设的冲突。所谓公平分配有限的、不可更新的旅游资源，即指旅游景区拥有法律允许的开发其旅游资源的权利，但同时也负有不使开发活动危害其他人与地区环境的义务。

2）持续性

发展依赖于可持续，旅游发展的持续性强调旅游资源开发和旅游业的发展应在生态系统的承载力范围内，不能为满足本代人的需求而谋取短期利益进行掠夺性开发旅游资源。旅游可持续发展理论把人类赖以生存的地球看成是一个自然、社会、经济、文化诸多因子构成的复合系统，主张人与自然等的和谐相处。发展一旦破坏了人类生存的物质基础，发展本身也就不复存在。一方面，推进旅游实现可持续发展，必须考虑旅游在区域发展中的功能作用以及与相关子系统在功能上的匹配与否，任何超越客观条件的超前发展和人为限制旅游业发展的做法，都会阻碍旅游可持续发展的实现。另一方面，应针对旅游资源的不同类别与属性差别，协调资源开发、保护与人类旅游需求的关系，科学、合理地规划、开发与保护好珍贵的旅游资源，使之能最大限度地发挥其应有的价值，并尽可能地延长其使用寿命，促进旅游资源的可持续利用。

3）协调性

旅游可持续发展的协调性认为，生态、经济与社会的协调发展是可持续发展的前提。没有协调发展就根本不可能实现旅游的可持续发展。旅游业要实现可持续发展，具体来说，就是不仅要考虑旅游业与经济社会发展水平之间的关系，而且要兼顾生态环境对旅游业发展规模、档次的承载能力，同时对旅游业自身的各要素如旅游资源的结构、等级、客源市场以及旅游相关产业等基本情况进行综合分析，保持适度发展规模，促进旅游协调、稳定、健康和持续的发展。

4）共同性

旅游可持续发展作为追求发展的目标，它所表现的持续精神是共同的。尽管由于各国文化、历史和社会经济发展水平存在差异，旅游可持续发展的具体目标、政策措施和实施步骤不可能是一致的，但旅游可持续发展的共同性，要求人们在实现旅游可持续发展这一总目标时必须采取全球共同的联合行动。况且，许多资源和环境问题已经超越国界和地区界限，具有全球或区域的规模。人类所面临的共同问题，不是依靠某些国家就能解决的。要实现全球的可持续发展，就必须建立起巩固的国际秩序和合作关系。旅游资源是全人类共同拥有的财富，是人类文明进步的见证。实现旅游可持续发展，就要摒弃狭隘的区域观念，加强国际交流与合作，充分利用人类所创造的一切文明成果，特别是那些适用于旅游发展的技术、信息与现代管理手段，实现全球旅游业的繁荣和发展。

9.1.3 旅游资源可持续发展内容

旅游资源可持续发展包括 5 个方面的基本内容。

1）生态保护意识

加深人们对旅游所产生的环境经济效应的理解，梳理和强化全人类的生态保护意识，使人们的行为规范符合旅游可持续发展的标准。人们应该对旅游报以支持和理解的态度，积极参与并树立强烈的环境保护理念。旅游发展是建立在生态环境的承受能力之上的，因此要强化全人类的生态保护意识。

2）资源可持续利用

保护旅游资源的多样性和生存能力，减缓不可再生资源的衰竭速度，改善增长的质量，解决以破坏环境和资源为代价的非持续性发展问题。以最小的旅游环境与资源投入要素使用量获取最大的旅游效益总量，使旅游保持可持续发展。

3）国家开发与保护战略

旅游业的发展是存在贫富差异的。一般来说，旅游业发达地区多能将资本不断地投入新的领域，因此，为了获取最大收益常常不顾环境承受力。旅游业不发达地区为谋求温饱则滥用旅游资源，常造成开发性破坏和破坏性开发。所以，各国政府应从总体上宏观把握，建立起综合发展与保护的总体框架，促进旅游的公平发展。

4) 评价体系规范化、科学化

要保护旅游区的生态环境,为可持续旅游发展提供永续空间,就一定要注意衡量以下 4 个"水平":旅游环境评价指标参数的科学水平、旅游开发地的最低安全水平、可接受的旅游风险水平和旅游地生态发育的空间水平。这些评价指标体系在一定程度上反映了旅游地生态环境可承载容量的极限。一旦超过这些极限,就会给环境带来巨大的破坏。

5) 和谐发展、生态平衡理念

旅游资源的可持续发展需要实现旅游资源的最优化配置,要求人类从生态观念出发,树立人类与自然和谐发展的新观念,自觉保护生态环境、维护生态平衡,强调旅游经济与生态环境的协调发展,避免走向任何一个极端。正如 1992 年联合国环境与发展大会通过的《里约宣言》所强调的"为了实现可持续发展,环境保护工作应是发展进程中的一个整体部分,不能脱离这一进程来考虑",可持续发展要求当代人的发展不影响后代人的发展,强调当代人与后代人之间的发展均衡与公平性。

9.2　旅游资源环境管理

9.2.1　旅游资源环境管理内涵

1) 旅游资源环境管理

所谓环境是相对于某一中心事物而言,围绕中心事物的外部空间、条件和状况,构成中心事物的环境。《中华人民共和国环境保护法》从法学的角度对环境的概念进行了阐述:"环境是指影响人类生存和发展的各种天然的和经过人工改造的自然因素的综合,包括大气、水、海洋、土地、矿藏、森林、草原、野生动物、自然遗迹、人文遗迹、风景名胜区、自然保护区、城市和乡村等。"

根据环境的定义,旅游环境是以人类的旅游活动(包括旅游消费活动和旅游经济活动)为中心,其周围所有自然和社会因素的总和。旅游环境的主体构成主要包括两类:旅游者和旅游资源或旅游景区(点)。其中,以旅游资源为中心的旅游环境称为旅游资源环境,由旅游资源(包括资源单体和资源组合体)以及与旅游资源密切关联的周围事物(自然环境、人文环境)构成的总体状况,可以分为单体旅游资源环境、旅游景区(点)环境、旅游地环境(如乡村、城镇)。

旅游资源环境由自然环境和社会环境两大部分构成。自然环境是指由自然界的气候、空气、水、土壤、地质地貌、生物等各种要素构成的综合条件。社会环境是指由人类社会的生产生活活动及其经济制度、上层建筑和意识形态所构成的综合条件。这两种环境中的各种旅游资源要素(包括自然要素和人文要素)是人们开展各种旅游活动的基本旅游吸引物,由旅游资源及其环境构成的总体环境(可以称为地理环境)是人们开展旅游活动的基本环境空间。

旅游资源环境管理是指运用政策、法律、标准、经济、规划、技术、行政、教育等手段,对一切可能损害旅游资源环境的行为和活动施以影响,协调旅游发展与旅游资源环境保护之间的关系,处理好国民经济中与旅游发展相关的各个部门、社会集团、企事业单位以及个人在旅游资源环境问题方面的相互关系,使旅游发展既能满足游客的需求,又能保护旅游资源、防治环境污染和破坏,实现经济效益、社会效益和生态环境效益的有机统一。在实际的旅游资源环境管理中,专门针对旅游资源单体及组合进行环境管理意义不大,而对旅游地(城镇)进行的环境管理则是更接近于旅游环境管理。因此,旅游资源环境管理主要是对旅游区(点)的旅游环境管理。

2)旅游资源环境管理的内容

旅游资源环境管理的内容相当繁杂,按其性质分类,可分为旅游资源环境的计划管理、质量管理、技术管理和监督管理4类。

(1)计划管理

旅游资源环境的计划管理是在有计划的优化利用旅游区(点)环境资源的前提条件下,通过制定旅游环境规划,使之成为旅游区经济、社会发展规划的有机组成部分。应用环境规划指导环境保护工作,并结合实际情况检查和调整环境规划,促使旅游区(点)环境资源得到合理化利用。

(2)质量管理

旅游资源环境的质量管理是旅游资源环境管理的核心,是环境管理的根本目标。旅游资源环境的质量管理是为了保持适宜开展旅游活动所必需的环境质量而进行的各项管理工作。旅游资源环境的质量管理一般包括建立描述和评价环境质量的恰当指标体系,建立环境质量监督系统并调控至最佳运行状态,根据环境状况和环境变化趋势的信息,进行环境质量评价,定期公布环境状况信息,研究确定环境质量管理的重点领域和管理程序等。

(3)技术管理

旅游资源环境的技术管理主要包括制定旅游环境污染,破坏的防治、保护政策及技术,制定合理的游览线路,以协调旅游经济发展与环境保护的关系。旅游资源环境技术管理工作主要有:制定旅游资源环境质量标准和旅游污染源排放标准,制定旅游区污染防治技术等。

(4)监督管理

旅游资源环境的监督管理是指运用法律、行政、技术等手段,根据国家或地区环境保护的政策、法律法规、环境标准、环境规划的要求,对旅游景区的环境保护工作进行监督,保证各项环境保护政策、法律法规、标准、规划的实施。

9.2.2　旅游资源环境质量管理

1）旅游资源环境质量与监测

旅游资源环境质量是旅游资源环境管理的核心和基本内容之一，是指在一定的区域空间条件和历史时期，旅游资源环境系统的整体状况，即资源环境的总体及其各要素对旅游者旅游消费活动和旅游经营者的经济活动的适宜程度。旅游资源环境质量是旅游环境系统客观存在的一种本质属性，并能用定性和定量的方法加以描述的旅游资源环境系统所处的状态。

旅游资源环境质量与旅游发展的关系十分密切，这表现在两个方面：一方面，旅游资源环境质量支持并制约着旅游发展，旅游资源环境质量的优劣不仅制约旅游开发的过程与效果，同时还直接影响着旅游者经历的质量；另一方面，旅游发展改变着旅游资源环境质量，旅游开发经营和旅游活动均会对旅游资源环境产生正面和负面的影响。因此，开展旅游资源环境质量的评价对于保护、建设旅游环境、提高旅游产业的综合效益具有重要意义。

（1）旅游资源环境监测

旅游资源环境监测是运用科学的方法，监视和监测代表旅游资源环境质量及发展变化趋势的各种环境因子实际值的全过程，即测定代表旅游资源环境质量的各种标志性数据的过程。其目的是准确、及时、全面地反映环境质量现状及发展趋势，为全面科学地评价旅游资源环境质量状况、控制污染提供科学依据。

旅游资源环境监测是特定范围的环境监测，通过监测及时了解旅游区（点）、旅游地环境质量状况和环境质量变化情况，了解旅游区环境问题和变化趋势，制定相应的治理对策和管理办法，保证旅游区环境处于良好状态。

（2）旅游资源环境监测的特点

由于环境污染具有时空变化的特征，环境要素和污染成分具有多样性，因此，旅游资源环境监测具有相应的特点。

①环境监测的综合性。主要表现在以下 3 个方面：

A. 监测对象的综合性。包括大气、水体（地表水及地下水）、土壤、固体废物、生物等环境要素，只有对这些要素进行综合分析，才能确切描述旅游资源环境质量。

B. 监测手段的综合性。包括化学、物理、生物、物理化学、生物化学、生物物理等一切可以表征环境质量的方法。

C. 环境监测数据处理的综合考虑。对环境监测数据进行统计处理、综合分析，需要涉及旅游区（点）或旅游地的自然和社会各方面的情况。因此，必须综合考虑才能正确阐释数据的内涵。

②环境监测的连续性。由于环境污染具有时空变化特点，因此，只有坚持长期监测才能从大量的数据中揭示其变化规律，预测其变化趋势，数据越多，预测的准确度越高。

③环境监测的追踪性。环境监测及一系列的程序，包括监测目的的确定，监测计划的制

订、采样、样品运送和保存、实验室分析和数据处理等过程,每一个环节质量控制水平都会直接影响最终监测结果的质量。因此,为使监测结果具有一定的准确性,并使数据具有代表性、可比性和完整性,需要建立一个量值追踪体系予以监督,对每一监测步骤实行质量控制。

2)旅游资源环境质量评价

旅游资源环境质量的评价就是根据不同的目的与要求,按照一定的原则、标准和方法,对区域环境的某些要素质量和综合质量,进行科学、客观地说明、评定和预测,合理地划分出旅游资源环境的等级或类型,并在空间上按环境的污染程度和性质,划分出不同污染区域的过程。通过旅游资源环境质量的评价,可以准确地反映旅游资源环境质量,为区域旅游环境的综合治理与规划管理提供科学的依据,同时,为制定合理的旅游资源开发政策和措施、引导与控制旅游经营活动和旅游行为方式提供可靠的依据。

就旅游业的特殊性和旅游发展的状况而言,旅游资源质量评价的关键问题有两个:一是如何确定旅游资源环境被污染的性质、类型和范围;二是如何制定旅游资源环境质量评价的指标体系,即评价标准。这两者是相互联系、相互依存的。当务之急,是借鉴国内外的成功经验,制定出一套科学的、切实可行的旅游资源环境质量评价的标准体系,为旅游资源的开发利用和旅游业的健康发展提供科学依据。

旅游资源环境质量评价标准与评价的内容密切相关,旅游资源环境质量评价的内容包括自然生态环境质量评价和人文旅游环境质量评价。从旅游资源满足旅游者需要的角度出发,旅游资源环境质量评价包括 3 个方面:旅游基础环境质量评价、直接吸引旅游者的旅游资源环境质量评价、旅游气氛环境质量评价。因此,旅游资源环境质量的评价标准,应根据这 3 个方面来设定,具体的指标体系可以参考国家的正式环境质量标准。

旅游资源环境质量评价的体系,可以按照旅游资源的空间分布形态设定多层次的指标体系,如旅游景区(点)环境质量评价的标准体系、旅游企业环境质量评价的标准体系、旅游区或城市(镇)环境质量评价的标准体系。每层环境质量评价又可以按照旅游环境的各要素相应地制定更细的指标体系,如大气环境质量标准、水环境质量标准、土壤环境质量标准等。各个标准体系由定性指标和定量指标组成,根据旅游资源的类别、形状、质量等要素分级评价,将旅游资源环境质量进行等级划分,最终形成各单项旅游资源环境质量评价的指标体系以及区域旅游资源环境质量综合评价的指标体系。

9.2.3 旅游资源环境容量管理

旅游资源环境质量的变化取决于人类投放的影响和环境承载力两个方面。人类投放的影响越大,造成环境质量下降的可能性越大,而环境承载力越大承受影响的能力就越强,环境质量下降的可能性就降低。要保持旅游资源环境质量良好状态,一方面要控制人为负面的影响,另一方面要合理利用、调控、建设扩大旅游容量和承载能力,这也是旅游资源环境管理的核心内容之一。

1)旅游资源环境容量基本概念

旅游资源环境容量是特定时间内某一区域内的旅游地或旅游单元(旅游区、点)在不破坏生态平衡、达到旅游资源质量要求并能满足游人最低游览要求时所能承受的旅游活动的最大值。

旅游资源环境容量具有静态性和动态性的特点。静态性主要是由游客进行某一游览活动所必须停留的时间决定的，在这一活动过程中，旅游资源环境容量不会发生变化，即具有一个瞬时环境容量。而动态性由停留时间的有限性和开放时间的无限性这一关系决定的，游客的各种流动现象总是表现为输入和输出，开放时间与停留时间的比例就表明了这一特性，此比例成为旅游环境的周转率。这一特性决定了旅游资源环境容量在一定时段内可以达到客观的数量，其值一般大于瞬时值。同时，静态性常常受到当前条件的制约，反映了现状；动态特性则反映了运动与变化。

旅游环境容量、旅游资源环境容量、旅游资源容量 3 个概念之间是由大到小包含的关系（图 9.1）。其中，旅游环境容量是迄今为止世界上在旅游研究中争议最多，尚无定论的重要问题之一。目前，学者们普遍认为旅游环境容量主要包括自然环境容量、社会环境容量和经济环境容量。其中，自然环境容量包括旅游资源容量与生态容量，社会环境容量包括社会文化容量、旅游管理容量、旅游感知容量等，经济环境容量包括设施容量和经济发展容量等。保继刚、楚义芳（1993）提出旅游环境容量具有 5 个基本容量，分别为旅游心理容量、旅游资源容量、旅游生态容量、旅游经济发展容量和旅游地域社会容量。旅游环境容量是一个概念体系，其本身只是一个一般化的概念，并无特指，只是这些具体容量概念的统称或通称。

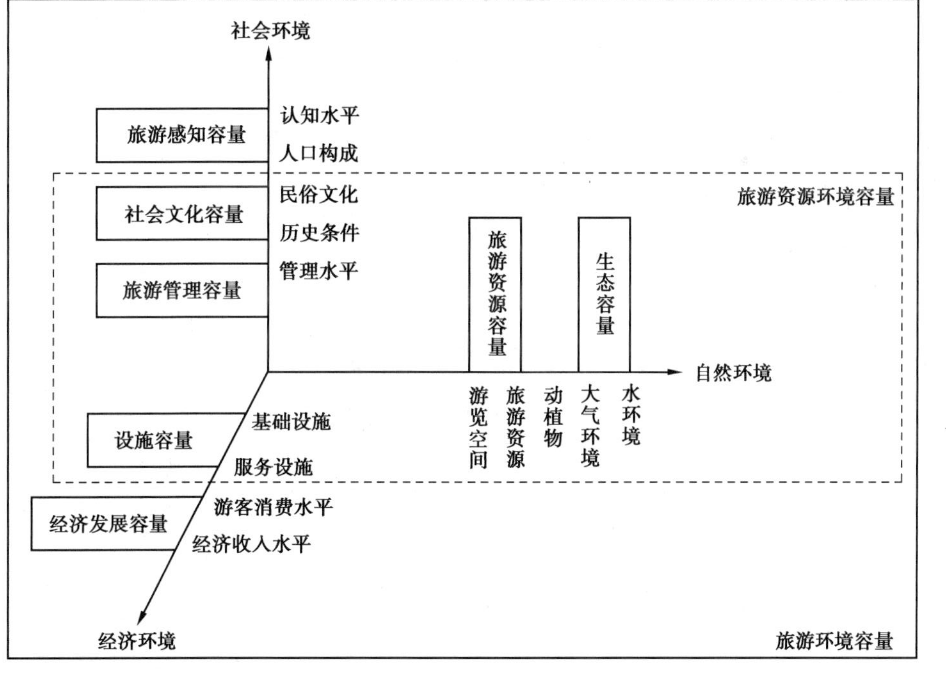

图 9.1　旅游环境容量、旅游资源环境容量、旅游资源容量

旅游资源容量是旅游环境容量的基本容量之一，是指在某一时期内的某种状态条件下旅游资源本身对于旅游活动的承受能力是有限的，这个承载的极限就是旅游资源容量。旅游资源容量是就资源本身而言的，不包括旅游资源所处的自然生态环境与社会人文环境。

旅游资源环境容量是旅游环境容量的重要组成部分。根据旅游资源环境的概念，理论上，它包括自然环境容量（旅游资源容量、生态容量）和部分社会（社会文化容量、旅游管理容量等）、经济环境容量（设施容量等），而在实际的容量工作中，主要以旅游景区、旅游地为载体对其旅游资源环境容量进行管理。

2）旅游资源环境容量测算的方法

旅游资源环境容量的测算，是制定旅游资源环境管理容量的基础和前提，是旅游资源环境管理的必要内容。旅游资源环境容量的制定，意味着一种标尺的确定，这个标尺的存在至少可以警示旅游区（点）管理者关注旅游规模可能对旅游资源造成的负面影响。但到目前为止，关于旅游、旅游资源环境容量的测算方法并没有形成一致的意见，没有统一的计算公式，以下就国内具有代表性的计算方法进行归纳。

（1）《风景名胜区规划规范》的测算方法

国家《风景名胜区规划规范》对游客容量作出了一定的规定并进行了详细说明：风景区游客容量应随规划期限的不同而有变化，对一定规划范围的游客容量，应综合分析地区的生态允许标准、游览心理标准、功能技术标准等因素而确定。对于旅游容量的计算，提出以下3种方法：

①线路法。以每个游人所占平均道路面积计，5～10 m^2/人。

②面积法。以每个游人所占平均游览面积计，其中，主要景点50～100 m^2/人（景点面积）；一般景点80～100 m^2/人（景点面积）；浴场海域10～20 m^2/人（海拔 -2～0 m以内的水面）；浴场沙滩：5～10 m/人（海拔0～ +2 m以内的沙滩）。

③卡口法。实测卡口处单位时间内通过的合理游人量。单位以“人次/单位时间”表示。规范中具体的生态允许标准（表9.1）。

表9.1　游憩用地生态容量表

用地类型	容量和用地标准		用地类型	容量和用地标准	
	人/hm^2	m^2/人		人/hm^2	m^2/人
针叶林地	2～3	5 000～3 000	城镇公园	30～200	330～50
阔叶林地	4～8	2 500～1 250	专用浴	<500	>20
森林公园	<15～20	>500～400	浴场水域	1 000～2 000	20～10
疏林草地	20～25	500～400	浴场沙滩	1 000～2 000	10～5
草地公园	<70	>140			

资料来源：《风景名胜区规划规范》。

（2）常用方法

目前国内对于旅游容量的量测多采用保继刚、楚义芳（1993）提出的旅游环境容量系列计算方法。这种方法提出旅游资源环境容量的测量，基点在于有一个同旅游区（点）承受的旅游活动相对应的基本空间标准，即单位利用者所需占用的空间规模。以海浴为例，基本空间标准多以平均每位海浴者所占用的海滩面积来表示。对于一个旅游场所而言，它所要接纳的旅游活动的性质和类型是决定其基本空间标准的关键因素。不同的场所有不同的空间标准，室内与室外标准不同，自然风景区与人文名胜地的标准也不一样，不同旅游活动场所的基本空间标准差异可能很大。

旅游资源环境容量的各基本容量是在基本空间标准的基础上进行量测的，对于不同的容量，有不同的量测方式（表 9.2）。各基本容量的最小容量一般确定为总量最终值，但也有研究者对各基本容量采用权重的方法处理，把期望值作为最终的容量值。在实际测算过程中，对各基本容量的准确确定有一定的难度。

①旅游资源容量与旅游感知容量。保继刚在（1999）《旅游地理学（修订版）》中总共给出了 3 个测算公式，分别为极限日容量公式、合理日容量公式、合理时点容量公式，3 个公式均采用了面积测算方法，可能包含部分无效旅游资源，导致对实际容量的夸大，因此只适用于单个景点旅游资源空间容量的测算，不适合整个景区旅游资源容量的计算。而对于旅游感知容量，旅游者心理因素主要是通过旅游资源容量中的空间标准体现，空间标准由旅游资源类型、游客组成形式、旅游季节等众多因素决定，很难构造一个统一的测算公式。

②生态容量。到目前为止，国内外关于旅游地自然环境对污染物的净化与吸收方面的专门研究还是空白，没有可以参照的标准具体计算公式来进行测算，因此，该公式的实用性不强，在实际应用中必须先要对该公式进行修正。

③管理容量。旅游行业的特殊性决定了影响旅游管理容量大小的具体指标弹性大，对自然资源为主的开放型旅游地进行容量研究时，测算旅游管理容量实际意义不大，而对于封闭型人文景区测算旅游管理容量却很重要。

④设施容量。由于我国现阶段交通发达，食品充足，基础设施有保障，这些一般最终不会成为旅游地发展的限制性因素，但住宿设施刚性较强，对住宿容量的测算具有现实性与客观性。

⑤旅游资源的地域社会容量的量测很困难，故一般不考虑其具体量值。

表 9.2　旅游资源环境容量计算常用公式

基本容量	公　式	
旅游资源容量 （资源极限日容量）	$C=\frac{T}{T_0}\cdot\frac{A}{A_0}$	C：旅游资源极限日容量；T：每日开放时间；T_0：人均每次利用时间；A：旅游资源空间规模；A_0：每人最低空间标准；C_P：旅游资源时点容量；C_r：旅游资源合理容量/感知容量；σ：基本空间标准；K：单位空间合理容量
旅游感知容量基本空间标准 （资源合理日容量）	$C_P=\frac{A}{\sigma}=KA$ $C_r=\frac{T}{T_0}C_P=K\frac{T}{T_0}A$	

续表

<table>
<tr><th>基本容量</th><th colspan="2">公　式</th></tr>
<tr><td>生态容量</td><td>$F_0 = \frac{\sum_{i=1}^{n} S_i T_i}{\sum_{i=1}^{n} P_i}$</td><td rowspan="2">$F_0$:生态极限日容量;$P_i$:每位旅游者一天产生的第 i 种污染物量;S_i:自然生态环境净化吸收第 i 种污染物量;T_i:各种污染物的自然净化时间,取一天;n:旅游区(点)内污染物种类数;F:扩展生态极限日容量;Q_i:每天人工处理掉的第 i 种污染物量</td></tr>
<tr><td>扩展性生态容量</td><td>$F = \frac{\sum_{i=1}^{n} S_i T_i + \sum_{i=1}^{n} Q_i}{\sum_{i=1}^{n} P_i}$</td></tr>
<tr><td>设施容量</td><td>$C_e = \sum_{i=1}^{m} D_i / \sum_{i=1}^{m} E_i$
$C_b = \sum_{j=1}^{l} B_j$
$E = \min(C_e, C_b)$</td><td>E:设施极限日容量;C_e:主副食供应能力所决定的设施日容量;C_b:住宿床位决定的设施日容量;D_i:第 i 种食物的日供应能力;E_i:每人每日对第 i 种食物的需求量;B_j:第 j 类住宿设施床位数;m:旅游者所消耗食物的种类数;l:住宿设施的种类数</td></tr>
<tr><td>管理容量</td><td>$M = M'QL\frac{T}{T_0}$</td><td>M:旅游资源的管理极限日容量;M':管理幅度;Q:管理者数目;L:管理者水平;K:旅游者的素质水平系数</td></tr>
<tr><td>旅游资源环境容量
(旅游区、点)</td><td>$T = \min(C, F, E, M)$
或
$T = \sum_{i=1}^{m} \sum_{i=1}^{n} S_i + \sum_{i=1}^{p} R_i + C'$</td><td>$T$:旅游资源环境容量;$S_i$:第 i 个景区旅游资源容量;R_i:第 i 个景区内道路容量;m,n,p 为景区、景点数、景区内道路数;C':非活动区接纳旅游者数</td></tr>
</table>

3)旅游资源环境容量管理

(1)旅游饱和与超载

在理论上,旅游区(点)承受的旅游流量或活动达到其极限容量,称为旅游饱和。而一旦超出极限容量值,即为旅游超载。在实际的管理工作中,有时视接待的旅游流量达到合理容量为饱和,超过合理容量为超载。旅游超载必然导致环境污染或拥挤,如果长时间、连续地或间歇地超载,其结果将是旅游资源被破坏、生态系统遭到损伤、旅游接待质量下降。

根据旅游超载发生的时间与空间的特点,可将其分为以下 3 种情况:

①周期性超载与偶发性超载。周期性超载源于旅游者社会活动具有周期性规律及自然气候的周期性变化,一般在每年的夏季、节假日周期出现。偶发性超载常是由于旅游地或其

附近发生了偶然性的事件，这些事件在较短时间内吸引来大量旅游者。一般情况下，偶发性超载造成的环境影响易于消除，而周期性的超载则是一个危险的信号。

②长期连续性超载与短期性超载，在实际中，短期性超载的现象占绝大多数，它又分为周期性与偶发性两种情况，在长期连续性超载的情况下，应实行严格的旅游分流和管理措施。

③空间上的整体性超载与局部性超载。旅游区的整体性超载是指所有景区、景点和设施承受的旅游活动量皆已超出各自的容量值。整体性超载意味着旅游区内各旅游点皆已无剩余的容纳能力。局部性超载是指旅游区中部分旅游景点或设施旅游流量已达到或超出容量值，但整个旅游区容量还未超载，这是旅游活动中的正常现象，可以通过空间调控实现。

（2）旅游资源环境容量调控

由于旅游饱和与超载常常导致严重的环境后果，不利于旅游资源的可持续利用。因此，必须依据旅游区（点）的旅游资源环境容量进行调控。在旅游资源管理中，解决旅游饱和与超载的措施分为两个方面：

①从旅游需求方面来说，主要是降低旅游旺季的高峰流量，使旺季的旅游流量在饱和点之内。通过大众传播媒介向潜在的旅游者陈述已经发生过的旅游超载现象及其环境后果，并预测当年旺季可能出现的旅游流量和超载情况，从而影响旅游者选择旅游目的地的决策行为是较为有效的方法。

②从旅游供给的角度来说，可以分为以下 3 种情况：

A. 旅游景区整体性超载，相应采取的是“排斥”与“吸引”并行的外部空间分流措施：“排斥”即采取经济办法并利用大众传播媒介，将潜在的旅游者部分地从即将要整体性超载的旅游景区排斥走。“吸引”则是指利用价格、媒介以及地理上的临近性等，将潜在的以超载旅游景区为目的地的旅游者吸引到未饱和的旅游区，或新建旅游景区来吸引旅游者。

B. 旅游地内的部分景区超载，而其他景区并未到达饱和，景区内的剩余容量完全可以满足超载景区的超载部分。相应的旅游空间分流措施为内部分流，即在超载景区入口地段设置限流设施或提高票价，一旦景区达到饱和则停止进入。

C. 景区内部空间分流之后仍然超载。在这种情况下，如果旅游地容量仍有扩大的潜力，则当尽快予以扩建；如果旅游地已无扩建潜力或扩建后仍不能避免超载，则必须采取与旅游地的整体性超载同样的外部空间分流措施。

由于旅游地的性质一旦确定，旅游地所能容纳的旅游活动能力也就基本固定了，因此，在旅游规划、旅游资源开发伊始，就应该对旅游资源环境容量状况有清醒的认识，在具体的景点修建、景区道路安排、旅游设施设计和建设方面都必须遵循与旅游地性质相关联的旅游资源环境容量指标，以使旅游地各个组成部分在日常运转中能够协调。

（3）旅游资源环境管理工具

随着研究的深入，研究者逐渐认识到旅游环境容量研究和应用面临的问题绝不是通过复杂的计算、烦琐的变量确定和更加严谨的问卷调查可以解决的。对同一环境而言，不同旅游活动的容量各不相同，而该环境的总容量也并非这些部分容量的简单加和。旅游环境容量不再被看作一个确定值，而是一个波动阈。随着外界条件，如技术、参数、产品和消费结构的改变而调整，仅仅将环境容量作为一个数据控制，并不能达到有效保护资源的目的。国外的学者们开始反思，研究解决环境容量问题（实际上也就是资源保护与旅游开发利用之间矛盾）的新思路。正是伴随着旅游环境容量研究的逐渐深入和应用范围的不断扩大，学术界开始将旅游环境容量更多的视为一种管理理念而非科学理念。旅游环境容量规划开始为一些更为科学、更具有可操作性的管理框架所替代，主要的管理框架包括游憩机会谱系、可接受的改变极限、游客体验与资源保护、游客活动管理程序、游客影响管理和旅游管理最佳模型等。

①游憩机会谱系（ROS）。

ROS 是 20 世纪 70 年代美国农业部林业署在对荒野地游憩活动研究的基础上，结合在荒野地分类分区管理实践方面的经验，发展起来的包含完善理论框架的旅游资源管理模型。其核心是为某个特定的游憩体验提供某一游憩机会，并管理某一游憩环境，最终实现提供多样化的游憩体验的目标。

ROS 在游憩机会清查的基础上可以对游憩资源进行很好的规划与管理，其应用主要表现在：

A. 帮助分配和规划游憩资源。ROS 可以为不同游憩机会在空间上如何配置提供依据，还可以为管理者在不同的区域采用什么管理原则提供依据。

B. 预测管理决策和行动可能对游憩机会造成影响。ROS 提供了一种简单的、图表化的预测模型来评价管理行动带来的后果，确定管理行动对整个机会谱将会带来什么样的影响。

C. 将游憩者期望的游憩资源分配给游憩者，使游憩机会与游客期望得到的体验相匹配。在整个供需关系中，个人、家庭、社会群体对于他们想要参加的游憩机会序列，如活动、环境、体验等有不同的偏爱和需求。如果游憩者全面了解有关各种不同机会信息，他们可以选择合适的地点和时间，参与他们认为最合适的旅游活动方式和类型。而管理方则需要努力为旅游者提供这些有关的信息，为了实现这一目标要求管理者一旦确定了区域内游憩资源所处的机会谱系级别及其空间位置，就必须使管理行动决策努力保持与这些机会所在谱系级别的一致性，以减少管理者的无规划行为，以及其他导致这些机会发生不利变化的行为。

经过 30 多年的发展，ROS 已经发展成为国外最有效的、基础性的资源和游憩管理框架，但 ROS 系统最初是为满足大面积的土地管理需要而设计的，很难适应公园、游乐场这种土地面积小而且多样化程度比较高的区域。

②可接受的改变极限（LAC）。

LAC 是从旅游环境容量概念发展而来的，用于解决资源保护与旅游开发之间矛盾的理论，20 世纪 90 年代以后，广泛应用于美国、加拿大、澳大利亚等国家的国家公园和保护区规划与管理中。

LAC 认为资源保护与游憩利用是风景区的两大目标，通常以资源保护为主导性目标，但只要有利用，资源必然有损害，关键的问题是这种变化是否在可接受的范围之内，因此必须为主导型目标制定“可允许改变”的标准（包括资源状况和旅游品质两个方面），在可允许改变的标准以内，对游憩利用不加以严格控制，一旦资源与旅游品质标准超出了“可允许改变的”范围，则严格限制游憩利用，并采取一切手段使资源与旅游品质状况恢复在标准以内。其核心思想是对旅游资源的环境管理，首要应控制环境影响，而不是控制游客人数；其次应该淡化对游客人数的管理，只有在非直接（管理游客）的方法行不通时，再来控制游客人数。其具体步骤为：

A. 确定规划地区的课题和关注点。

B. 界定并描述旅游机会种类。

C. 选择资源和社会条件的监测指标。

D. 调查资源和社会条件。

E. 为资源和社会条件确定标准。

F. 制定旅游机会类别替选方案。

G. 为每个替选方案制订管理行动计划。

H. 评价替选方案并选出一个最佳方案。

I. 实施行动计划并监测资源和社会状况。

从 LAC 实施的步骤可以看出，LAC 理论是为了弥补环境容量理论在确定极限值方面的缺陷，结合 ROS 形成的一套更加完整、更加系统化、更具有可操作性的管理框架。LAC 的一大优点就是为每个利用机会等级确定一个可接受的改变范围，在此基础上制定地区的策略和管理战术，进而结合公众参与，确定指标和标准。以此为基础来监控生态环境和社会条件，从而建立起目标、指标、标准、监测和管理之间的良性互动，避免旅游环境容量中集中精力确定一个游客极限值的怪圈。

与 ROS 适合应用于大尺度的旅游目的地不同，LAC 理论由于确定了特定的指标而往往应用于小尺度范围内。但把关注点放在小尺度上也有缺陷，因为如果一种方法把关注点放在一个特殊的点或者问题上，往往会人为地扩大对负面影响的认识。国外已经有研究者注意到，如果我们把关注点放在一个观景点，那么当游客密度过高时，这个观景点发生的变化将会超过 LAC 所设定的标准，但是更深入的大尺度的研究却显示这种游客规模对整个地区，或者说一个有价值的生态单元造成的影响是极其微弱甚至可以忽略不计的。

我国传统的规划和管理中只是把环境容量当作一个数字去计算，往往陷入以前的数字游戏之中。针对这一情况，清华大学资源保护和风景旅游研究所从 1999 年起，在所承担的《泰山风景名胜区总体规划（2000—2020）》《镜泊湖风景名胜区总体规划（2001—2020）》《三江并流梅里雪山风景名胜区总体规划（2002—2020）》和《黄山风景名胜区总体规划（2004—2025）》中，对 LAC 理论及其衍生技术进行了探索性应用。

根据 ROS 和 LAC 理论的基本框架，美国国家公园保护协会制定了“游客影响管理”的方法（VIM—Visitor Impact Management）和“游客体验与资源保护”技术方法（VERP—Visitor Experience and Resource Protection）；加拿大国家公园局制定了“游客活动管理规划”方法（VAMP—Visitor Activity Management Plan），澳大利亚制定了“旅游管理最佳模型（Tourism Optimization Management Model）”。这些技术方法和模型在上述国家的规划和管理实践中，尤其是在解决资源保护和旅游利用之间的矛盾上取得了很大的成功。

9.3 旅游资源可持续利用

旅游资源大多是自然及人类文化遗留下来的珍贵遗产，虽然某些自然旅游资源主要由再生资源组成，如植被、水景等，若破坏不甚严重，有可能通过自然调节和人为努力得以恢复，但旷日持久，耗资巨大。而更多的旅游资源属非再生资源，具有难以恢复的不可再生性特点，如山岩、溶洞以及人类历史长河中遗留下来的文化遗产等，一旦被破坏便可能从地球上消失，即使付出极大的代价进行仿造，其意义也与原来的绝不相同。因此，旅游资源保护的意义重大，要始终贯穿于旅游资源开发与管理的整个过程中。

9.3.1 旅游资源开发影响

1) 自然过程对旅游资源影响

旅游资源是大自然的一部分，大自然的发展、变化都会影响旅游资源的变化，旅游资源在自然的风雨中会遭受到不同程度的破坏，这就是旅游资源的自然衰败，导致自然衰败的原因包括风、雨、洪水、泥石流、动植物、地震、地质沉降等，根据影响的速度和程度不同，又可细分为灾变性破坏和缓慢性破坏。

(1) 灾变性破坏

自然界中突然发生的变化，如地震、火山喷发、海啸等自然灾害的出现，会直接改变一个地区的面貌，毁掉部分或全部旅游资源，这种现象称为旅游资源灾变性破坏。灾变性破坏具有突发性和破坏强度大的特点。如1997年8月，夏威夷岛上最古老的瓦吼拉神庙被基拉维火山喷出的熔岩全部淹没，一座有700多年历史的名胜古迹在一瞬间毁于一旦。

(2) 缓慢性风化

一般情况下，长期的寒暑变化、流水侵蚀、风吹雨淋等都会慢慢地改变旅游资源的形态。这种缓慢的变化即为缓慢性风化。缓慢性风化的破坏过程往往是渐进的，但长年累月引发的损害也不容小视。如埃及的基奥斯普大金字塔表层每年损耗约3 mm，我国的云冈、龙门、敦煌三大石窟无一例外地也受到了类似的破坏。

自然力作用造成的破坏，人类无法阻止它的产生，只能通过一些科技手段延缓或补救这种破坏，尽可能降低它的破坏程度。如乐山大佛曾建有13层的楼阁（唐代名为大像阁，宋代为天宁阁）覆罩其上，既金碧辉煌，又保护了佛像。

2) 人为开发对旅游资源的影响

(1) 旅游开发促进对旅游资源的保护

旅游开发是一个人为的过程，是通过人的主观能动性，将旅游资源转化为产品与项目的过程。旅游开发促进了旅游资源的利用，使之能发挥出潜在的综合效益，但保护和利用是旅游开发的两个方面，保护的目的是为了更好地利用，而利用也有助于保护。

人们对于旅游资源的开发在一定程度上改变了人们对资源利用的传统思维。很多旅游资源在没有开发之前，往往没有认识到他们的价值，只有通过旅游开发，促进人们认识和理解旅游资源还具有供人们休闲、游憩，获得精神和物质享受的功能。例如在山区，长期以来森林资源的唯一功能被认为是木材的价值，人们将树木砍伐，然后运出山里，在市场上获得它的价值，造成很多森林地区过度砍伐，既过度消耗森林资源，又破坏环境，造成水土流失，原来山清水秀的美景一去不复返。随着旅游开发，过去地处偏远的森林现在成为旅游开发的热点，人们才认识到让树木生长在那里可以产生同样的，甚至是更多的效益，人们这种观念上的转变实在是得益于旅游的开发。旅游开发促进了文化传统和自然环境的保护。因为旅游开发挽救了很多濒临灭绝的旅游资源，旅游开发将传统的城市和传统的文化从消亡的边缘拉了回来。

(2) 旅游开发造成的旅游资源的破坏

与旅游开发促进对旅游资源的保护相对应的是一些不当的旅游开发往往也会造成旅游资源的破坏，这种破坏有的是非旅游活动造成的，有的是旅游开发中不当活动所引起的，有的则是旅游开发活动本身所带来的。

旅游开发对旅游资源破坏可以分为建设性破坏、保护性破坏、管理性破坏和制度性破坏 4 种。

①建设性破坏。建设性破坏是指旅游业发展进程中开发不当等引发的对旅游资源的破坏。景区索道建设在我国是一种普遍性的旅游开发性破坏方式，如丽江玉龙雪山被架设了 3 条索道，每条索道都深入自然保护区的核心区，其中长近 3 000 m 的玉龙雪山索道，延伸到海拔 4 506 m 的雪山上，每小时单向运送客流量达 426 人，这些索道的建设和运营，给保护区带来了生态灾难，大量游人的涌入，使亘古冰川遭到破坏，部分冰川开始融化，高山植被和野生花卉被游客践踏、破坏，野生动物数量急剧减少。

②保护性破坏。保护性破坏是指以旅游资源的保护为目标，但因保护措施失当，导致保护设施与周围环境不协调，或因保护性修护方法欠妥，引发对旅游资源新的破坏。与建设性破坏不同，由于保护性破坏有良好的初衷，使其隐蔽性更强。如遵义会议旧址原来是处在许多居民住宅的包围之中，但当地政府为了美观而把旧址周围的房屋都拆掉了，再配以灯光和绿地，不仅破坏了环境，还破坏了整个历史故事的特定情节，使得历史性建筑失去了原真性、整体性，而这种原真性、整体性一旦消失就无法再恢复。

③管理性破坏。管理性破坏是一种更深层次的破坏方式，又可进一步细分为直接的管理性破坏和间接的管理性破坏，前者是由于不当的管理决策直接导致的对旅游资源的破坏，如武陵源景区的“天下第一梯”百龙观光电梯，在当地管理者的坚持下几经周折修建而成，虽然拥有 3 项吉尼斯世界纪录，但对当地的生态系统和游客的视觉而言无疑都是突兀的。后者则多是由于对游客管理失当或管理缺位而引发的，超过景点容量的超规模接待破坏了旅游区自然生态系统的平衡，主要表现在大量游人将旅游区土地踏实，使土壤板结、树木死亡，大量游人在山地爬山蹬踏时破坏了自然条件下长期形成的稳定落叶层和腐殖层，造成水土

流失、树木根系裸露、山草倒伏,从而对旅游区生态系统带来危害。

④制度性破坏。近年频频发生在拥有顶级旅游资源的世界遗产地的冲突事件,使很多学者都意识到制度设计上的产权重叠与监督缺位,恰恰是旅游资源人为破坏的根源所在。我国旅游资源的所有者(全体公民)和管理者(政府)之间存在委托—代理关系,由于目前存在同一旅游资源分别委托给林业、环保、建设等多个部门进行“代理”的现象,实际上造成了产权设置重叠,即同一资源实体的一些产权同时委托给不同的平级政府部门,各政府部门对资源的“处置权”并不具有排他性,他们在实际中相互竞争使用。同时,信息不对称与制度性监督缺位也是旅游资源制度性破坏的另一导火索。一方面,资源的所有者—普通公众与代理人之间处于信息不对称状态;另一方面,缺乏制度性监督机制代替普通公众对代理人进行长期有效的监督与约束。针对这些制度性的弊端,我国近年的旅游资源管理实践中也进行了一些创新性探索,转让经营权已经成为当前许多景区管理和经营改革过程中引入企业化经营的一种制度创新模式,取得了一定的经济、社会和生态环境效应,但也暴露出一些问题,具体的制度安排有待于进一步研究。

9.3.2 旅游资源保护手段

旅游资源是一个国家发展旅游业的生命线,要使旅游业得以持续、快速、健康地发展,就必须采取各种行政的、经济的、法律的、科技的、教育的手段来保护旅游资源。

1)旅游资源保护的法律手段

旅游资源保护的法律手段,就是通过各种涉及旅游资源与环境保护的法律、法规来约束旅游开发者和旅游者的行为,以达到对旅游资源进行保护的目的。法律保护手段具有权威性和强制性,是最为有力的保护措施。目前,我国并没有专门的旅游资源保护法,与旅游资源保护有关的法律法规,主要散见于各环境与资源单行要素保护法律及行政法规、部门规章中(表9.3),旅游资源保护法律法规较为松散,缺乏系统性和整体性。

表9.3　目前我国特别区域立法现状表

特别区域	法律文件名称	颁布日期	效力等级
自然保护区	《自然保护区条例》	1994年	行政法规
风景名胜区	《风景名胜区条例》	2006年	行政法规
森林公园	《森林公园管理办法》	1994年	部门规章
地质公园	《地质遗迹保护管理规定》	1995年	部门规章
湿地公园	《国家城市湿地公园管理办法(试行)》	2002年	部门规范性文件
世界遗产	九部委《关于加强和改善世界遗产保护管理工作的意见》	2002年	部门规范性文件
	《世界文化遗产保护管理办法》	2006年	部门规章

资料来源:根据互联网资料整理。

(1)宪法

《中华人民共和国宪法》中从对自然资源和人文资源保护的角度对旅游资源的利用与保护作出了总括性的规定,为旅游资源保护提供了根本法的基础。自然资源方面,《中华人民共和国宪法》第九条第二款规定:“国家保障自然资源的合理利用,保护珍贵的动物和植物。禁止任何组织或者个人用任何手段侵占或者破坏自然资源。”人文资源方面,《中华人民共和国宪法》第二十二条第二款规定:“国家保护名胜古迹、珍贵文物和其他重要历史文化遗产。”

(2)基本立法

1989 年颁布的《中华人民共和国环境保护法》是我国环境保护的基本法,也是进行旅游资源保护立法工作的依据。《环境保护法》第二条、第十七条、第十九条及第二十三条分别规定了自然资源、人文资源的开发利用、城乡建设等方面问题,第十七条、第十八条则详细规定了对特殊区域的保护及一些禁止性规定。

(3)各环境与资源保护单行法

各环境与资源保护单行法中涉及旅游资源的有《文物保护法》《草原法》《海洋环境保护法》《水污染防治法》和《大气污染防治法》,在旅游资源的保护范围、保护原则和方法等方面都有针对性的规定。如《文物保护法》在总则第九条中规定:“旅游发展必须遵守文物保护工作的方针,其活动不得对文物造成损害。”《水污染防治法》在第三章提出:水污染防治的监督管理中第二十条有对生活饮用水、地表水源的禁止性规定等。

(4)特别区域环境保护法

旅游资源分布相对较集中的区域,如自然保护区、风景名胜区、国家森林公园等,一般都具有特定的自然和社会历史特征,而且国家采取特别措施加以保护。现行对特别区域环境进行保护的法律法规主要有:《自然保护区条例》《风景名胜区条例》《森林公园管理办法》《地质遗迹保护管理规定》《国家城市湿地公园管理办法(试行)》《世界文化遗产保护管理办法》等。

(5)地方性法规

一些地区,尤其是旅游资源较丰富、旅游业较发达的地区,其地方立法机关根据有关法律法规,结合本地方的特点和具体情况,制定了有关于旅游资源保护的地方性法规、规章,一些省市还就旅游资源的保护与开发专门立法,如《厦门市旅游资源保护和开发管理暂行规定》《内蒙古旅游资源开发管理暂行规定》《汕头经济特区旅游资源保护和开发管理规定》等。这些地方法规在中央暂无统一立法的情况下,对弥补中央立法的不足,因地制宜地解决各地问题,规范当地旅游业及对旅游资源的开发和保护,起到了一定的作用。

(6)我国参与的主要国际公约

在旅游资源开发与管理的过程中,也要遵循有关的国际公约。据不完全统计,自 20 世纪 30 年代到目前为止,全世界有关旅游业发展和旅游资源保护的各种国际规范性文件有 50 余项,涉及保护旅游资源和促进旅游业发展的各个领域,为有效保护旅游资源提供了丰富的国际法依据。主要的公约、条约、协定、宣言有《武装冲突情况下保护文化遗产公约》《保护世界文化和自然遗产公约》《可持续旅游发展宪章》《威尼斯宪章(国际古迹保护与修复宪章)》《内罗毕建议(关于历史地区的保护及其当代作用的建议)》《马丘比丘宪章》《华盛顿宪章(保护历史城镇与城区宪章)》《联合国海洋法公约》《国际保护鸟类公约》《国际植物保护公约》《濒危野生动植物物种国际贸易公约》《湿地公约》《保护野生动物移栖物种公约》《联合国生物多样性公约》等。

(7)其他相关政策法规

旅游资源保护相关的政策法规还散见于林业、国土、城市规划、矿产、城乡建设等部门的部门规章中,比如《城市规划法》《矿产资源法》《城市市容和环境卫生管理条例》《建设项目环境保护管理条例》等。各地方也结合各自特点制定了一些地方性法规,这些法律、法规从不同角度规定了旅游资源的开发、利用和保护问题。

2)旅游资源保护的经济手段

旅游资源保护的经济手段就是国家或主管部门运用价格、利润、利息、税收、罚款等经济杠杆和价值工具,调整各方面的经济利益关系,把企业的局部利益同社会的整体利益有机结合起来,制止损害旅游资源的活动,奖励保护旅游资源的活动。

(1)税收

税收是国家为满足社会公共需要,依据其社会管理职能,按照法律规定,取得财政收入的一种方式,具有强制性、无偿性、固定性的特点。通过税收手段,一方面可以为旅游资源的保护提供有保障的资金。另一方面,可以通过减免或增加有关部门或企业的税收,限制和禁止某些对旅游资源和环境造成污染和破坏的建设项目,鼓励和支持那些有利于旅游资源保护的建设项目。

(2)生态补偿费

生态补偿费是开发建设活动利用生态环境使生态环境质量降低而应缴纳的一种补偿费,是对生态环境质量降低造成的间接经济损失的一种补偿。对旅游资源开发征收生态补偿费,我国尚处于尝试阶段。

(3)排污费

排污费是按照国家法律、法规和相关标准,强制排污单位对其已经或仍在继续发生的环境污染损失或危害承担的经济责任,由环境保护行政主管部门代表国家,依法向排放污染物的单位强制收取的费用。对旅游区内的相关企业进行排污收费,可以对防止环境污染、改善环境质量,节约和综合利用资源、能源起到重要作用。

(4)财政补贴

补贴是一个重要的环境保护的经济手段,是指政府对旅游业经营单位和个人治理环境污染和其他保护旅游资源及环境的活动和行为给予的资金补贴。通常情况下,这种补贴分为直接补贴和间接补贴。

(5)保证金和押金

保证金是指从事某项活动前向主管部门或有关单位按一定的比例缴纳一定数额的款项,如果按要求完成,则该款项退还缴费单位,否则予以没收。我国现在已经在很多行业实行了保证金制度,如建设项目中的“三同时”保证金。

押金与保证金性质类似,押金是指对可能造成污染的产品加收一份款项,当把这些潜在的污染物送回收集系统避免了污染时,即退还该款项。押金制是一种保护环境资源和实现可持续发展的可操作性很强的经济措施。目前,尼泊尔、巴基斯坦等国在登山旅游中使用了对游人收取押金以促进其回收垃圾的措施。

(6)利益留成

利益留成是我国环境管理中最常用的鼓励措施之一,是指企业为防治污染、开展综合利用所产生的产品5年内不上缴利润,将该款项留给企业继续治理污染、开展综合利用、开发清洁生产工艺等。

3)旅游资源保护的行政手段

发展旅游业,如果管理得当,会促进旅游资源保护的进展;如果管理不善,会给环境带来灾难性后果,最终导致旅游业赖以生存和发展的基础被破坏。各级地方政府对旅游资源的行政管理以及对发展旅游业和保护旅游资源方面起着不可替代的重要作用。

(1)旅游资源普查

旅游资源普查是旅游资源行政管理的主要手段之一,也是发展旅游业的一项基础性工作。通过旅游资源普查,全面掌握旅游资源状况,拓展旅游资源的范围,对旅游资源作出科学评价,有利于对旅游资源进行合理的保护和开发。地方行政部门需要依据国家有关标准开展旅游资源的普查工作,建立旅游资源数据库。旅游资源普查工作涉及面十分广泛,往往与国土资源、建设、文化、水利、林业、环保等部门发生联系,需要这些相关部门积极为资源普查提供相关的数据资料和技术支持。

(2)制定旅游发展规划

旅游规划是旅游资源保护与管理的重要行政手段,其在资源与环境保护方面的内容主要包括对旅游资源环境现状的评价分析,确定旅游资源开发与环境保护的最终目标和阶段目标,制定达到资源环境保护目标所采取的相应若干措施,确定旅游资源环境保护规划的实施保障等。国家旅游局负责组织编制全国旅游发展规划、跨省级区域旅游发展规划和国家确定的重点旅游线路、旅游区的发展规划,地方旅游局负责组织编制本行政区域的旅游发展规划。

(3)旅游资源的日常管理与维护

加强旅游资源的保护,在日常管理中需要制定一套适合当地特点的保护管理措施,真正把旅游资源的保护落到实处。针对旅游景区游客数量过多的情况,旅游管理部门需要根据游客容量制定每日可以接待的旅游者人数;针对露天旅游资源的自然风化问题,可以在一定范围内改变环境条件使之风化过程减缓;针对因自然灾害损坏的景区,应视具体情况采取适宜的补救措施。

4）旅游资源保护的技术手段

旅游资源保护的技术手段是指运用各种科学技术手段进行旅游资源环境的管理，这些手段包括数学手段、物理手段、生物手段、工程手段、新兴科技手段等。

（1）数学手段

数学手段是指运用数学中的公式、模型、图表等形式来表示旅游资源环境被污染破坏的程度以及旅游环境演变规律与趋势等情况，为旅游资源环境管理提供科学、精确的依据。例如，通过数据、图表，精确地、真实地反映旅游资源环境被污染和破坏的情况；用公式、模型等来计算、预测旅游环境容量或旅游承载力，对旅游环境效益和保护旅游环境的综合效益等进行分析和预测。根据数学计算、预测的结果，有针对性地制定出资源环境保护与管理的政策与措施。

（2）物理手段

旅游资源环境保护的物理手段是指通过某些设施、设备或办法的物理作用，达到处理污染物和保护旅游环境的目的。物理手段多用于自然环境的保护，如污水、废气、噪声、恶臭、垃圾和粪便的处理。

（3）生物手段

生物手段是通过利用植物、动物、微生物本身特有的功能，以达到监测、防治资源退化及环境污染和破坏，从而产生修复资源，达到美化、净化、绿化旅游环境的目的。如植物（主要是绿色植物）不仅能够调节气候、保持水土，而且能够净化空气和污水、降低噪声、监测大气污染、吸收土壤污染物，对旅游资源的恢复保养和旅游环境的保护起着重要作用；微生物在废水、污水的净化、处理中具有不可替代的作用。

（4）其他技术手段

其他技术手段主要有空间技术（卫星与遥感技术、全球定位系统技术）、地理信息系统技术、激光技术、计算机技术、医学技术等，这些新兴技术手段已经广泛地运用到旅游资源环境管理中，发挥出了重要的作用。如对珍稀动植物的保护，现在人们可以用医学手段控制其繁殖、生长、优生等，以保证珍稀物种的繁衍。

5）旅游资源保护的教育手段

旅游资源环境的教育管理是指对旅游从业人员及社会公众进行资源环境保护的宣传教育活动而进行的综合管理。通过各种宣传手段和教育方法，对从事旅游开发经营活动的开发商、观光游览活动的旅游者进行资源环境的道德伦理教育及资源开发与环境保护技术教育，特别是加强对青少年的环境教育、生态知识普及，加强对教育机构、教育投入机制、媒体的组织、领导和管理等教育。在全社会形成旅游道德、环境意识和环境技能教育的网络体系，包括施教者、宣传者、组织者、被教者、管理者等各个群体系统。开展多途径、多渠道、多形式、全方位的宣传教育活动，对领导干部与管理人员、专业技术人员、服务接待人员、旅游地居民、游客等有针对性地进行宣传教育。

复习思考题

1. 旅游资源开发中存在哪些问题？有哪些保护对策与措施？
2. 旅游可持续发展的原则和内容是什么？
3. 什么是旅游资源环境管理的内容？
4. 如何进行旅游资源环境容量管理？
5. 谈谈你对旅游资源可持续发展的理解。

参考文献

[1] 张凌云. 市场评价:旅游资源新的价值观——兼论旅游资源研究的几个理论问题[J]. 旅游学刊(双月刊),1999(2).

[2] 宋子千,黄远水. 旅游资源概念及其认识[J]. 旅游学刊(双月刊),2000(3).

[3] 黄中伟,胡希军. 旅游资源释义[J]. 浙江师范大学学报(自然科学版),2002(2).

[4] 甘茂枝,马耀峰. 旅游资源与开发[M]. 2 版. 天津:南开大学出版社,2007.

[5] 高峻. 旅游资源规划与开发[M]. 北京:清华大学出版社,2007.

[6] 郑耀星. 旅游资源学[M]. 北京:中国林业出版社/北京大学出版社,2009.

[7] 张伟强. 旅游资源开发与管理[M]. 广州:华南理工大学出版社,2005.

[8] 闻飞,朱国兴. 当代旅游学规划教程:旅游资源开发与管理[M]. 合肥:合肥工业大学出版社,2009.

[9] 李燕琴,张茵,彭建. 旅游资源学[M]. 北京:清华大学出版社/北京交通大学出版社,2007.

[10] 张立生. 旅游资源概念及谱系研究[J]. 经济经纬,2003(5).

[11] 杨东升. 对旅游资源概念的界定[J]. 黔东南民族师范高等专科学校学报,2005(3).

[12] 宋子千. 论旅游的被吸引性与旅游资源概念[J]. 旅游学刊,2006(6).

[13] 余兵. “焦作模式”和“栾川模式”对我国旅游业发展的启示[J]. 信阳农业高等专科学校学报,2007(3).

[14] 徐学书. 旅游资源保护与开发[M]. 北京:北京大学出版社,2007.

[15] 板永明,项冰,岳小艾,等. 德宏傣族泼水节的文化价值及其保护[J]. 德宏师范高等专科学校学报,2007(2).

[16] 李丰生. 旅游资源经济价值等的理论探讨[J]. 经济地理,2005(4).

[17] 朱沁夫. 旅游资源的经济价值探析——与李丰生先生商榷[J]. 全国商情:经济理论研究,2007(5).

[18] 万绪才,丁敏,宋平. 旅游资源价值及其货币化评估[J]. 经济体制改革,2003(6).

[19] 姚明广. 浅析我国旅游资源学的研究现状及其学科的构建与发展[J]. 山西师大学报(社会科学版),2007(6).

[20] 鄢志武. 旅游资源学[M]. 2 版. 武汉:武汉大学出版社,2007.

[21] 赵荣,王恩涌,张小林,等. 人文地理学[M]. 2 版. 北京:高等教育出版社,2006.

[22] 水延凯. 社会调查教程[M]. 4 版. 北京:中国人民大学出版社,2007.

[23] 傅培华. 基于模糊聚类的旅游资源评估系统[J]. 科技通报,2003(5).

[24] 方幼君,程玉申,周敏. 基于模糊聚类的区域旅游资源条件评价——以杭州市为例[J]. 经济地理,2007(6).

[25] 刘庆余. 20 年来中国旅游研究进展——国家自然、社科基金旅游项目反映的学术态势[J]. 旅游学刊,2008(3).

[26] 彭德成,潘肖澎,周梅. 我国旅游资源和景区研究的十个前沿问题[J]. 旅游学刊,2003(6).

[27] 邵筱叶,成升魁,陈远生. 旅游资源价值评估问题探析[J]. 生态经济,2006(10).

[28] 保继刚,楚义芳. 旅游地理学[M]. 3 版. 北京:高等教育出版社,2012.

[29] 王兴中. 中国旅游资源开发模式与旅游区域可持续发展理念[J]. 地理科学,1997(3).

[30] 王迎涛. 我国区域旅游资源整合研究进展与发展建议[J]. 地域研究与开发,2009(1).

[31] 喻学才. 苏锡常都市圈区域文化与旅游资源的整合研究[J]. 东南大学学报(哲学社会科学版),2002(3).

[32] 骆华松. 遥感技术、数字地球与旅游资源评价及开发利用[J]. 云南师范大学学报,2000(6).

[33] 黄丁发,熊永良,袁林果. 全球定位系统(GPS):理论与实践[M]. 成都:西南交通大学出版社,2006.

[34] 张安,李莉,万绪才. 虚拟现实技术在旅游中的应用[J]. 桂林旅游高等专科学校学报,2000(1).

[35] 冯威伯,苏道平. 虚拟现实技术在旅游规划中应用前景探析[J]. 重庆师范学院学报(自然科学版),2001(3).

[36] 查爱苹. 虚拟现实在旅游景区中的应用研究[J]. 社会科学家,2005(4).

[37] 宋瑞. 反思与重建:旅游资源的界定、分类与评价[J]. 杭州师范学院学报(社会科学版),2005(5).

[38] 俞金国,王丽华. 关于旅游资源理论的再思考[J]. 资源开发与市场,2010(3).

[39] 崔莹. 关于旅游资源概念的再思考[J]. 山西青年职业学院学报,2014(3).

[40] 宋瑞. 反思与重建:旅游资源的界定、分类与评价[J]. 杭州师范学院学报(社会科学版),2005(5).

[41] 石伟伟. 旅游发展新趋势下的旅游资源评价体系创新构建研究[D]. 北京:北京交通大学,2015.

[42] 李德仁,等. 地理信息系统导论[M]. 北京:测绘出版社,1993.